세상

챗GPT
프롬프트
엔지니어링

비즈니스 마케팅 편

민진홍, 정수필 지음

BM (주)도서출판 성안당

프롬프트 엔지니어링은 인공지능(AI) 기술의 발전과 함께 점점 더 중요해지고 있는 분야입니다. 특히 비즈니스 현장에서 AI를 효과적으로 활용하는 것은 기업의 경쟁력을 높이고 효율성을 극대화하는 데 중요한 역할을 합니다. 이 책은 비즈니스 사업가와 임직원을 대상으로 AI를 활용해 비즈니스 효율성을 개선하는 다양한 프롬프트 템플릿을 제공할 뿐만 아니라 총 101가지의 예시를 통해 독자들이 실제 업무에 즉시 적용할 수 있는 구체적이고 실용적인 프롬프트를 제시합니다.

왜 이 책을 읽어야 하는가?

AI 기술은 빠르게 발전하고 있으며 이를 비즈니스에 효과적으로 적용하는 능력은 기업의 성공을 좌우하는 중요한 요소가 되고 있습니다. 하지만 많은 기업가와 임직원은 AI를 어떻게 활용해야 할지 잘 모릅니다. 이 책은 AI 프롬프트를 통해 업무의 효율성을 높이고 창의적이고 전략적인 사고를 촉진하며 비즈니스 성과를 극대화할 수 있는 방법을 제시합니다. 이 책을 통해 독자들은 AI를 활용한 비즈니스 혁신의 길을 열어 나갈 수 있을 것입니다.

이 책은 무엇을 다루는가?

이 책은 비즈니스의 다양한 측면에서 AI를 활용할 수 있는 101가지 프롬프트 예시를 제공합니다. 각 프롬프트는 창의력 개발, 분석 및 전략 수립, 마케팅 및 프로모션, 이미지 및 디자인 생성, 코칭 및 비즈니스 스킬 개발, 연구 및 요약, 일상적인 작업과 업무 효율성 향상, 커뮤니케이션 개선, 고객 서비스 및 관리, 구인·구직 등 다양한 비즈니스 영역에서 활용할 수 있도록 구성돼 있습니다. 예를 들어 창의적 아이디어 제안, SWOT 분석, SNS 게시물 작성, 고객 클레임 대응, 채용 코칭 등 실제 업무에 바로 적용할 수 있는 구체적인 프롬프트를 포함하고 있습니다.

이 책을 어떻게 활용할 것인가?

이 책을 효과적으로 활용하는 데는 각 장의 프롬프트 예시를 실제 비즈니스 상황에 적용해 보는 것이 중요합니다. 먼저 각 장의 소개 부분을 통해 해당 프롬프트가 어떤 상황에서 유용한지 이해하십시오. 그런 다음, 제시된 프롬프트 템플릿을 자신의 비즈니스 상황에 맞게 수정해서 사용해 보십시오. 또한 책의 예시를 참고해 새로운 프롬프트를 생성하고 이를 통해 지속적으로 업무 효율성을 개선해 나가십시오. 실습을 통해 AI 프롬프트 엔지니어링의 기법을 익히고 이를 비즈니스 전반에 적용해 혁신을 이뤄 보시기 바랍니다.

독자들은 AI를 활용한 비즈니스 효율성 개선의 구체적인 방법을 배우고 이를 실제 업무에 적용해 다음과 같은 변화를 이룰 수 있습니다.

- **효율성 증대**: 반복적이고 시간 소모적인 작업을 AI 프롬프트를 통해 자동화하면 업무 효율성을 극대화할 수 있습니다.
- **창의력 향상**: 창의적 아이디어와 혁신적인 솔루션을 도출하는 능력이 향상돼 비즈니스 성장의 기회를 포착할 수 있습니다.
- **전략적 의사결정 강화**: 데이터 기반의 분석과 전략 수립을 통해 보다 정확하고 효과적인 의사결정을 내릴 수 있습니다.
- **커뮤니케이션 개선**: AI를 활용해 명확하고 효과적인 커뮤니케이션을 구현하면 팀 내 협업과 고객 서비스의 질을 높일 수 있습니다.
- **시장 경쟁력 강화**: AI를 활용한 마케팅 및 프로모션 전략을 통해 시장에서의 경쟁력을 높이고 브랜드 가치를 극대화할 수 있습니다.

AI의 가능성을 최대한 활용해 비즈니스 혁신을 실현하고자 하는 모든 분께 이 책을 추천합니다.

저자 일동

프롬프트 엔지니어링은 AI 시스템이 정확하고 적절한 출력을 생성할 수 있도록 입력을 설계하는 과정입니다. AI가 기대하는 출력을 좀 더 정확하게 이해하고 생성할 수 있도록 11가지 기본 변수를 자주 활용합니다. 11가지 기본 변수는 다음과 같습니다.

1. **명령문:** 프롬프트의 목적을 명확히 설정합니다.
2. **역할:** AI의 역할을 정의합니다.
3. **대상:** 프롬프트의 대상을 명시합니다.
4. **산업:** 프롬프트가 적용될 산업을 명시합니다.
5. **어조:** 출력물의 어조를 설정합니다.
6. **관점:** 프롬프트가 다루는 관점을 정의합니다.
7. **형식:** 출력물의 형태를 지정합니다.
8. **제약 조건:** 출력물의 생성을 제어하기 위한 제약을 설정합니다.
9. **대상의 이상적인 미래 결과:** 대상이 추구하는 이상적인 결과를 정의합니다.
10. **맥락:** 참조 문장을 삽입합니다.
11. **출력문:** 달성하고자 하는 결과를 명시합니다.

이러한 요소들을 잘 이해하고 활용하면 프롬프트 시스템을 효과적으로 다룰 수 있을 뿐만 아니라 더 나은 프롬프트를 생각해낼 수 있을 것입니다. 프롬프트 엔지니어링의 핵심은 AI가 기대하는 출력을 좀 더 정확하게 이해하고 생성할 수 있도록 하는 것입니다. 이를 통해 여러분은 더 나은 비즈니스 성과를 달성할 수 있습니다.

이 책에서 다루고 있는 '프롬프트 템플릿 101가지 사례'는 프롬프트 엔지니어링의 실제 적용 사례를 통해 비즈니스 사업가와 임직원들이 AI를 활용한 비즈니스 혁신을 이루는 데 도움을 주기 위한 것입니다.

이 책은 총 11개의 장으로 구성돼 있으며 각 장마다 비즈니스의 다양한 측면에서 활용할 수 있는 구체적인 프롬프트 예시를 제공하고 있습니다.

제1장에서는 창의력 및 아이디어 개발을 위한 프롬프트를 다루고 있습니다. 창의적 아이디어 제안, 도구를 이용한 아이디어 생성, 기획 브레인스토밍 등 창의력을 극대화할 수 있는 프롬프트가 포함돼 있습니다.

제2장에서는 분석 및 전략 수립을 위한 프롬프트를 제공합니다. 페르미(Fermi) 시장 규모 추정 방법, 비즈니스 문제 해결 컨설팅, 문제 원인 분식 계획 삭성 등 전략적 사고와 분석 능력을 강화할 수 있는 프롬프트를 통해 비즈니스 문제를 체계적으로 해결할 수 있습니다.

제3장에서는 마케팅 및 프로모션을 위한 프롬프트를 소개합니다. 프로모션 캠페인 아이디어 생성, SNS 게시물 작성, 제품 설명문 작성 등 효과적인 마케팅 전략을 수립하고 실행하는 데 필요한 프롬프트가 포함돼 있습니다.

제4장에서는 이미지 및 디자인 생성에 대한 프롬프트를 다룹니다. 이미지 생성 프롬프트, 캠페인 공지 이미지, 블로그 헤드라인 이미지 등 시각적 요소를 효과적으로 활용할 수 있는 프롬프트를 통해 브랜드 이미지를 강화할 수 있습니다.

제5장에서는 비즈니스 스킬을 개발하기 위한 코칭 프롬프트를 제공합니다. 비즈니스 스킬 향상을 위한 코칭, 팩트 체크 프롬프트, 메타인지 프롬프트 등 개인의 역량을 향상시키는 데 도움을 줄 수 있는 프롬프트를 소개합니다.

제6장에서는 연구 및 요약에 필요한 프롬프트를 다룹니다. 논문 요약, 연령별 고민 조사, 기사 요약 등 연구 자료를 효율적으로 요약하고 분석하는 데 필요한 프롬프트가 포함돼 있습니다.

제7장에서는 일상적인 작업과 업무 효율성을 높이는 프롬프트를 제공합니다. 일일 보고서 작성, 회의 안건 작성, 할 일 목록 작성 등 업무 효율성을 극대화할 수 있는 프롬프트를 통해 체계적인 업무 관리를 지원합니다.

제8장에서는 커뮤니케이션을 개선하는 프롬프트를 다룹니다. 문장 변경, 편집 및 교정을 통한 효율적인 커뮤니케이션, 정밀 문장 교정, 전문 이메일 작성 등 커뮤니케이션 능력을 향상시키는 데 필요한 프롬프트를 제공합니다.

제9장에서는 고객 서비스 및 관리를 위한 프롬프트를 소개합니다. 고객 클레임에 대한 신속 대응, 고객 관점의 FAQ 작성, 견적서 작성 등 고객 서비스를 강화할 수 있는 프롬프트가 포함돼 있습니다.

제10장에서는 구인·구직을 위한 프롬프트를 제공합니다. 채용 코칭, 구직 코칭, 자주 묻는 질문 생성 등 구인·구직 과정을 효과적으로 지원하는 프롬프트를 소개합니다.

제11장에서는 건강한 라이프스타일 식단, 프롬프트 생성, 변수 사용 등 기타 비즈니스 활동에 유용한 프롬프트를 다룹니다.

저자 소개

민진홍

미라클마케팅 연구소장
stepmailkr@gmail.com

마케팅 컨설팅 업무, 각종 웹 기획, 인터넷을 플랫폼으로 한 각종 광고 마케팅 전략, 브랜딩 프로모션 기획과 운영, 웹 인터페이스 디자인 개발 등의 일을 하고 있다.

✦ 경력
- 현 미라클마케팅 연구소
- 현 민에이아이아트 컴퍼니
- 전 일본 (주)ELCOMPASS (광고회사)
- 일본 프롬프트 엔지니어 1급, 2급, 3급 취득
- 일본 클라이언트: NTT·NTT 도코모(DoCoMo)·중부전력·호시자키전기·JR 도카이·나고야항 관리조합·스타정기(STAR精機)·나고야 예술대학·후지타 보건위생대학

✦ 학력
- 일본 아이치현립예술대학원 디자인 석사

✦ AI 특강 및 기업 코칭
- 대학 강의
  - 중부교육청 강사 위촉·서울대학교 AMP·고려대학교 MOT·성균관대학교 글로벌창업대학원·숙명여자대학교 미래교육원·충남대학교·중부교육청 교원 직무 연수
- 협회 강의
  - 잡지협회·한국전자출판협회·한국AI교육협회·관악구청S밸리
- 기업체 강의
  - 문피아·AMPM 광고대행사·(주)세성·무궁화신탁·현대자산운용·벤타코리아·(주)첨단

✦ 저서
- 『마케팅 진짜가 나타났다』(매일경제출판)
- 『유튜브 마케팅 혁명』(매일경제출판)
- 『유튜브 상위 노출의 모든 것』(한빛미디어)
- 『유튜브로 알리고 ZOOM으로 소통하라』(매일경제신문사)
- 『ZOOM 온라인 혁명』(매일경제출판)
- 『카카오 메시지 마케팅』(이코노북스)
- 『나의 직원은 유튜브』(매일경제출판)
- 『유튜브로 연봉 5억』(매일경제출판)
- 『일주일이면 나도 생성 AI 전문가』(매일경제출판)

정수필

창업라이프(토탈마케팅 연구소) 대표
kerryinn@naver.com

✦ 경력
- 중소상공인 창업컨설팅/온라인마케팅 실행사(23년)
- 네이버/다음/야후/엠파스/파란 – 5대 포털사이트 창업 콘텐츠 제공 및 온라인 광고 대행
- 동아일보 동아닷컴/중앙일보, 조인스닷컴, 스포츠서울 등 언론사 사이트 창업 칼럼 및 온라인 광고 대행
- 창업 마케팅 교육 진행
- 한국경제신문 한경닷컴 창업 세미나 11회 진행
- 마케팅지도사, 프롬프트엔지니어, 광고기획지도사, AI마케팅지도사, 콘텐츠마케터

◆ 학력
- 중앙대학교 산업창업경영대학원 석사 과정(창업컨설팅 전공)
- 중앙대학교 창업대학원 전문가 과정
- 성균관대학교 프랜차이즈 전문 과정

✦ 교육
- 성균관대학교 경영대학원 프랜차이즈 전문 과정 상권/입지 분석 강사
- 프랜차이즈시스템연구소 점포 전문가 과정 창업 업종 분석 강사
- 프랜차이즈시스템연구소 슈퍼바이저 과정 상권 입지 분석 강사
- 경기도청 예비 창업자 대상 창업 시 유의 사항 강의
- 송담대 대학생 창업 캠프 1박 2일 창업 컨설팅
- 소상공인진흥원 예비 창업자 대상 강의 외 다수
- 프랜차이즈, 의사, 세무사, 중소상공인 대상 1:1 매출 증대 마케팅 교육
- 창업박람회 예비 창업자 대상 강의
- 이디야 커피프랜차이즈 슈퍼바이저 40명 대상 매출 증대 마케팅 강의
- 커피/치킨/PC방/주점/고기집 등 프랜차이즈 매출 증대 마케팅 실행

✦ 마케팅 실행 실적
- 기업 및 중소 상공인 3,000여 명 상담
- 온라인 마케팅 실행 1,500개 사 진행(한솥도시락, 교촌치킨, 채선당, bhc치킨, 코바코, 굽네치킨, 꽃마름샤브샤브, 한촌설렁탕, 치어스, 지짐이, 하나돈까스, 뽕뜨락피자, 오레시피 등)

목차

제3장 마케팅 및 프로모션 129

제8장 커뮤니케이션 개선 304

제9장 고객 서비스 및 관리 331

일러두기

❶ 이 책에 나오는 챗GPT의 답변은 최신 챗GPT-4 팀 또는 챗GPT-4o 유료 버전의 결과를 기재한 것으로 질문할 때 마다 다른 답변이 나오며, 할루시네이션(Hallucination)에 의한 일부 잘못된 답변이 나올 수 있습니다.

❷ 템플릿과 예시에서 제목의 크기는 # 또는 $ 〉 * 〉 – 순으로 정리하였습니다.

❸ 이 책의 101가지 템플릿은 ㈜성안당 홈페이지(www.cyber.co.kr)의 [쿠폰 등록] 버튼을 클릭하여 책 안에 삽입된 쿠폰 번호를 입력하면 다운로드하실 수 있습니다.

❹ 이 책에 대한 무료 저자 직강 유튜브(https://url.kr/lbzq9y)는 오른쪽 QR코드를 통해 수강하세요.

▲ 저자 무료 강의

제1장

창의력 및
아이디어 개발

1 창의적인 아이디어 제안

아이디어 제안은 비즈니스 성장과 혁신의 핵심 요소입니다. 특히 창의적이고 효과적인 마케팅 메시지를 통해 소비자와의 연결을 강화할 수 있습니다. 하지만 많은 기업가가 짧고 강렬한 문구를 만들어 내는 데 어려움을 겪고 있습니다. 프롬프트 템플릿을 효과적으로 활용하면 아이디어를 좀 더 쉽게 제안할 수 있을 뿐 아니라 마케팅 전략도 강화할 수 있습니다. 이는 결국 기업의 경쟁력을 높이고 시장에서 성공을 거두는 데 기여할 것입니다.

프롬프트 템플릿을 사용하면 특정 주제에 대한 아이디어를 체계적으로 제안할 수 있습니다. 예를 들어, 프롬프트를 사용해 회사의 특정 분야를 홍보하는 짧은 캐치프레이즈를 작성할 수 있습니다. 이는 회사의 마케팅 메시지를 간결하면서도 강력하게 전달하는 데 도움이 됩니다. 아래와 같은 템플릿을 활용하면 각종 주제에 맞춘 다양한 캐치프레이즈를 생성할 수 있습니다.

프롬프트를 사용했을 때 예상할 수 있는 긍정적인 변화는 다음과 같습니다.

- 체계적인 아이디어 제안을 통해 창의적인 아이디어를 더욱 많이 도출할 수 있습니다.
- 짧고 강렬한 문구를 통해 소비자의 관심을 더욱 효과적으로 이끌어 낼 수 있습니다.
- 구조화된 템플릿을 사용하면 아이디어를 생성하는 데 소요되는 시간을 크게 줄일 수 있습니다.
- 일관되고 강렬한 메시지를 통해 브랜드 인지도를 높일 수 있습니다.

1. 프롬프트 템플릿

 {○○}를 위해 {○○}을 하고 있는 기업을 홍보하기 위한 캐치프레이즈를 30자 이내로 5개 작성해 주세요.

2. 프롬프트 작성 예시

 {지속 가능한 미래}를 위해 {친환경 혁신}을 하고 있는 기업을 홍보하기 위한 캐치프레이즈를 30자 이내로 5개 작성해 주세요.

3. 챗GPT 출력

1. "지속 가능한 내일, 친환경 혁신과 함께!"
2. "미래를 생각하는 오늘의 친환경 혁신"
3. "지속 가능성의 시작, 친환경 혁신 기업"
4. "친환경 혁신으로 만드는 푸른 미래"
5. "지구를 위한 혁신, 지속 가능한 내일"

2 도구를 이용한 아이디어 생성

아이디어를 낼 때의 대표적인 프레임워크인 '오스본 체크리스트'를 사용해 아이디어를 확장할 수 있습니다. 비즈니스 세계에서 성공적인 기업가로 성장하기 위해서는 항상 새로운 아이디어를 창출하고 이를 구체화하는 능력이 필요합니다. 이 과정에서 오스본 체크리스트와 같은 프레임워크를 활용하면 보다 창의적이고 다양한 아이디어를 창출할 수 있습니다.

비즈니스 환경은 빠르게 변화하고 있으며 경쟁 우위를 유지하기 위해서는 끊임없는 혁신이 필요합니다. 특히 창의적인 아이디어를 창출하는 과정은 비즈니스의 핵심입니다. 오스본 체크리스트는 이러한 혁신의 과정을 구조화하고 다양한 관점에서 문제를 바라보는 데 도움을 줍니다. 이를 통해 새로운 기회를 발견하고 비즈니스 전략을 더욱 탄탄하게 구축할 수 있습니다.

오스본 체크리스트는 아이디어 생성의 대표적인 프레임워크로, 총 9가지 방법을 통해 기존 아이디어를 확장하거나 새로운 아이디어를 도출하는 데 도움을 줍니다. 이를 활용해 자신의 비즈니스 아이디어를 확장하고 구체화해 보세요.

1. 프롬프트 템플릿

당신은 세계적으로 유명한 연속 창업가입니다. 의제를 바탕으로 오스본의 체크리스트를 사용해 아이디어를 확장하는 데 도움을 주세요.

 # 의제

2. 프롬프트 작성 예시

당신은 세계적으로 유명한 연속 창업가입니다.

\# 의제를 바탕으로 오스본의 체크리스트를 사용하여 아이디어를 확장하는 데 도움을 주세요.

\# 의제

'통근 시 자투리 시간의 효율적 활용에 대해'

3. 챗GPT 출력

훌륭한 주제입니다! '통근 시 자투리 시간의 효율적 활용'이라는 의제를 바탕으로 오스본의 체크리스트를 사용해 아이디어를 확장해보겠습니다. 이 주제는 많은 사람들이 출퇴근 시간에 겪는 비효율적인 시간 활용 문제를 해결할 수 있는 다양한 가능성을 가지고 있습니다.

오즈본의 체크리스트를 적용한 아이디어 확장

1. 다른 용도로 사용하기(Put to other uses)

- 통근 중의 자투리 시간을 활용해 어떤 다른 활동을 할 수 있을까요? [예] 운동, 간단한 명상 또는 스트레칭, 건강 체크를 위한 웨어러블 기기 활용

2. 적용시키기(Adapt)

- 이미 존재하는 다른 서비스나 제품을 통근 시간 활용에 적용할 수 있을까요? [예] 어학 학습 앱, 오디오북, 팟캐스트 플랫폼을 통근 시간에 맞게 최적화하거나 특별히 통근자용으로 설계된 콘텐츠 제공

3. 변경하기(Modify)

- 통근 시간을 더 효율적으로 활용하기 위해 기존 기술이나 도구를 어떻게 변경할 수 있을까요? [예] VR/AR 기술을 사용해 통근 중 가상 회의를 할 수 있도록 하거나, 통근자 전용 짧은 온라인 강좌 개발.

4. 확대하기(Magnify)

- 이 아이디어를 어떻게 확대할 수 있을까요? 더 많은 기능을 추가하거나 더 넓은 고객층을 대상으로 할 수 있을 까요? [예] 회사와 협력하여 직원들의 통근 시간을 이용해 교육을 진행하는 프로그램을 개발하거나, 통근자 전용 커뮤니티 앱을 만들어 네트워킹을 촉진.

5. 축소하기(Minify)

- 간단하고 빠르게 사용할 수 있는 미니 서비스를 제공할 수 있을까요? [예] 5분 안에 완료할 수 있는 짧은 퀴즈, 마이크로러닝 모듈, 간단한 명상 또는 심호흡 앱.

6. 대체하기(Substitute)

- 현재 통근 중에 하는 활동을 대체할 수 있는 더 나은 활동이 있을까요? [예] 통근 중 소셜 미디어를 대체할 수 있는 자기 계발 앱, 스트레스 완화 게임, 또는 감정 기록 애플리케이션.

7. 재배치하기(Rearrange)

- 통근 시간을 재구성하거나 활용 방식을 바꿀 수 있을까요? [예] 통근 경로에 따라 특정 활동을 추천하는 시스템, 예를 들어 지하철역에서 출발하는 동안 시작하는 짧은 업무나 학습 활동.

8. 뒤집기(Reverse)

- 통근 중 시간을 활용하는 방식의 순서를 바꿔볼 수 있을까요?[예] 출퇴근 전에 준비해야 하는 일이나 학습 자료를 미리 앱을 통해 제공하여 통근 중에 바로 시작할 수 있게 함.

9. 결합하기(Combine)

- 다른 아이디어나 서비스와 결합할 수 있을까요?[예] 헬스케어 앱과 결합하여 통근 중의 건강 데이터를 분석하고 개인화된 피드백을 제공하거나, 팀 프로젝트 앱과 결합하여 통근 중에도 팀과의 협업이 가능하도록 함.

구체적인 아이디어 제안

1. 통근자 전용 마이크로러닝 플랫폼

- 매일 5~10분 내외로 간단히 학습할 수 있는 콘텐츠를 제공하여 통근 시간을 교육적으로 활용하도록 돕는 서비스.

2. 통근 중 명상 및 스트레스 관리 앱

- 통근 중 짧은 시간 동안 명상, 호흡 운동, 또는 간단한 스트레스 관리 활동을 할 수 있는 앱을 개발하여 정신 건강 증진에 기여.

3. 통근자 네트워킹 및 협업 플랫폼

- 비슷한 경로를 이용하는 사람들과 네트워킹할 수 있는 플랫폼을 통해 새로운 비즈니스 아이디어를 교환하거나 협업 프로젝트를 추진할 수 있게 함.

4. VR 기반 가상 회의 솔루션

- 통근 중에도 회의를 진행할 수 있는 VR 환경을 제공, 특히 재택근무와 출퇴근을 병행하는 직원들에게 유용.

이러한 방법으로 오즈본의 체크리스트를 활용하여 통근 시 자투리 시간을 효율적으로 활용할 수 있는 다양한 아이디어를 개발할 수 있습니다. 더 구체적인 방안이나 추가적인 확장이 필요하다면 추가로 논의해볼 수 있습니다.

3 기획 브레인스토밍

효과적인 계획은 기업이 성공하는 데 필수적인 요소입니다. 많은 아이디어보다는 하나의 잘 구성된 아이디어가 중요한 경우, '자기 개선형' 프롬프트는 전략적 사고를 촉진하고 목표를 달성하기 위한 구체적인 방향을 제시합니다. 이는 비즈니스 리더들이 전략적으로 중요한 결정을 내릴 수 있도록 지원하며 기업의 전반적인 평가를 높이는 데 기여합니다.

이번 템플릿은 구체적인 목표와 지침을 설정해 사용자가 목표를 달성하기 위한 계획을 수립하는 데 도움을 줍니다. 평가 포인트를 고려해 계획의 내용을 세심하게 다듬고 개선안을 반복적으로 검토해 최종적으로 강화된 전략을 도출합니다. 이 과정은 혁신적 아이디어 발전과 실행 가능한 전략 수립에 기여합니다.

기업은 프롬프트를 적용하면 목표에 보다 체계적으로 접근할 수 있게 됩니다. 각 개선안에 대한 평가를 통해 목표를 실질적으로 구현할 수 있고 전략을 효과적으로 개발할 수 있습니다. 이는 전반적인 비즈니스 성과의 향상으로 이어집니다. 또한 목표를 달성하기 위한 구체적인 계획 수립은 팀 내 커뮤니케이션과 협업을 증진시켜 프로젝트의 성공률을 높이는 결과를 낳습니다.

명확한 지침과 함께 구체적인 목표를 설정합니다. 이를 바탕으로 창의적이고 실행 가능한 서비스 개선안을 제안합니다. 팀 구성과 역할 분담을 계획하고 프로젝트 일정과 주요 이정표를 설정합니다. 비용 추정과 예산 계획을 수립하고 위험 관리 계획을 준비합니다. 각 단계의 실행이 끝날 때마다 평가 포인트를 기반으로 개선안을 제시하고 이를 통해 최종적인 평가 요약을 제공합니다. 이러한 과정은 전략적이고 체계적인 접근을 강화하며 비즈니스의 성공적인 성과 도출에 기여합니다.

1. 프롬프트 템플릿

다음의 【지시】에 따라 【목표】를 달성할 수 있는 방안을 마련해 주십시오.
아래의 【평가 포인트】에 기반을 둔 종합 평가가 높아지도록 고려해 그 내용을 출력해 주십시오.

단, {목표}에 더 가까워지도록,
{평가 포인트}에 기반을 둔 종합 평가가 더 높아지도록,
개선을 5회 반복해 브러시업하고
개선할 때마다 방안에 대한 【평가】의 짧은 요약을 매번 기재해 주십시오.

【지시】
【기획의 전체 내용을 작성해 주십시오】

【목표】
【기획의 목적이나 목표를 작성해 주십시오】

【평가 포인트】
【평가 포인트를 작성해 주십시오】

2. 프롬프트 작성 예시

다음의 【지시】에 따라 【목표】를 달성할 수 있는 방안을 마련해 주십시오.
아래의 【평가 포인트】에 기반을 둔 종합 평가가 높아지도록 고려해 그 내용을 출력해 주십시오.

단, {목표}에 더 가까워지도록,
{평가 포인트}에 기반을 둔 종합 평가가 더 높아지도록,
개선을 5회 반복해 브러시업하고
개선할 때마다 방안에 대한 【평가】의 짧은 요약을 매번 기재해 주십시오.

【지시】
1. 고객 만족도 향상을 위한 새로운 서비스 아이디어 제안
2. 팀 구성 및 역할 분담 계획 수립
3. 프로젝트 일정 및 주요 마일스톤 설정
4. 예상 비용 및 예산 계획 작성
5. 리스크 관리 방안 마련

【목표】
1. 고객 만족도를 20% 이상 향상시키는 것
2. 새로운 서비스 론칭 후 6개월 이내에 5,000명의 신규 고객 확보
3. 팀 내 원활한 협업과 커뮤니케이션을 통해 프로젝트 완료

【평가 포인트】
1. 아이디어의 창의성 및 실현 가능성
2. 팀 구성 및 역할 분담의 적절성
3. 일정 계획의 타당성 및 현실성
4. 예산 계획의 합리성
5. 리스크 관리 방안의 철저함

3. 챗GPT 출력

 1차 방안 (제안)

● **새로운 서비스 아이디어 제안**
  ◦ 아이디어: 맞춤형 서비스 제공 플랫폼
    – 설명: 고객의 취향과 요구를 반영해 맞춤형 서비스를 제공하는 플랫폼을 구축하고 AI와 빅데이터 분석을 통해 고객의 선호도를 파악하고 맞춤형 추천 및 서비스를 제공
    – 기능: 고객 맞춤형 추천, 실시간 상담 서비스, 고객 피드백 반영 시스템 등

● **팀 구성 및 역할 분담 계획**
  ◦ 팀 구성:
    – 프로젝트 매니저: 프로젝트 총괄 및 일정 관리
    – 기술 리드: 플랫폼 개발 및 기술 지원 총괄
    – 데이터 분석가: 고객 데이터 분석 및 AI 모델 개발
    – UX/UI 디자이너: 사용자 경험 설계 및 인터페이스 디자인
    – 마케팅 전문가: 서비스 홍보 및 고객 유치 전략 수립
    – 고객 지원 담당자: 실시간 상담 및 피드백 관리

● **프로젝트 일정 및 주요 마일스톤 설정**
  ◦ **1개월 차**: 아이디어 구체화 및 요구 사항 정의
  ◦ **2~3개월 차**: 플랫폼 개발 및 초기 테스트
  ◦ **4개월 차**: UX/UI 디자인 및 사용자 피드백 반영
  ◦ **5개월 차**: 마케팅 및 홍보 활동 시작
  ◦ **6개월 차**: 서비스 론칭 및 모니터링

● **예상 비용 및 예산 계획 작성**
  ◦ **총예산**: 8,000,000
    – **개발 비용**: 3,000,000
    – **마케팅 비용**: 2,500,000
    – **인건비**: 2,000,000
    – **기타 비용**: 500,000

● **리스크 관리 방안 마련**
  ◦ 리스크 식별: 기술적 문제, 고객의 반응이 부정적일 가능성, 일정 지연 등
  ◦ 리스크 대응 계획
    – 기술적 문제: 정기적 코드 리뷰 및 테스트 실시

－ **고객 반응**: 사전 시장 조사 및 고객 피드백 적극 반영
　　　　　　－ **일정 지연**: 유연한 일정 조정 및 추가 인력 투입 가능성 고려

1차 평가 요약

- **아이디어 창의성**: 우수함. 맞춤형 서비스 제공으로 고객 만족도 향상 가능
- **팀 구성의 적절성**: 역할 분담이 명확하며 주요 기능을 담당하는 인력이 적절히 배치됨.
- **일정 계획 타당성**: 비교적 현실적이며 단계별 목표가 명확함.
- **예산 계획 합리성**: 구체적이며 주요 비용 항목이 잘 반영됨.
- **리스크 관리**: 주요 리스크를 식별하고 대응 계획 마련

2차 방안 제안 (개선 1회 차)

- **새로운 서비스 아이디어 제안**
  - **아이디어**: 맞춤형 서비스 제공 플랫폼 + 고객 커뮤니티 기능 추가
    - **설명**: 기존 아이디어에 고객 간의 교류와 의견 공유를 위한 커뮤니티 기능을 추가하고 고객들이 자신의 경험을 공유하고 새로운 서비스에 대한 아이디어를 제안할 수 있도록 유도

- **팀 구성 및 역할 분담 계획**
  - **팀 구성**:
    - **프로젝트 매니저**: 프로젝트 총괄 및 일정 관리
    - **기술 리드**: 플랫폼 개발 및 기술 지원 총괄
    - **데이터 분석가**: 고객 데이터 분석 및 AI 모델 개발
    - **UX/UI 디자이너**: 사용자 경험 설계 및 인터페이스 디자인
    - **마케팅 전문가**: 서비스 홍보 및 고객 유치 전략 수립
    - **고객 지원 담당자**: 실시간 상담 및 피드백 관리
    - **커뮤니티 매니저**: 커뮤니티 활성화 및 고객 참여 유도

- **프로젝트 일정 및 주요 마일스톤 설정**
  - **1개월 차**: 아이디어 구체화 및 요구 사항 정의
  - **2~3개월 차**: 플랫폼 개발 및 초기 테스트
  - **4개월 차**: UX/UI 디자인 및 사용자 피드백 반영
  - **5개월 차**: 마케팅 및 홍보 활동 시작, 커뮤니티 기능 구현
  - **6개월 차**: 서비스 론칭 및 모니터링

- **예상 비용 및 예산 계획 작성**
  - **총예산**: 11,500,000
    - **개발 비용**: 4,700,000
    - **마케팅 비용**: 4,000,000
    - **인건비**: 2,300,000
    - **기타 비용**: 500,000

리스크 관리 방안 마련

- **리스크 식별**: 기술적 문제, 고객의 반응이 부정적일 가능성, 일정 지연, 커뮤니티 기능 활성화 어려움 등
- **리스크 대응 계획**
  - **기술적 문제**: 정기적인 코드 리뷰 및 테스트 실시
  - **고객 반응**: 사전 시장 조사 및 고객 피드백 적극 반영
  - **일정 지연**: 유연한 일정 조정 및 추가 인력 투입 가능성 고려

◦ **커뮤니티 기능 활성화:** 초기 활성화를 위한 이벤트 및 인센티브 제공

2차 평가 요약

- **아이디어 창의성:** 매우 우수함. 커뮤니티 기능 추가로 고객 참여도 및 만족도 증가 예상
- **팀 구성 적절성:** 커뮤니티 매니저 추가로 고객 교류 활성화 가능성 높아짐.
- **일정 계획 타당성:** 이전과 유사하지만 커뮤니티 기능 추가로 일정이 좀 더 긴급해짐.
- **예산 계획 합리성:** 비용이 증가했지만 커뮤니티 기능 추가에 따른 가치는 충분함.
- **리스크 관리 철저함:** 추가된 리스크를 잘 반영하고 대응 계획이 구체적임.

3차 방안 제안 (개선 2회 차)

- **새로운 서비스 아이디어 제안**
  - ◦ **아이디어:** 맞춤형 서비스 제공 플랫폼 + 고객 커뮤니티 + 로열티 프로그램
    - **설명:** 기존 아이디어에 로열티 프로그램을 도입해 일정 사용량이나 특정 활동을 통해 포인트를 적립하고 혜택을 제공

팀 구성 및 역할 분담 계획

- **팀 구성:**
  - ◦ **프로젝트 매니저:** 프로젝트 총괄 및 일정 관리
  - ◦ **기술 리드:** 플랫폼 개발 및 기술 지원 총괄
  - ◦ **데이터 분석가:** 고객 데이터 분석 및 AI 모델 개발
  - ◦ **UX/UI 디자이너:** 사용자 경험 설계 및 인터페이스 디자인
  - ◦ **마케팅 전문가:** 서비스 홍보 및 고객 유치 전략 수립
  - ◦ **고객 지원 담당자:** 실시간 상담 및 피드백 관리
  - ◦ **커뮤니티 매니저:** 커뮤니티 활성화 및 고객 참여 유도
  - ◦ **로열티 프로그램 매니저:** 로열티 프로그램 설계 및 관리

프로젝트 일정 및 주요 마일스톤 설정

- 1개월 차: 아이디어 구체화 및 요구 사항 정의
- 2~3개월 차: 플랫폼 개발 및 초기 테스트
- 4개월 차: UX/UI 디자인 및 사용자 피드백 반영
- 5개월 차: 마케팅 및 홍보 활동 시작, 커뮤니티 기능 및 로열티 프로그램 구현
- 6개월 차: 서비스 론칭 및 모니터링

예상 비용 및 예산 계획 작성

- **총예산:** 13,000,000
  - ◦ **개발 비용:** 5,400,000
  - ◦ **마케팅 비용:** 4,500,000
  - ◦ **인건비:** 2,600,000
  - ◦ **기타 비용:** 500,000 ·

리스크 관리 방안 마련

- **리스크 식별:** 기술적 문제, 고객의 반응이 부정적일 가능성, 일정 지연, 커뮤니티 기능 및 로열티 프로그램 활성화 어려움 등
- **리스크 대응 계획**
  - ◦ **기술적 문제:** 정기적인 코드 리뷰 및 테스트 실시

- **고객 반응:** 사전 시장 조사 및 고객 피드백 적극 반영
- **일정 지연:** 유연한 일정 조정 및 추가 인력 투입 가능성 고려
- **커뮤니티 기능 활성화:** 초기 활성화를 위한 이벤트 및 인센티브 제공
- **로열티 프로그램 활성화:** 매력적인 혜택 제공 및 홍보 강화

3차 평가요약

- **아이디어 창의성:** 최고 수준. 로열티 프로그램 추가로 고객 충성도 증가 예상
- **팀 구성 적절성:** 로열티 프로그램 매니저 추가로 역할 분담이 더 명확해짐.
- **일정 계획 타당성:** 일정이 좀 더 긴급해졌지만, 기능에 따른 가치는 충분함.
- **예산 계획 합리성:** 비용 증가가 있지만 로열티 프로그램의 효과를 고려하면 합리적임.
- **리스크 관리 철저함:** 추가된 리스크를 잘 반영하고 대응 계획이 구체적임.

4차 방안 제안 (개선 3회 차)

새로운 서비스 아이디어 제안

- **아이디어:** 맞춤형 서비스 제공 플랫폼 + 고객 커뮤니티 + 로열티 프로그램 + 모바일 앱
  - **설명:** 기존 아이디어에 모바일 앱을 추가해 언제 어디서나 편리하게 서비스를 이용할 수 있도록 함.

팀 구성 및 역할 분담 계획

- **팀 구성:**
  - **프로젝트 매니저:** 프로젝트 총괄 및 일정 관리
  - **기술 리드:** 플랫폼 및 모바일 앱 개발 총괄
  - **데이터 분석가:** 고객 데이터 분석 및 AI 모델 개발
  - **UX/UI 디자이너:** 사용자 경험 설계 및 인터페이스 디자인
  - **마케팅 전문가:** 서비스 홍보 및 고객 유치 전략 수립
  - **고객 지원 담당자:** 실시간 상담 및 피드백 관리
  - **커뮤니티 매니저:** 커뮤니티 활성화 및 고객 참여 유도
  - **로열티 프로그램 매니저:** 로열티 프로그램 설계 및 관리
  - **모바일 앱 개발자:** 모바일 앱 개발 및 유지 보수

프로젝트 일정 및 주요 마일스톤 설정

- **1개월 차:** 아이디어 구체화 및 요구 사항 정의
- **2~3개월 차:** 플랫폼 및 모바일 앱 개발, 초기 테스트
- **4개월 차:** UX/UI 디자인 및 사용자 피드백 반영
- **5개월 차:** 마케팅 및 홍보 활동 시작, 커뮤니티 기능 및 로열티 프로그램 구현
- **6개월 차:** 서비스 론칭 및 모니터링

예상 비용 및 예산 계획 작성

- **총예산:** 14,000,000
  - **개발 비용:** 5,000,000
  - **마케팅 비용:** 5,500,000
  - **인건비:** 3,000,000
  - **기타 비용:** 500,000

- **리스크 식별:** 기술적 문제, 고객의 반응이 부정적일 가능성, 일정 지연, 커뮤니티 기능 및 로열티 프로그램 활성화 어려움, 모바일 앱 안정성 문제 등
- **리스크 대응 계획**
  - **기술적 문제:** 정기적 코드 리뷰 및 테스트 실시
  - **고객 반응:** 사전 시장 조사 및 고객 피드백 적극 반영
  - **일정 지연:** 유연한 일정 조정 및 추가 인력 투입 가능성 고려
  - **커뮤니티 기능 활성화:** 초기 활성화를 위한 이벤트 및 인센티브 제공
  - **로열티 프로그램 활성화:** 매력적인 혜택 제공 및 홍보 강화
  - **모바일 앱 안정성:** 정기적 업데이트 및 버그 수정

4차 평가 요약

- **아이디어 창의성:** 매우 혁신적. 모바일 앱 추가로 접근성 및 편의성 증가
- **팀 구성 적절성:** 모바일 앱 개발자 추가로 역할 분담이 더욱 명확해짐.
- **일정 계획 타당성:** 일정이 매우 긴급해졌지만, 모바일 앱의 가치가 충분함.
- **예산 계획 합리성:** 비용 증가가 있지만 모바일 앱의 가치를 고려하면 합리적임.
- **리스크 관리 철저함:** 추가된 리스크를 잘 반영하고 대응 계획이 구체적임.

5차 방안 제안 (개선 4회 차)

새로운 서비스 아이디어 제안

- **아이디어:** 맞춤형 서비스 제공 플랫폼 + 고객 커뮤니티 + 로열티 프로그램 + 모바일 앱 + AR(증강 현실) 기능 추가
  - **설명:** 기존 아이디어에 AR 기능을 추가해 고객이 서비스를 좀 더 생동감 있게 체험할 수 있도록 함.

팀 구성 및 역할 분담 계획

- **팀 구성:**
  - **프로젝트 매니저:** 프로젝트 총괄 및 일정 관리
  - **기술 리드:** 플랫폼 및 모바일 앱, AR 기능 개발 총괄
  - **데이터 분석가:** 고객 데이터 분석 및 AI 모델 개발
  - **UX/UI 디자이너:** 사용자 경험 설계 및 인터페이스 디자인
  - **마케팅 전문가:** 서비스 홍보 및 고객 유치 전략 수립
  - **고객 지원 담당자:** 실시간 상담 및 피드백 관리
  - **커뮤니티 매니저:** 커뮤니티 활성화 및 고객 참여 유도
  - **로열티 프로그램 매니저:** 로열티 프로그램 설계 및 관리
  - **모바일 앱 개발자:** 모바일 앱 개발 및 유지 보수
  - **AR 개발자:** AR 기능 개발 및 유지 보수

프로젝트 일정 및 주요 마일스톤 설정

- **1개월 차:** 아이디어 구체화 및 요구 사항 정의
- **2~3개월 차:** 플랫폼 및 모바일 앱, AR 기능 개발, 초기 테스트
- **4개월 차:** UX/UI 디자인 및 사용자 피드백 반영
- **5개월 차:** 마케팅 및 홍보 활동 시작, 커뮤니티 기능 및 로열티 프로그램 구현
- **6개월 차:** 서비스 론칭 및 모니터링

예상 비용 및 예산 계획 작성

● **총예산:** 15,000,000
  ◦ **개발 비용:** 5,500,000
  ◦ **마케팅 비용:** 5,500,000
  ◦ **인건비:** 3,500,000
  ◦ **기타 비용:** 500,000

리스크 관리 방안 마련

● **리스크 식별:** 기술적 문제, 고객의 반응이 부정적일 가능성, 일정 지연, 커뮤니티 기능 및 로열티 프로그램 활성화 어려움, 모바일 앱 안정성 문제, AR 기능 구현 어려움 등
● **리스크 대응 계획**
  • **기술적 문제:** 정기적 코드 리뷰 및 테스트 실시
  • **고객 반응:** 사전 시장 조사 및 고객 피드백 적극 반영
  • **일정 지연:** 유연한 일정 조정 및 추가 인력 투입 가능성 고려
  • **커뮤니티 기능 활성화:** 초기 활성화를 위한 이벤트 및 인센티브 제공
  • **로열티 프로그램 활성화:** 매력적인 혜택 제공 및 홍보 강화
  • **모바일 앱 안정성:** 정기적 업데이트 및 버그 수정
  • **AR 기능 구현:** AR 전문가와 협력해 구현 난이도 최소화 및 정기적 유지 보수

5차 평가 요약

  • **아이디어 창의성:** 최고 수준의 혁신. AR 기능 추가로 고객 경험의 질이 크게 향상될 것으로 예상
  • **팀 구성 적절성:** AR 개발자 추가 투입으로 역할 분담이 명확해짐.
  • **일정 계획 타당성:** 일정이 매우 긴급하지만 AR 기능의 가치가 충분함.
  • **예산 계획 합리성:** 비용 증가가 있지만 AR 기능의 가치를 고려하면 합리적임.
  • **리스크 관리 철저함:** 추가된 리스크를 잘 반영하고 대응 계획이 구체적임.

최종 방안 제안 (개선 5회 차)

새로운 서비스 아이디어 제안

● **아이디어:** 맞춤형 서비스 제공 플랫폼 + 고객 커뮤니티 + 로열티 프로그램 + 모바일 앱 + AR 기능 + AI 챗봇
  ◦ **설명:** 기존 아이디어에 AI 챗봇을 추가해 고객이 언제든지 빠르고 정확한 응답을 받을 수 있도록 함.

팀 구성 및 역할 분담 계획

● **팀 구성:**
  ◦ **프로젝트 매니저:** 프로젝트 총괄 및 일정 관리
  ◦ **기술 리드:** 플랫폼, 모바일 앱 및 AR 기능 개발 총괄
  ◦ **데이터 분석가:** 고객 데이터 분석 및 AI 모델 개발
  ◦ **UX/UI 디자이너:** 사용자 경험 설계 및 인터페이스 디자인
  ◦ **마케팅 전문가:** 서비스 홍보 및 고객 유치 전략 수립
  ◦ **고객 지원 담당자:** 실시간 상담 및 피드백 관리
  ◦ **커뮤니티 매니저:** 커뮤니티 활성화 및 고객 참여 유도
  ◦ **로열티 프로그램 매니저:** 로열티 프로그램 설계 및 관리
  ◦ **모바일 앱 개발자:** 모바일 앱 개발 및 유지 보수
  ◦ **AR 개발자:** AR 기능 개발 및 유지 보수

◦ **AI 챗봇 개발자:** AI 챗봇 개발 및 유지 보수

프로젝트 일정 및 주요 마일스톤 설정

- **1개월 차:** 아이디어 구체화 및 요구 사항 정의
- **2~3개월 차:** 플랫폼, 모바일 앱, AR 기능 및 AI 챗봇 개발, 초기 테스트
- **4개월 차:** UX/UI 디자인 및 사용자 피드백 반영
- **5개월 차:** 마케팅 및 홍보 활동 시작, 커뮤니티 기능 및 로열티 프로그램 구현
- **6개월 차:** 서비스 론칭 및 모니터링

예상 비용 및 예산 계획 작성

- **총예산:** 16,000,000
  - ◦ **개발 비용:** 6,000,000
  - ◦ **마케팅 비용:** 6,500,000
  - ◦ **인건비:** 3,000,000
  - ◦ **기타 비용:** 500,000

리스크 관리 방안 마련

- **리스크 식별:** 기술적 문제, 고객의 반응이 부정적일 가능성, 일정 지연, 커뮤니티 기능 및 로열티 프로그램 활성화

4 브레인스토밍 아이디어 생성

새로운 프로젝트나 연구 아이디어를 신속하게 생성하고 이를 구체적으로 검토할 수 있는 기반을 마련합니다. 출력된 아이디어를 현실 세계에 적용할 수 있도록 하는 효과가 있습니다. 단순한 아이디어 목록으로 끝나지 않고 각각의 아이디어에 대해 깊이 있게 생각하고 상세한 토론이나 분석이 가능합니다.

1. 프롬프트 템플릿

 # 명령서
당신은 제가 설정한 메인 테마에 관한 브레인스토밍을 진행해 아래의 제약 조건에 따라 많은 아이디어를 출력해 주세요.

 # 메인 테마
{테마를 입력}

 # 제약 조건
- 10개 이상의 아이디어를 출력할 것
- 가상의 상품명, 기술, 지명, 단어, 인명, 단체명은 사용하지 말 것
- 출력한 각 토픽에 대해 100자 이상의 설명을 작성할 것

2. 프롬프트 작성 예시

 # 명령서
당신은 제가 설정한 메인 테마에 관한 브레인스토밍을 진행해 아래의 제약 조건에 따라 많은 아이디어를 출력해 주세요.

메인 테마

환경 보호

제약 조건

* 10개 이상의 아이디어를 출력할 것

* 가상의 상품명, 기술, 지명, 단어, 인명, 단체명은 사용하지 말 것

* 출력한 각 토픽에 대해 100자 이상의 설명을 작성할 것

3. 챗GPT 출력

 테마 = "환경 보호"

아이디어 1 = "재활용 프로그램 강화"

설명 1 = "지역 사회에서 재활용 프로그램을 강화해 자원 낭비를 줄이고 재활용 비율을 높이는 방안을 모색합니다. 주민들에게 재활용 교육을 제공하고 재활용품 수거 일정을 늘려 참여를 유도합니다."

아이디어 2 = "에너지 효율적인 건축"

설명 2 = "에너지 효율을 높이는 건축 설계와 기술을 도입해 건물의 에너지 소비를 줄입니다. 단열재 사용, 태양광 패널 설치, 에너지 절약형 조명 및 가전제품 사용을 권장합니다."

아이디어 3 = "도시 녹지 공간 확대"

설명 3 = "도심 내 녹지 공간을 확대해 공기 질을 개선하고 시민들에게 휴식 공간을 제공합니다. 공원, 정원, 옥상 정원 등을 조성해 도시 환경을 더욱 쾌적하게 만듭니다."

아이디어 4 = "대중교통 이용 촉진"

설명 4 = "대중교통 이용을 촉진해 자동차 사용을 줄이고 교통 혼잡과 대기오염을 감소시킵니다. 대중교통 인프라를 개선하고 다양한 교통수단 간의 연결성을 높입니다."

아이디어 5 = "일회용품 사용 줄이기"

설명 5 = "일회용품 사용을 줄이기 위한 캠페인을 전개합니다. 재사용 가능한 용기와 가방 사용을 장려하고 일회용품 사용에 대한 규제를 강화합니다."

아이디어 6 = "친환경 농업 지원"

설명 6 = "화학 비료와 살충제 사용을 줄이고 유기농법을 사용하는 친환경 농업을 지원합니다. 지역 농산물 소비를 촉진해 식품 운송에 따른 탄소 발자국을 줄입니다."

아이디어 7 = "자연보호 구역 지정"

설명 7 = "생태계 보전을 위해 자연보호 구역을 지정하고 개발을 제한합니다. 보호 구역 내 생태 관광을 활성화해 자연과 조화를 이루는 관광 모델을 만듭니다."

아이디어 8 = "친환경 제품 개발 및 소비"

설명 8 = "친환경 제품을 개발하고 소비를 촉진합니다. 환경에 해를 끼치지 않는 소재를 사용한 제품을 생산하고 소비자들에게 이러한 제품을 선택하도록 독려합니다."

아이디어 9 = "환경 교육 프로그램 확대"

설명 9 = "모든 연령층을 대상으로 한 환경 교육 프로그램을 확대해 환경 보호의 중요성을 인식시킵니다. 학교, 커뮤니티 센터, 온라인 플랫폼을 통해 교육을 제공합니다."

아이디어 10 = "지역 환경 보호 단체 지원"

설명 10 = "지역 환경 보호 단체의 활동을 지원해 그들의 노력을 증대시킵니다. 재정적 지원, 자원 봉사 참여, 홍보 활동 등을 통해 지역 사회의 환경 보호 활동을 촉진합니다."

5 창업 아이디어 자동 생성 프롬프트

이 프롬프트 템플릿은 창업자들이 아이디어를 정리하는 데 도움을 줍니다. 이를 통해 아이디어의 실행 가능성과 경쟁력을 객관적으로 평가하고 부족한 부분을 보완할 수 있어 창업 성공률을 높일 수 있습니다. 템플릿은 아이디어 구체화 과정을 단계별로 안내해 창업자가 체계적으로 진행하는 데 도움을 줍니다.

1. 프롬프트 템플릿

 # 창업 아이디어: [아이디어명]

 # 1. 아이디어 개요
* 제품/서비스 설명
* 해결해야 할 문제점
* 기대 효과

 # 2. 타깃 시장
* 시장 규모
* 타깃 고객
* 시장 니즈

 # 3. 경쟁사
* 기존의 경쟁 기업
* 경쟁 기업과의 차이점
* 경쟁 우위

 # 4. 독창적인 가치 제안
* 제품/서비스의 독창성

* 고객에게 제공하는 이점
* 보호 가능한 기술이나 특허

5. 비즈니스 모델

* 수익의 원천
* 수익화 방법
* 이익 마진

6. 마케팅 전략

* 제품/서비스의 프로모션 방법
* 유통 채널
* 고객 획득 전략

7. 팀 구성

* 팀원의 역할과 기술
* 팀원의 경력과 전문 지식
* 필요한 인재와 채용 전략

8. 수익 예측

* 수익 예측의 근거
* 성장 전망
* 달성 가능한 마일스톤

9. 리스크와 과제

* 비즈니스 관련 리스크
* 과제와 대응책
* 자금 조달의 필요성

10. 다음 단계

* 계획을 실행하기 위한 액션 플랜
* 타임라인
* 목표를 달성하기 위한 KPI

위 템플릿을 활용해 「」의 창업 아이디어를 제시해 주세요.

2. 프롬프트 작성 예시

창업 아이디어: 스마트 헬스케어 디바이스

1. 아이디어 개요

* 제품/서비스 설명
* 해결해야 할 문제점
* 기대 효과

2. 타깃 시장
* 시장 규모
* 타깃 고객
* 시장 니즈

3. 경쟁사
* 기존의 경쟁 기업
* 경쟁 기업과의 차이점
* 경쟁 우위

4. 독창적인 가치 제안
* 제품/서비스의 독창성
* 고객에게 제공하는 이점
* 보호 가능한 기술이나 특허

5. 비즈니스 모델
* 수익의 원천
* 수익화 방법
* 이익 마진

6. 마케팅 전략
* 제품/서비스의 프로모션 방법
* 유통 채널
* 고객 획득 전략

7. 팀 구성
* 팀원의 역할과 기술
* 팀원의 경력과 전문 지식
* 필요한 인재와 채용 전략

8. 수익 예측
* 수익 예측의 근거
* 성장 전망
* 달성 가능한 마일스톤

9. 리스크와 과제
* 비즈니스 관련 리스크

* 과제와 대응책

* 자금 조달의 필요성

10. 다음 단계

* 계획을 실행하기 위한 액션 플랜

* 타임라인

* 목표를 달성하기 위한 KPI

위 템플릿을 활용해 「」의 창업 아이디어를 제시해 주세요.

3. 챗GPT 출력

 창업 아이디어: 스마트 헬스케어 디바이스

1. 아이디어 개요
- **제품/서비스 설명:** 스마트 헬스케어 디바이스는 개인의 건강 상태를 실시간으로 모니터링하고 분석해 건강 관리를 돕는 웨어러블 디바이스입니다. 이 디바이스는 심박수, 혈압, 산소 포화도, 체온, 수면 패턴 등 다양한 건강 데이터를 측정하고 모바일 앱과 연동해 사용자에게 맞춤형 건강 관리 정보를 제공합니다.
- **해결해야 할 문제점:** 기존의 헬스케어 디바이스는 단편적인 데이터 제공에 그치며 사용자가 스스로 데이터를 분석하고 해석해야 하는 번거로움이 있습니다. 또한 주기적인 병원 방문 없이도 건강 상태를 지속적으로 모니터링하고 싶은 니즈를 충족시키지 못하고 있습니다.
- **기대 효과:** 사용자는 스마트 헬스케어 디바이스를 통해 언제 어디서나 자신의 건강 상태를 확인하고 데이터 기반의 맞춤형 건강 관리 조언을 받을 수 있습니다. 이를 통해 건강 관리의 편의성을 높이고 예방적인 의료 조치를 취할 수 있습니다.

2. 타깃 시장
- **시장 규모:** 글로벌 헬스케어 웨어러블 디바이스 시장은 2024년까지 연평균 20% 성장해 약 500억 달러 규모에 이를 것으로 예상됩니다.
- **타깃 고객:** 주로 30대 이상 건강 관리에 관심이 많은 성인, 만성 질환을 앓고 있는 환자, 운동과 건강에 관심이 많은 피트니스 애호가 등이 주요 타깃 고객입니다.
- **시장 니즈:** 실시간 건강 모니터링, 개인 맞춤형 건강 관리 정보 제공, 편리하고 정확한 건강 데이터 수집 및 분석에 대한 니즈가 있습니다.

3. 경쟁사
- **기존의 경쟁 기업:** Fitbit, Apple Watch, Samsung Galaxy Watch 등
- **경쟁 기업과의 차이점:** 우리 제품은 보다 정밀한 건강 데이터 수집과 AI 기반의 맞춤형 건강 관리 조언 제공에 중점을 둡니다.
- **경쟁 우위:** 의료 전문 기관과의 협력을 통해 신뢰할 수 있는 데이터와 분석을 제공하며 사용자의 건강 데이터를 개인 맞춤형으로 분석해 보다 정밀한 건강 관리 솔루션을 제시합니다.

4. 독창적인 가치 제안
- **제품/서비스의 독창성:** AI 기반의 실시간 건강 데이터 분석 및 맞춤형 건강 관리 조언 제공
- **고객에게 제공하는 이점:** 사용자 친화적인 인터페이스와 정확한 건강 데이터 제공, 개인 맞춤형 건강 관리 정보

제공으로 건강 관리의 편의성과 효과성 증대
- **보호 가능한 기술이나 특허:** AI 기반 건강 데이터 분석 알고리즘과 실시간 데이터 수집 및 전송 기술에 대한 특허 출원 계획

5. 비즈니스 모델
- **수익의 원천:** 디바이스 판매, 프리미엄 건강 관리 서비스 구독, 제휴 병원 및 헬스케어 기관과의 협력
- **수익화 방법:** 디바이스 판매 수익, 프리미엄 서비스 구독료, 제휴 병원 및 헬스케어 기관으로부터의 수수료
- **이익 마진:** 디바이스 판매 마진, 구독 서비스에 따른 지속적인 수익 창출, 제휴에 따른 추가 수익

6. 마케팅 전략
- **제품/서비스의 프로모션 방법:** 온라인 마케팅, 소셜 미디어 캠페인, 헬스케어 관련 행사 및 전시회 참여, 유명 인플루언서와의 협업
- **유통 채널:** 자사 온라인 스토어, 주요 전자 제품 리테일러, 제휴 병원 및 헬스케어 기관
- **고객 획득 전략:** 초기 사용자를 위한 할인 및 프로모션, 체험 프로그램 제공, 사용자 리뷰 및 추천 시스템 활용

7. 팀 구성
- **팀원의 역할과 기술**
  - CEO: 비전 설정 및 전략 수립
  - CTO: 기술 개발 및 관리
  - CMO: 마케팅 전략 및 실행
  - CFO: 재무 관리 및 자금 조달
  - 개발팀: 디바이스 및 소프트웨어 개발
  - 데이터 분석 팀: 건강 데이터 분석 알고리즘 개발
- **팀원의 경력과 전문 지식:** 각 분야별로 10년 이상의 경력을 가진 전문가들로 구성
- **필요한 인재와 채용 전략:** 헬스케어 분야의 전문가, AI 및 데이터 분석 전문가, 마케팅 전문가 등 채용 계획

8. 수익 예측
- **수익 예측의 근거:** 시장 성장률, 타깃 고객의 니즈, 경쟁사의 성과 등을 바탕으로 연간 수익 예측
- **성장 전망:** 초기 2년간 빠른 성장 후 안정적인 수익 창출 예상
- **달성 가능한 마일스톤:** 출시 첫 해 1만 대 판매, 2년 차 5만 대 판매, 3년 차 10만 대 판매 목표

9. 리스크와 과제
- **비즈니스 관련 리스크:** 기술적인 문제, 시장 진입 장벽, 경쟁사 대응
- **과제와 대응책:** 기술 개발 및 개선, 효과적인 마케팅 전략, 지속적인 고객 피드백 반영
- **자금 조달의 필요성:** 초기 개발 및 마케팅 비용을 위한 투자 유치 필요

10. 다음 단계
- **계획을 실행하기 위한 액션 플랜**
  - 1개월: 팀 구성 완료
  - 3개월: 프로토타입 개발 완료
  - 6개월: 제품 출시 및 초기 마케팅 캠페인 시작
- **타임라인:** 1년 내 제품 출시 및 시장 진입
- **목표를 달성하기 위한 KPI:** 판매 대수, 사용자 수, 구독 서비스 가입자 수, 고객 만족도 등

6 AI 토론 아이디어 생성

AI 토론 프롬프트는 다양한 관점을 통합해 종합적인 분석을 가능하게 함으로써 좀 더 깊이 있고 폭넓은 통찰력을 얻을 수 있습니다. 이는 비즈니스 리더들이 정보에 기반을 둔 결정을 내리는 데 도움을 줍니다.

이 프롬프트 템플릿은 사용자가 특정 주제에 대해 다양한 인격을 가진 가상의 인물들과 토론을 구성하도록 안내합니다. 사용자는 설정된 주제에 대해 여러 차례 토론을 진행하고 각 토론에서 나온 주요 포인트를 추출해 종합적인 결론을 도출합니다. 이후 이 결론을 바탕으로 실행 가능한 행동 계획을 수립합니다.

이 프롬프트를 사용하면 비즈니스 리더는 다양한 시나리오를 신속하게 시뮬레이션하고 평가할 수 있습니다. 복잡한 문제에 대한 다각도의 해결책을 모색하고 이를 통해 위험을 최소화하며 기회를 최대화할 수 있습니다. 또한 이 과정은 팀 내 의사소통을 강화하고 창의적인 사고를 촉진하는 효과가 있습니다.

1. 프롬프트 템플릿

 # 지시서
다음을 한 번 깊게 숨 쉬고 단계별로 실행하십시오.

STEP 1: ${논의의 주제}를 설정하십시오.
STEP 2: ${논의의 주제}에 관한 논의에 적합한 인격을 3명 생성하십시오.
STEP 3: ${논의의 주제}에 대해 다섯 번 대화하십시오.

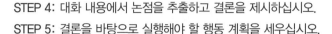

STEP 4: 대화 내용에서 논점을 추출하고 결론을 제시하십시오.
STEP 5: 결론을 바탕으로 실행해야 할 행동 계획을 세우십시오.

 # 제약 조건

* STEP 3에서 각 인격의 발언은 전부 기록할 것

* 행동 계획은 항목으로 표시할 것

* 그럼, 논의의 주제는 {여기에 논의의 주제를 입력하십시오}로 부탁드립니다. 시작하십시오.

2. 프롬프트 작성 예시

 # 지시서

다음을 한 번 깊게 숨 쉬고 단계별로 실행하십시오.

STEP 1: ${논의의 주제}를 설정하십시오.
STEP 2: ${논의의 주제}에 관한 논의에 적합한 인격을 3명 생성하십시오.
STEP 3: ${논의의 주제}에 대해 다섯 번 대화하십시오.
STEP 4: 대화 내용에서 논점을 추출하고 결론을 제시하십시오.
STEP 5: 결론을 바탕으로 실행해야 할 행동 계획을 세우십시오.

 # 제약 조건

* STEP 3에서 각 인격의 발언은 전부 기록할 것

* 행동 계획은 항목으로 표시할 것

* 그럼, 논의의 주제는 {AI를 활용한 의료 기술 혁신}으로 부탁드립니다. 시작하십시오.

3. 챗GPT 출력

STEP 1 : 논의의 주제 설정
논의의 주제는 'AI를 활용한 의료 기술 혁신'입니다.

STEP 2 : 논의의 주제에 관한 논의에 적합한 인격 생성
1. **Dr. James Wilson:** 의료 AI 전문가, AI와 머신러닝을 활용한 진단 기술에 대해 깊은 이해를 가진 인물
2. **Sarah Lee:** 병원 경영자, AI 기술의 병원 내 도입과 운영 측면에서 전문적인 지식을 가진 인물
3. **Alex Kim:** 기술 개발자, 의료 분야의 AI 소프트웨어와 하드웨어 개발에 종사하고 있는 인물

STEP 3 : 대화
• **대화 1**
Dr. James Wilson: "AI를 활용한 의료 기술 혁신의 가장 큰 장점은 무엇이라고 생각하십니까? 저는 정확한 진단과

예측 능력의 향상을 가장 큰 장점으로 꼽고 싶습니다."

Sarah Lee: "맞습니다. Dr. Wilson. 저도 동의합니다. 또한 병원 운영 측면에서는 AI가 행정 업무를 자동화해 의료진이 환자에게 좀 더 집중할 수 있게 하는 점도 큰 장점이라고 생각합니다."

Alex Kim: "저는 기술 개발자로서 AI가 의료 기기와 소프트웨어를 더욱 정교하게 만들고 개인 맞춤형 치료를 가능하게 하는 점이 매우 중요하다고 생각합니다."

• 대화 2

Sarah Lee: "하지만 AI 기술을 도입하는 데 있어 큰 걸림돌은 비용과 기술적인 복잡성입니다. 어떻게 해결해야 할 수 있을까요?"

Dr. James Wilson: "초기 비용은 높지만 장기적으로는 효율성을 높여 비용 절감이 가능합니다. 정부나 대기업의 지원 프로그램을 활용하는 것도 하나의 방법일 것입니다."

Alex Kim: "기술적인 복잡성은 맞춤형 솔루션을 개발해야 해결할 수 있습니다. 또한 사용자 친화적인 인터페이스와 충분한 교육 프로그램이 필요합니다."

• 대화 3

Dr. James Wilson: "AI를 활용한 진단의 신뢰성은 어느 정도라고 보십니까?"

Sarah Lee: "현재 많은 연구에서 AI가 전문의와 비슷한 수준의 진단 정확도를 보이고 있습니다. 그러나 여전히 인간의 검토가 필요합니다."

Alex Kim: "AI의 신뢰성은 데이터 품질에 크게 의존합니다. 데이터가 충분하고 정확하다면 매우 높은 신뢰성을 보일 수 있습니다."

• 대화 4

Alex Kim: "AI 기술이 발전함에 따라 의료 데이터의 보안 문제도 중요해지고 있습니다. 어떻게 보안 문제를 해결해야 할 수 있을까요?"

Dr. James Wilson: "보안 문제는 암호화 기술과 접근 제어를 통해 해결해야 할 수 있습니다. 또한 지속적인 모니터링과 업데이트가 필요합니다."

Sarah Lee: "맞습니다. 병원에서도 데이터 보안에 대한 인식을 높이고 정기적인 보안 교육을 실시해야 합니다."

• 대화 5

Sarah Lee: "AI를 활용한 의료 기술 혁신이 실제 환자들에게 어떤 영향을 미칠까요?"

Dr. James Wilson: "환자들에게는 더 빠르고 정확한 진단과 개인 맞춤형 치료가 제공될 것입니다. 이는 치료 성과를 크게 향상시킬 수 있습니다."

Alex Kim: "또한 원격 진료가 가능해져 의료 서비스의 접근성이 향상될 것입니다. 특히 거주지와 상관없이 고품질의 의료 서비스를 받을 수 있게 됩니다."

STEP 4: 대화 내용에서 논점을 추출하고 결론을 제시

• 논점 추출

  1. AI의 진단 정확도와 예측 능력 향상

  2. AI 도입의 초기 비용과 기술적 복잡성

  3. AI 진단의 신뢰성

  4. 의료 데이터 보안 문제

  5. AI 기술이 환자에게 미치는 영향

• 결론

  AI를 활용한 의료 기술 혁신은 진단 정확도와 예측 능력을 향상시키고 의료 서비스의 효율성을 증대시킵니다. 초기 도입 비용과 기술적 복잡성은 맞춤형 솔루션과 지원 프로그램을 통해 해결해야 할 수 있습니다. AI의 신뢰성은 데이터 품질에 의존하며 보안 문제는 암호화와 접근 제어, 지속적인 모니터링을 통해 해결해야 할 수 있습니다. 결과적으로 환자들은 더 빠르고 정확한 진단과 개인 맞춤형 치료를 받게 되며 원격 진료를 통해 의료 서비스의 접근성이 향상됩니다.

STEP 5: 결론을 바탕으로 실행해야 할 행동 계획

1. **정부 및 대기업의 지원 프로그램 활용:** AI 도입 초기 비용을 줄이기 위해 지원 프로그램을 적극적으로 활용합니다.
2. **맞춤형 솔루션 개발:** 병원과 의료 기관의 특성에 맞춘 맞춤형 AI 솔루션을 개발하고 도입합니다.
3. **사용자 친화적인 인터페이스와 교육 프로그램:** 의료진이 AI를 효과적으로 사용할 수 있도록 사용자 친화적인 인터페이스를 개발하고 정기적인 교육 프로그램을 제공합니다.
4. **데이터 품질 관리:** AI의 신뢰성을 높이기 위해 의료 데이터의 품질을 지속적으로 관리하고 개선합니다.
5. **보안 강화:** 의료 데이터의 보안을 위해 암호화 기술과 접근 제어를 강화하고 정기적인 보안 점검과 업데이트를 실시합니다.
6. **원격 진료 시스템 도입:** 원격 진료 시스템을 구축해 의료 서비스의 접근성을 높이고 환자들이 거주지와 상관없이 고품질의 의료 서비스를 받을 수 있도록 합니다.
7. **환자 맞춤형 치료 제공:** AI를 활용해 개인 맞춤형 치료를 제공하고 치료 성과를 향상시킵니다.

이로써 AI를 활용한 의료 기술 혁신을 효과적으로 추진할 수 있을 것입니다.

7 제안서 작성 아이디어 생성

제안서를 통해 기업은 자신의 서비스나 제품을 효과적으로 소개하고 잠재 고객의 필요와 문제를 해결할 수 있는 솔루션을 제시할 수 있습니다. 따라서 제안서는 단순히 서비스나 제품을 설명하는 문서를 넘어, 고객과의 신뢰를 구축하고 비즈니스 기회를 창출하는 전략적 도구로 기능합니다.

이번 프롬프트는 사용자가 자신의 전문성을 바탕으로 체계적이고 전문적인 제안서를 작성할 수 있도록 설계됐습니다. 좀 더 구체적으로, 사용자는 자신의 회사와 역할, 제안할 상대와 상품, 제안의 목적 등을 명확하게 정리하고 서비스의 특징과 제안서 작성에 있어서의 제약 사항을 고려해 내용을 전략적으로 구성합니다.

1. 프롬프트 템플릿

당신은 [전문 분야]에 정통한 프로 컨설턴트입니다.
다음 내용을 충실히 준수해 단계별로 완벽한 고객용 제안 자료를 작성하십시오.

 # 회사명 및 나의 역할
* [회사명] 영업 사원

 # 제안 상대
* [고객사] 부장

 # 제안할 상업 제품
* [컨설팅 서비스]

 # 제안의 목적
* [고객사]에서 [회사명]의 [컨설팅 서비스] 계약을 획득

회사의 서비스 특장점

[서비스 특장점]

제약 조건

* 슬라이드: [20]장
* 본문은 항목별 작성
* 한 슬라이드에 하나의 중요한 메시지
* 제안 자료는 [고객사]에 새로운 아이디어를 제공해야 함.
* [회사명]이 [고객사]의 필수적인 파트너임을 강조

출력 형식

1. 제안 구성 제안
2. 상세하고 구체적인 본문을 포함한 제안 자료 작성
3. 제안 자료를 PPT로 출력

2. 프롬프트 작성 예시

당신은 데이터 분석 및 AI 컨설팅에 정통한 프로 컨설턴트입니다.

다음 내용을 충실히 준수해서 단계별로 완벽한 고객용 제안 자료를 작성하십시오.

회사명 및 나의 역할

* 데이터솔루션즈 영업 사원

제안 상대

* 하이테크 주식회사 부장

제안할 상업 제품

* AI 기반 데이터 분석 컨설팅 서비스

제안의 목적

* [고객사]에서 [회사명]의 [컨설팅 서비스] 계약을 획득

회사의 서비스 특장점

* 고객 맞춤형 솔루션 제공, 최신 AI 기술 적용, 실시간 데이터 분석, 비용 절감 및 효율성 증대

제약 조건

* 슬라이드: [20]장
* 본문은 항목별 작성
* 한 슬라이드에 하나의 중요한 메시지
* 제안 자료는 [고객사]에 새로운 아이디어를 제공해야 함.

* [회사명]이 [고객사]의 필수적인 파트너임을 강조

 # 출력 형식

1. 제안 구성 제안

2. 상세하고 구체적인 본문을 포함한 제안 자료 작성

3. 제안 자료를 PPT로 출력

3. 챗GPT 출력

 제안 구성 제안

1. 표지
- [회사명]의 로고
- 제안서의 제목: '하이테크 주식회사 AI 기반 데이터 분석 컨설팅 서비스 제안'
- 날짜 및 제출자 정보

2. 목차
- 제안서의 주요 내용 나열

3. 회사 소개
- [회사명] 소개
- 미션 및 비전

4. 서비스 개요
- AI 기반 데이터 분석 컨설팅 서비스의 개요
- 제공되는 주요 서비스 목록

5. 시장 분석
- AI 데이터 분석 시장의 현황
- 하이테크 주식회사의 현재 위치 및 경쟁 분석

6. 고객 맞춤형 솔루션
- 하이테크 주식회사를 위한 맞춤형 솔루션 제안
- 성공 사례 및 기대 효과

7. 최신 AI 기술 적용
- [회사명]이 사용하는 최신 AI 기술 소개
- 기술의 장점 및 적용 사례

8. 실시간 데이터 분석
- 실시간 데이터 분석의 중요성
- 실시간 데이터 분석으로 얻을 수 있는 이점

9. 비용 절감 및 효율성 증대
- 컨설팅 서비스를 통한 비용 절감 방법
- 효율성 증대 방안

10. 프로젝트 관리 및 진행 계획
- 프로젝트 관리 방법론 소개
- 단계별 진행 계획

11. ROI 분석
- 투자 대비 효과(ROI) 분석
- 예상 수익 및 절감 비용

12. 고객사 주요 관심사 반영
- 하이테크 주식회사의 주요 관심사 및 요구 사항 반영
- 맞춤형 해결 방안 제안

13. 협력 사례
- 기존 협력 사례 및 성공 스토리
- 고객의 평가 및 피드백

14. 고객 지원 및 유지 보수
- 고객 지원 서비스 소개
- 유지 보수 계획 및 혜택

15. 서비스 가격 및 계약 조건
- 서비스 가격 구조 설명
- 계약 조건 및 혜택

16. 차별화된 강점
- [회사명]의 차별화된 강점 요약
- 경쟁사와의 비교

17. 제안 요약
- 제안서 요약 및 주요 혜택 강조
- 하이테크 주식회사를 위한 최종 제안

18. Q&A
- 자주 묻는 질문 및 답변
- 추가 문의처 안내

19. 다음 단계
- 제안서 이후의 진행 단계 안내
- 후속 회의 및 논의 일정 제안

20. 마무리
- 감사 인사
- 기대되는 협력 관계 강조
- 상세하고 구체적인 본문을 포함한 제안 자료 작성

하이테크 주식회사 AI 기반 데이터 분석 컨설팅 서비스 제안

1. 표지
- [슬라이드 1]
  - [회사명] 로고
  - **제안서의 제목:** 하이테크 주식회사 AI 기반 데이터 분석 컨설팅 서비스 제안
  - **날짜:** 2024년 6월 4일
  - **제출자:** 데이터솔루션즈 영업 사원

2. 목차
- [슬라이드 2]
  - 제안서 주요 내용 나열

3. 회사 소개
- [슬라이드 3]
  - [회사명] 소개
  - **미션:** '최고의 데이터 분석 솔루션 제공을 통한 고객 성공 지원'
  - **비전:** '글로벌 AI 데이터 분석 선도 기업'

4. 서비스 개요
- [슬라이드 4]
  - AI 기반 데이터 분석 컨설팅 서비스 개요
  - **주요 서비스:** 데이터 수집 및 처리, 모델 개발, 결과 해석 및 보고

5. 시장 분석
- [슬라이드 5]
  - AI 데이터 분석 시장 현황 및 성장 전망
  - 하이테크 주식회사의 현재 위치 분석
  - 경쟁사 비교

6. 고객 맞춤형 솔루션
- [슬라이드 6]
  - 하이테크 주식회사를 위한 맞춤형 솔루션 제안
  - **성공 사례:** 유사 기업의 성공 사례 소개
  - **기대 효과:** 매출 증대, 운영 효율성 개선

7. 최신 AI 기술 적용
- [슬라이드 7]
  - [회사명]의 최신 AI 기술 소개
  - **기술 장점:** 정확성, 효율성, 확장성
  - **적용 사례:** 다양한 산업 분야의 성공 사례

8. 실시간 데이터 분석
- [슬라이드 8]
  - 실시간 데이터 분석의 중요성 강조
  - 실시간 데이터 분석이 가져다 줄 이점: 빠른 의사결정, 즉각적인 문제 해결

9. 비용 절감 및 효율성 증대
- [슬라이드 9]
  - 컨설팅 서비스를 통한 비용 절감 방법
  - **효율성 증대 방안:** 프로세스 자동화, 최적화된 자원 배분

10. 프로젝트 관리 및 진행 계획
- [슬라이드 10]
  - 프로젝트 관리 방법론 소개: 애자일, 스크럼
  - **단계별 진행 계획:** 초기 분석, 개발, 테스트, 배포, 유지 보수

11. ROI 분석
- [슬라이드 11]
  - 투자 대비 효과(ROI) 분석
  - **예상 수익 및 절감 비용:** 구체적 수치 제시

12. 고객사 주요 관심사 반영
- [슬라이드 12]

- ◦ 하이테크 주식회사의 주요 관심사 및 요구 사항 반영
- ◦ 맞춤형 해결 방안 제안: 데이터 보안, 확장성, 사용자 친화성

13. 협력 사례

- [슬라이드 13]
  - ◦ 기존 협력 사례 및 성공 스토리
  - ◦ 고객 평가 및 피드백: 신뢰성, 만족도

14. 고객 지원 및 유지 보수

- [슬라이드 14]
  - ◦ 고객 지원 서비스 소개: 24/7 지원, 정기 보고
  - ◦ 유지 보수 계획 및 혜택: 예방적 유지 보수, 지속적인 개선

15. 서비스 가격 및 계약 조건

- [슬라이드 15]
  - ◦ 서비스 가격 구조 설명: 기본 패키지, 맞춤형 패키지
  - ◦ 계약 조건 및 혜택: 장기 계약 할인, 추가 서비스 제공

16. 차별화된 강점

- [슬라이드 16]
  - ◦ [회사명]의 차별화된 강점 요약: 전문성, 기술력, 고객 중심
  - ◦ 경쟁사와의 비교: 독보적인 기술력, 고객 맞춤형 서비스

17. 제안 요약

- [슬라이드 17]
  - ◦ 제안서 요약 및 주요 혜택 강조
  - ◦ 하이테크 주식회사를 위한 최종 제안: 기대 효과, ROI

18. Q&A

- [슬라이드 18]
  - ◦ 자주 묻는 질문 및 답변
  - ◦ 추가 문의처 안내: 담당자 정보, 연락처

19. 다음 단계

- [슬라이드 19]
  - ◦ 제안서 이후의 진행 단계 안내: 추가 논의, 계약 체결
  - ◦ 후속 회의 및 논의 일정 제안

20. 마무리

- [슬라이드 20]
  - ◦ 감사 인사
  - ◦ 기대되는 협력 관계 강조: 함께 만들어갈 미래

제안 자료를 PPT로 출력

위 제안 구성에 따라 각 슬라이드의 내용을 채워 PPT로 작성하겠습니다.

(PPT로 변환 후 제공할 수는 없으므로 각 슬라이드의 내용을 텍스트로만 작성합니다. 이후 텍스트를 활용해 PPT를 직접 제작하기 바랍니다.)

제 2 장

분석 및 전략

8 페르미 시장 규모 추정법

페르미 추정법(Fermi Estimation)은 비즈니스에서 필수적인 결정을 내릴 때 매우 유용합니다. 특히 산업 규모나 시장 잠재력을 파악할 때 정확한 데이터를 얻기 어려운 경우, 간단한 가정과 근사 계산을 통해 신뢰할 수 있는 대략적인 수치를 제공합니다. 이는 기업가가 시장 기회를 신속하게 평가하고 전략적인 결정을 내리는 데 큰 도움을 줍니다. 따라서 비즈니스를 성공시키기 위해서는 이 방법을 이해하고 활용하는 것이 중요합니다.

이 방법은 문제를 간단한 요소로 나눠 각 요소의 근삿값을 계산한 후 이를 종합해 전체 문제의 근삿값을 도출하는 방식입니다. 예를 들어, 한국 슈퍼마켓 시장의 규모를 추정하려면 인구수, 가구 수, 슈퍼마켓 이용률, 가구당 월평균 지출 등을 기반으로 시장 규모를 계산할 수 있습니다. 이 과정은 복잡한 계산이 필요 없고 신속하게 대략적인 결과를 얻을 수 있어 실무에 매우 유용합니다.

이 방법을 사용하면 정확한 데이터를 기다리지 않고도 시장의 대략적인 규모를 빠르게 파악할 수 있고 의사결정 속도가 빨라집니다. 상세한 시장 조사나 분석에 드는 시간과 비용을 절감할 수 있습니다. 대략적인 시장 규모를 바탕으로 보다 현실적이고 실행 가능한 비즈니스 전략을 수립할 수 있습니다.

페르미 추정법을 사용해 한국 슈퍼마켓 시장 규모를 추정하는 절차는 다음과 같습니다.

1. 프롬프트 템플릿

[   ]의 시장 규모를 페르미 추정법으로 계산해 주세요.
용도: 대략적인 업계 파악

페르미 추정법(Fermi Estimation)은 엔리코 페르미(Enrico Fermi)라는 물리학자의 이름을 딴 방법으로, 불확실하거나 접근하기 어려운 문제에 대해 간단한 가정과 근사치를 통해 대략적인 수치를 추정하는 방법입니다. 이 방법은 주로 대략적인 크기나 수량을 빠르게 계산할 때 사용됩니다.

2. 프롬프트 작성 예시

[한국 슈퍼마켓]의 시장 규모를 페르미 추정법으로 계산해 주세요.
용도: 대략적인 업계 파악

페르미 추정법(Fermi estimation)은 엔리코 페르미(Enrico Fermi)라는 물리학자의 이름을 딴 방법으로, 불확실하거나 접근하기 어려운 문제에 대해 간단한 가정과 근삿값을 통해 대략적인 수치를 추정하는 방법입니다. 이 방법은 주로 대략적인 크기나 수량을 빠르게 계산할 때 사용됩니다.

3. 챗GPT 출력

한국 슈퍼마켓의 시장 규모를 페르미 추정법으로 계산해 보겠습니다. 간단한 가정과 계산을 통해 대략적인 수치를 추정합니다.

가정 설정
1. **한국 인구:** 약 5,200만 명
2. **가구 수:** 약 2,000만 가구(평균 가구당 인구 2.6명)
3. **슈퍼마켓 이용률:** 전체 인구의 약 70%가 정기적으로 슈퍼마켓을 이용한다고 가정
4. **평균 가구당 월 지출액:** 가구당 슈퍼마켓에서의 평균 월 지출액을 30만 원으로 가정
5. **연간 지출액:** 가구당 연간 슈퍼마켓 지출액은 30만 원 × 12개월 = 360만 원

계산
1. **슈퍼마켓 이용 가구 수:** 2,000만 가구 × 0.7 = 1,400만 가구
2. **전체 가구의 연간 슈퍼마켓 지출액:** 1,400만 가구 × 360만 원 = 504조 원

한국 슈퍼마켓 시장 규모
한국 슈퍼마켓의 대략적인 시장 규모는 약 504조 원입니다.

이 추정값은 단순화된 가정에 기반을 둔 것으로, 실제 시장 규모와 차이가 있을 수 있습니다. 추가 자료나 상세한 조사가 필요할 경우 더욱 정확한 수치를 얻을 수 있을 것입니다.

9 비즈니스 문제 해결 컨설팅

비즈니스 환경은 점점 더 복잡해지고 있습니다. 기업가들은 다양한 문제와 도전에 직면하고 있으며 이를 효과적으로 해결하기 위해서는 체계적인 접근이 필요합니다. 비즈니스 컨설팅 프롬프트 템플릿은 이러한 복잡한 문제를 구조화하고 명확하게 이해하는 데 도움을 줍니다. 특히 AI 기반 상담 도구나 챗봇을 활용할 때 적절한 프롬프트 템플릿을 사용하면 좀 더 정확하고 유용한 답변을 얻을 수 있습니다. 이는 시간과 자원을 절약하고 더 나은 비즈니스 결정을 내리는 데 도움을 줍니다.

비즈니스 컨설팅 프롬프트 템플릿은 특정 상황에 필요한 질문과 답변의 형식을 제공합니다. 예를 들어, 상담을 요청하거나 특정 주제에 대한 조언을 구할 때 프롬프트 템플릿을 사용하면 원하는 정보를 명확하게 전달할 수 있습니다. 템플릿은 명확한 목표를 설정하고 필요한 정보를 효과적으로 수집하며 논리적으로 문제를 해결하는 데 도움을 줍니다.

이번 프롬프트 템플릿을 사용하면 아래와 같은 긍정적인 변화를 기대할 수 있습니다.

- **효율성 향상:** 명확한 질문과 구조화된 답변을 통해 문제 해결 과정이 빨라집니다.
- **의사소통 개선:** 명확하고 일관된 커뮤니케이션을 통해 오해를 줄이고 협업을 촉진합니다.
- **더 나은 의사결정:** 필요한 정보를 정확하게 수집하고 분석하면 데이터 기반의 의사결정을 내릴 수 있습니다.
- **고객 만족도 증가:** 빠르고 정확한 응답을 통해 고객의 요구를 좀 더 잘 충족시킬 수 있습니다.

1. 프롬프트 템플릿

 # 입력 문장

〈여기에 입력〉

 # 제약 조건

* 대화체로 답변할 것

* 검토할 사항은 항목으로 표현할 것

* 부족한 정보가 있으면 질문할 것

 # 출력

컨설턴트:

2. 프롬프트 작성 예시

 # 입력 문장

세계적으로 유명한 컨설턴트가 되기 위해 어떤 자질과 요소를 갖춰야 하는지 알고 싶습니다.
구체적으로 알려 주세요. 자질이나 요소는 항목별로 작성해 주세요.

 # 제약 조건

* 대화체로 답변할 것

* 검토할 사항은 항목으로 표현할 것

* 부족한 정보가 있으면 질문할 것

 # 출력

컨설턴트:

3. 챗GPT 출력

컨설턴트: 세계적으로 유명한 컨설턴트가 되기 위해서는 어떤 자질과 요소를 갖춰야 하는지 알고 싶으시군요. 물론
입니다. 구체적으로 항목별로 설명해 드릴게요.

1. 전문 지식과 경험

• 특정 분야에 대한 깊은 이해와 전문 지식은 필수입니다.

• 다양한 프로젝트 경험이 풍부해야 합니다.

2. 문제 해결 능력

• 복잡한 문제를 분석하고 해결하는 능력이 중요합니다.

• 창의적이고 혁신적인 해결책을 제시할 수 있어야 합니다.

3. 커뮤니케이션 능력

- 명확하고 효과적으로 의사소통할 수 있어야 합니다.
- 고객의 요구를 잘 파악하고 설명할 수 있는 능력이 필요합니다.

4. 프레젠테이션 스킬
- 설득력 있는 프레젠테이션 능력이 필요합니다.
- 청중을 사로잡는 스토리텔링 능력도 중요합니다.

5. 대인 관계 능력
- 다양한 사람과 잘 어울리고 신뢰를 구축하는 능력이 필요합니다.
- 팀워크를 잘 이끌어가는 리더십도 중요합니다.

6. 적응력과 유연성
- 빠르게 변화하는 환경에 적응할 수 있어야 합니다.
- 다양한 문화와 비즈니스 환경에 유연하게 대처할 수 있어야 합니다.

7. 분석력과 데이터 활용 능력
- 데이터를 효과적으로 분석하고 활용할 수 있어야 합니다.
- 데이터를 기반으로 한 전략적 의사결정을 할 수 있어야 합니다.

8. 윤리 의식과 신뢰성
- 높은 윤리적 기준을 유지하고 신뢰를 쌓아야 합니다.
- 고객의 정보를 기밀로 유지할 수 있는 능력이 필요합니다.

9. 네트워킹 능력
- 광범위한 인맥을 구축하고 유지하는 능력이 필요합니다.
- 업계의 최신 트렌드를 파악하고 이를 활용할 수 있어야 합니다.

10. 끊임없는 자기 개발
- 지속적으로 새로운 지식을 습득하고 적용하는 스킬을 향상시켜야 합니다.
- 최신 업계 동향과 기술을 항상 파악하고 있어야 합니다.

이제 제가 다루는 업계와 관련된 구체적인 질문이나 추가적인 정보가 필요하시면 언제든지 말씀해 주세요.

10 문제 원인 분석 계획 작성

비즈니스 환경에서는 다양한 문제와 어려움이 발생할 수 있습니다. 문제의 발생 원인을 정확히 파악하고 재발 방지책을 마련하는 것은 성공적인 비즈니스 운영의 핵심입니다. 이를 위해 체계적인 분석 계획을 세우는 것은 매우 중요합니다. 분석 계획을 통해 문제의 근본 원인을 찾아내고 이를 바탕으로 효과적인 해결책을 마련할 수 있습니다. 특히 프롬프트 엔지니어링을 통해 이러한 과정을 자동화하고 체계화하면 시간과 자원을 절약하면서도 좀 더 정확한 분석을 수행할 수 있습니다.

이러한 체계적인 분석 계획을 통해 얻을 수 있는 변화는 다음과 같습니다.

- **효율성 증가:** 문제 해결 과정이 체계화됨에 따라 효율성이 크게 증가합니다.
- **정확한 원인 파악:** 근본 원인을 정확히 파악하면 재발 방지책을 효과적으로 마련할 수 있습니다.
- **문제 해결 시간 단축:** 체계적인 분석을 통해 문제 해결 시간을 단축할 수 있습니다.
- **팀의 역량 강화:** 팀원들이 체계적인 분석 과정을 통해 문제 해결 역량을 강화할 수 있습니다.

1. 프롬프트 템플릿

당신은 세밀한 시각으로 사물을 판단할 수 있는 경영자입니다. 다음 입력문과 제약 조건에 따라 분석을 도와주세요.

 # 입력문
{여기에 입력}

 # 제약 조건
* 답변은 하나의 질문으로 제한할 것
* 입력문에 대한 질문을 유도해 '진정한 원인'으로 안내할 것

* 위 실행에 필요한 정보나 데이터가 있다면 질문할 것

출력

질문:

해석:

2. 프롬프트 작성 예시

당신은 세밀한 시각으로 사물을 판단할 수 있는 경영자입니다. 다음 입력문과 제약 조건에 따라 분석을 도와주세요.

입력문

"우리 팀의 프로젝트가 기한 내에 완료되지 못했습니다. 프로젝트는 3개월 동안 진행됐으며 초기 단계에서 일정이 밀리기 시작했습니다. 팀원들은 종종 일정에 맞추기 어려워했고 일부 중요한 마일스톤은 완수되지 못했습니다. 최종적으로 프로젝트는 기한을 2주 넘겼고 예상했던 품질 기준을 충족하지 못했습니다."

제약 조건

* 답변은 하나의 질문으로 제한할 것
* 입력문에 대해 질문을 유도해 '진정한 원인'으로 안내할 것
* 위 실행에 필요한 정보나 데이터가 있다면 질문할 것

출력

질문:

해석:

3. 챗GPT 출력

질문: "우리 팀의 프로젝트가 초기 단계에서 일정이 밀리기 시작한 주요 원인은 무엇인가요?"

해석: 이 질문은 프로젝트 지연의 근본 원인을 찾기 위한 첫 단계입니다. 초기 단계에서 일정이 밀리기 시작한 이유를 파악하면 팀원들이 일정에 맞추기 어려웠던 원인과 중요한 마일스톤이 완수되지 못한 이유를 좀 더 깊이 이해할 수 있습니다. 이를 통해 자원 관리, 계획 수립, 팀 구성 및 외부 요인 등의 구체적인 문제를 식별하고 해결해야 할 수 있습니다.

질문에 대한 답을 적습니다.

질문:

해석:

질문에 대한 답을 적습니다.

질문:

해석:

11 고객 중심 분석(4P·4C)

사업을 운영하면서 고객 분석은 필수적입니다. 그러나 혼자서 분석을 진행할 때 생각이 편향되거나 경직될 수 있습니다. 새로운 시각이나 인사이트를 발견하는 것이 어려워지며 중요한 점을 놓칠 수도 있습니다. 이러한 한계를 극복하는 데는 체계적인 프레임워크를 사용하는 것이 중요합니다.

이 고객 분석 프롬프트는 4P(제품, 가격, 장소, 홍보)와 4C(고객, 비용, 편리성, 커뮤니케이션)의 프레임워크를 사용해 귀하의 서비스에 대한 체계적인 질문을 제공합니다. 이를 통해 사업의 각 요소를 깊이 있게 탐색하고 전략적 결정을 내릴 수 있는 데이터를 수집할 수 있습니다. 참고로 기업이 분석하고자 하는 목적에 맞게 4C(시장, 고객, 경쟁사, 자사) 분석으로 적용할 수도 있습니다.

이 프롬프트를 활용하면 사업을 보다 면밀히 분석하고 고객의 요구를 정확히 파악할 수 있습니다. 또한 경쟁사 대비 차별화된 강점을 발견하고 시장에서의 위치를 강화할 수 있습니다. 고객 만족도를 높이는 데 필요한 구체적인 조치를 취할 수 있는 기반을 마련합니다.

서비스 내용, 타깃 고객, 가격 설정, 경쟁 정보를 기반으로 구체적인 질문을 생성합니다. 예를 들어, 제품의 종류와 디자인이 고객의 기대를 충족하는지, 가격 정책이 타깃 고객에게 적합한지 등을 평가할 수 있습니다. 이러한 질문에 대한 답변을 통해 실질적인 개선점을 도출하고 실행 계획을 수립할 수 있습니다.

이 프롬프트를 통해 비즈니스를 한 단계 발전시키고 경쟁력을 강화하는 데 필요한 근거를 마련할 수 있습니다. 경영 전략과 마케팅 전략을 통합해 체계적이고 효과적인 분석을 수행하게 되는 것입니다. 이는 최종적으로 사업의 성공으로 이어질 것입니다.

사업 분석을 혼자 진행할 때는 생각이 편향되거나 경직될 수 있으며 새로운 관점이나 인사이트를 발견하기 어려워지거나 중요한 포인트를 놓칠 수 있습니다. 챗GPT를 활용하면 지금까지 눈치채지 못했던 새로운 시각이나 접근 방법을 발견할 수 있습니다.

1. 프롬프트 템플릿

저는 다음 서비스의 담당자이며
고객 만족도를 향상시키기 위해 노력하고 있습니다.
4P(제품, 가격, 장소, 홍보)와 4C(고객, 비용, 편리성, 커뮤니케이션)의
프레임워크를 사용하여,확인해야 할 포인트를 알 수 있도록,
항목별로 친절하게 저에게 질문해 주세요.
주석이나 설명이나 반복은 필요 없습니다. 결과만 출력해 주세요.

【서비스의 내용】
• 서비스 내용: {서비스 내용}
• 타깃 고객: {타깃 고객}
• 가격 설정: {가격 설정}
• 경쟁: {경쟁 정보}

【자신 있는 어필 포인트】
• 정성스러운 포장으로 접시가 깨지지 않도록 하고 있습니다.

【고민이나 어려운 포인트】
• 해지율을 좀 더 낮추고 싶습니다.
• 시장을 좀 더 확대할 수 있는 아이디어가 필요합니다.

2. 프롬프트 작성 예시

저는 다음 서비스의 담당자이며
고객 만족도를 향상시키기 위해 노력하고 있습니다.
4P(제품, 가격, 장소, 홍보)와 4C(고객, 비용, 편리성, 커뮤니케이션)의
프레임워크를 사용하여,,확인해야 할 포인트를 알 수 있도록,
항목별로 친절하게 저에게 질문해 주세요.
주석이나 설명이나 반복은 필요 없습니다. 결과만 출력해 주세요.

【서비스의 내용】

- 서비스 내용: {다양한 종류의 고급 식기를 제공하는 온라인 쇼핑몰입니다.}
- 타깃 고객: {고급 식기를 선호하는 30대에서 50대 사이의 고객}
- 가격 설정: {개당 20,000원에서 100,000원 사이의 가격대로 설정}
- 경쟁: {비슷한 가격대의 고급 식기를 판매하는 다른 온라인 쇼핑몰과 경쟁 중}

【자신 있는 어필 포인트】
- 정성스러운 포장으로 접시가 깨지지 않도록 하고 있습니다.

【고민이나 어려운 포인트】
- 해지율을 좀 더 낮추고 싶습니다.
- 시장을 좀 더 확대할 수 있는 아이디어가 필요합니다.

3. 챗GPT 출력

 ### 4P(Product, Price, Place, Promotion)

Product
1. 현재 제공하는 고급 식기의 종류와 디자인은 고객의 기대를 충족시키고 있습니까?
2. 제품의 품질과 내구성은 어떻게 평가되고 있습니까?
3. 신제품 개발이나 제품 라인 확장을 고려하고 있습니까?

Price
1. 현재 가격대는 타깃 고객에게 적절하게 설정돼 있습니까?
2. 가격 정책에 대한 고객의 반응은 어떠합니까?
3. 할인이나 프로모션을 통해 고객 만족도를 높일 계획이 있습니까?

Place
1. 온라인 쇼핑몰의 사용자 경험(UX/UI)은 고객이 쉽게 탐색하고 구매할 수 있도록 설계돼 있습니까?
2. 배송 속도와 배송 품질에 대한 고객의 평가는 어떠합니까?
3. 다양한 유통 채널(예: 모바일 앱, 제휴 플랫폼)을 통해 접근성을 높일 계획이 있습니까?

Promotion
1. 현재 마케팅 전략은 타깃 고객에게 효과적으로 다가가고 있습니까?
2. 소셜 미디어나 온라인 광고를 통해 고객과의 소통을 강화하고 있습니까?
3. 고객 리뷰와 피드백을 적극 활용하고 있습니까?

4C(Customer, Cost, Convenience, Communication)

Customer
1. 고객이 고급 식기를 선택할 때 가장 중요하게 생각하는 요소는 무엇입니까?
2. 고객의 라이프스타일과 취향에 맞춘 제품을 제공하고 있습니까?
3. 고객 만족도를 높이기 위해 추가로 제공할 수 있는 서비스는 무엇입니까?

Cost

1. 고객이 제품을 구매할 때 가격 대비 가치를 느끼고 있습니까?

2. 가격 이외에 고객이 느끼는 비용(예: 배송비, 시간)은 적절하게 관리되고 있습니까?

3. 고객의 재구매를 유도하기 위한 가격 전략이 있습니까?

Convenience

1. 고객이 쇼핑몰에서 쉽게 제품을 찾고 구매할 수 있습니까?

2. 결제 과정은 간편하고 안전하게 이뤄지고 있습니까?

3. 고객 서비스는 신속하고 효율적으로 제공되고 있습니까?

Communication

1. 고객과의 소통을 통해 피드백을 적극 반영하고 있습니까?

2. 고객 문의에 대해 신속하고 친절하게 대응하고 있습니까?

3. 뉴스레터, 이메일, SMS 등을 통해 고객에게 최신 정보를 제공하고 있습니까?

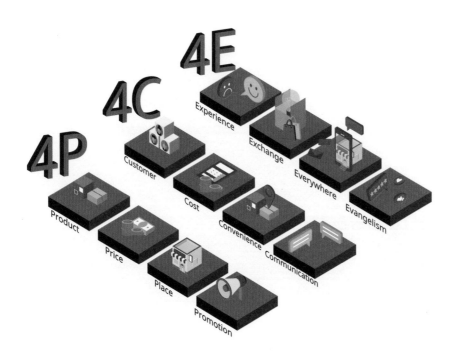

12 트렌드 조사

끊임없이 변화하는 소비자의 기호와 선호를 파악하는 것이 중요합니다. 특히 SNS를 통한 트렌드 조사는 신속하게 대중의 관심사와 행동 패턴을 파악할 수 있는 효과적인 방법입니다. 이러한 조사는 제품 개발, 마케팅 전략 그리고 경쟁사 분석에 필수적인 정보를 제공해 기업이 시장에서 우위를 점하는 데 도움을 줍니다.

트렌드 조사를 통해 기업은 시장의 변화를 선도하는 혁신적인 제품을 개발할 수 있습니다. 또한 마케팅 전략을 보다 효과적으로 수립해 타깃 고객에게 정확히 다가갈 수 있습니다. 이는 고객 만족도를 높이고 기업의 매출과 시장 점유율을 증대시키는 결과로 이어집니다. 다음 조건을 상세히 입력하면 트렌드를 조사할 수 있습니다.

1. 프롬프트 템플릿

 # 전제 조건

* **제목:** SNS 트렌드 분석 보고서
* **의뢰자의 조건:** SNS에서의 유행이나 주목받고 있는 주제를 파악하고 싶은 사람
* **제작자의 조건:** SNS의 동향을 조사하고 데이터 분석 능력을 갖춘 사람
* **목적과 목표:** SNS 플랫폼에서 현재의 트렌드를 특정하고 트렌드와 관련된 상세 데이터를 수집·분석하는 것
* **리소스:** SNS 플랫폼의 공개 데이터, 트렌드 분석 도구, 데이터 분석 소프트웨어
* **평가 기준:** 트렌드로 간주되는 주제가 명확히 식별되고 그것에 대한 분석 결과가 보고서로 정리돼 있는 것
* **명확화의 요건:**
  – SNS 플랫폼에서 트렌드 데이터를 얻기 위한 도구나 방법을 특정한다.

– 얻은 데이터의 양과 질을 확인하고 분석에 적합한지 보장한다.

– 키워드 분석, 해시태그 사용 현황, 참여 수 등의 매트릭스를 사용해 트렌드를 분석한다.

– 트렌드와 관련된 데이터를 시각화하고 보고서로 정리한다.

 # 실행 명령

브라우징 기능을 사용해

SNS에서 {장르}에 대한 최근 한국에서 트렌드가 되고 있는 키워드 10개를 조사하고

그 설명을 첨부해 보고서 형식으로 출력하세요.

장르 = {조사 항목}

참고 포맷 = 트렌드 키워드: 설명

 # 보충:

* 지시의 반복은 하지 마세요.

* 자기 평가는 하지 마세요.

* {참고 포맷}에서 벗어난 불필요한 서론, 결론이나 요약은 쓰지 마세요.

2. 프롬프트 작성 예시

 # 전제 조건

* **제목:** SNS 트렌드 분석 보고서

* **의뢰자의 조건:** SNS에서의 유행이나 주목받고 있는 주제를 파악하고 싶은 사람

* **제작자의 조건:** SNS의 동향을 조사하고 데이터 분석 능력을 갖춘 사람

* **목적과 목표:** SNS 플랫폼에서 현재의 트렌드를 특정하고 트렌드와 관련된 상세 데이터를 수집·분석하는 것

* **리소스:** SNS 플랫폼의 공개 데이터, 트렌드 분석 도구, 데이터 분석 소프트웨어

* **평가 기준:** 트렌드로 간주되는 주제가 명확히 식별되고 그것에 대한 분석 결과가 보고서로 정리돼 있는 것

* **명확화의 요건:**

– SNS 플랫폼에서 트렌드 데이터를 얻기 위한 도구나 방법을 특정한다.

– 얻은 데이터의 양과 질을 확인하고 분석에 적합한지 보장한다.

– 키워드 분석, 해시태그 사용 현황, 참여 수 등의 매트릭스를 사용해 트렌드를 분석한다.

– 트렌드와 관련된 데이터를 시각화하고 보고서로 정리한다.

 # 실행 명령

브라우징 기능을 사용해

SNS에서 {장르}에 대한 최근 한국에서 트렌드가 되고 있는 키워드 10개를 조사하고

그 설명을 첨부해 보고서 형식으로 출력하세요.

장르 = **음식**

참고 포맷 = 트렌드 키워드: 설명

보충:

* 지시의 반복은 하지 마세요.

* 자기 평가는 하지 마세요.

* {참고 포맷}에서 벗어난 불필요한 서론, 결론이나 요약은 쓰지 마세요.

3. 챗GPT 출력

1. 메밀

건강한 재료로 인식되는 메밀이 다양한 음식 분야에서 인기를 끌고 있습니다. 특히 메밀을 사용한 면 요리가 주목받고 있으며 이는 건강한 식단을 추구하는 소비자들에게 각광받고 있습니다. 【매일경제】

2. 생선 대체 식물

해산물에 대한 우려가 증가하면서 당근, 트럼펫 버섯, 곤약 등과 같은 식물성 재료가 생선을 대체하고 있습니다. 이는 훈제 연어나 스시에 사용되는 재료로 활용되며 건강하고 환경 친화적인 선택으로 주목받고 있습니다. 【매일경제】

3. 얼얼한 고추

매운맛에 대한 관심이 지속적으로 증가하고 있습니다. 한국을 비롯한 다양한 국가에서 매운맛을 선호하는 트렌드가 확산되고 있으며 이는 주스나 과자 등 다양한 식품에 반영되고 있습니다. 【매일경제】【추천네이버 블로그】

4. 건강한 국수

인스턴트 라면의 인기를 넘어 건강한 국수 제품들이 부상하고 있습니다. 이는 저염식, 고급화된 국수 제품들로 소비자들의 건강을 고려한 선택을 반영하고 있습니다. 【매일경제】【한국외식신문】

5. 제로 음료

제로 칼로리 음료의 인기가 높아지고 있습니다. 이는 건강을 고려한 소비자들이 제로 탄산음료와 같은 제품을 선호하게 된 결과로, 매출 증가로 이어지고 있습니다. 【한국외식신문】

6. 편의점 외식

고물가 시대에 맞춰 편의점에서 프리미엄 도시락이나 간편식을 소비하는 트렌드가 확산되고 있습니다. 이는 가성비를 고려한 소비자들의 선택을 반영한 것입니다. 【식품외식경제】

7. 마라탕후루

중국의 마라탕과 탕후루가 결합된 '마라탕후루'가 한국 MZ 세대 사이에서 인기를 끌고 있습니다. 이는 매운맛과 달콤함을 동시에 즐길 수 있는 트렌드로 자리 잡았습니다. 【식품외식경제】

8. 스토리텔링 외식

외식 트렌드 중 하나로, 식당 방문 이유를 제공하는 스토리텔링이 중요해지고 있습니다. 인테리어, 공연, 전시 등 새로운 경험을 제공하는 팝업 스토어나 전통 시장의 변화 등이 포함됩니다. 【식품외식경제】

9. AI 푸드테크

외식 서비스의 효율성을 높이기 위한 AI 기술 도입이 가속화되고 있습니다. 테이블 주문 시스템, 서빙 로봇, 키오스크 등이 대표적인 예입니다. 【추천: 네이버 블로그】

10. 복합열

매운맛이 다양한 맛과 결합돼 좀 더 섬세하고 다차원적인 느낌으로 변화하고 있습니다. 이는 다양한 고추 맛이 겹쳐지는 복합적인 매운맛 트렌드로 나타나고 있습니다.【추천 네이버 블로그】

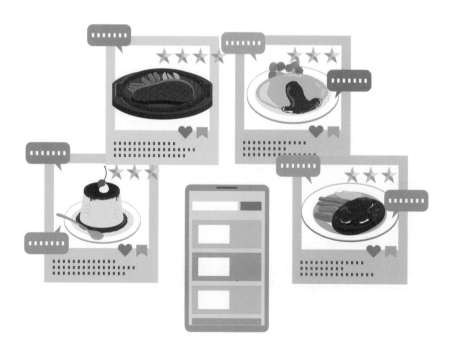

13 경쟁사 조사

경쟁이 치열한 환경에서 창업가들은 빠르고 효율적인 의사결정을 해야 합니다. 비즈니스 프롬프트 템플릿은 복잡한 상황을 체계적으로 분석하고 모든 핵심 요소를 고려해 전략을 수립하는 데 필수적인 도구입니다. 이는 비즈니스 모델을 강화하고 시장에서의 경쟁력을 높이는 데 기여합니다.

비즈니스 프롬프트 템플릿을 사용하면 사업 전략을 계획하고 실행하는 과정에서 발생할 수 있는 각종 위험 요소를 사전에 식별하고 대응할 수 있습니다. 예를 들어, 시장 진입 장벽, 경쟁사의 위협, 고객의 구매력 등 다양한 측면에서 사업을 분석할 수 있습니다. 이를 통해 사업의 각 분야에서 필요한 조치를 명확히 취할 수 있습니다.

프롬프트를 통해 구체적이고 체계적인 경쟁사 분석을 수행하면 창업가는 사업 계획의 미비한 점을 보완하고 신속하게 조정할 수 있습니다. 이는 사업의 성공 확률을 높이고 투자자 및 이해관계자들에게 사업 모델의 타당성을 효과적으로 전달할 수 있는 기반이 됩니다.

1. 프롬프트 템플릿

 # 명령서

당신은 전략 설계의 전문가입니다.

다음 # 제약 조건과 # 출력 형식에 따라 다음 # 비즈니스에 관해 업계 구조 분석을 수행해 주세요.

 # 제약 조건

* # 비즈니스에 대해서 일반적으로 사용되는 프레임워크인 '5FORCE 분석'에 기반을 두고

고찰을 진행합니다.
* 분석은 반드시 객관적이고 이해하기 쉬우며 설명의 과부족이 없도록 해야 합니다.
* 분석은 다음 5가지 관점에서 수행합니다.
　① 경쟁사의 위협
　② 대체품의 위협
　③ 신규 진입자의 위협
　④ 구매자의 협상력
　⑤ 판매자의 협상력
* 분석은 반드시 각 요소의 개요와 그 상세 분석을 함께 게재합니다.
* 분석 결과를 바탕으로 총평을 작성합니다. 실제로 처음으로 수행해야 할 전략은 무엇인지 등 가능한 한 실천적인 내용이 바람직합니다.
* 출력은 # 출력 형식에 따라 작성합니다.

비즈니스
「{비즈니스}」

출력 형식
【5FORCE 분석】→ 서술 형식으로 아래와 같은 구성
1행: 항목명 → 5가지 요소 모두 소개
2행: 1행 항목의 개요
3행: 항목명에 대한 분석 → # 제약 조건에 따라 분석 수행
【총평】→ 위의 5F 분석을 바탕으로 # 제약 조건을 충실히 지키면서 총평을 작성합니다. 총평에서는 반드시 다음에 실행해야 할 행동에 대해서도 언급합니다.

2. 프롬프트 작성 예시

명령서
당신은 전략 설계의 전문가입니다.
다음 # 제약 조건과 # 출력 형식에 따라 다음 # 비즈니스에 관해 업계 구조 분석을 수행해 주세요.

제약 조건
* # 비즈니스에 대해 일반적으로 사용되는 프레임워크인 '5FORCE 분석'에 기반을 두고 고찰을 진행합니다.
* 분석은 반드시 객관적이고 이해하기 쉬우며 설명의 과부족이 없도록 해야 합니다.
* 분석은 다음 5가지 관점에서 수행합니다.
　① 경쟁사의 위협

② 대체품의 위협

③ 신규 진입자의 위협

④ 구매자의 협상력

⑤ 판매자의 협상력

* 분석은 반드시 각 요소의 개요와 그 상세 분석을 함께 게재합니다.

* 분석 결과를 바탕으로 총평을 작성합니다. 실제로 처음으로 수행해야 할 전략은 무엇인지 등 가능한 한 실천적인 내용이 바람직합니다.

* 출력은 # 출력 형식에 따라 작성합니다.

비즈니스

「{온라인 식료품 배달 서비스}」

출력 형식

【5FORCE 분석】→ 서술 형식으로 아래와 같은 구성

1행: 항목명 → 5가지 요소 모두 소개

2행: 1행 항목의 개요

3행: 항목명에 대한 분석 → # 제약 조건에 따라 분석 수행

【총평】→ 위의 5F 분석을 바탕으로 # 제약 조건을 충실히 지키면서 총평을 작성합니다. 총평에서는 반드시 다음에 실행해야 할 행동에 대해서도 언급합니다.

3. 챗GPT 출력

【5FORCCE 분석】

❶ 경쟁사의 위협

온라인 식료품 배달 서비스 시장에서의 기존 경쟁자들로부터 받는 위협 수준.

온라인 식료품 배달 서비스는 이미 몇몇 대형 기업들이 장악하고 있습니다. 예를 들어, Amazon Fresh, Instacart 그리고 Walmart의 온라인 서비스 등이 주요 경쟁자로 꼽힙니다. 이들은 막대한 자본과 넓은 고객 기반을 갖고 있어 신규 서비스가 시장에 진입하기 어려운 상황을 조성합니다. 기존 업체들은 다양한 프로모션, 회원제 서비스, 빠른 배송 등을 통해 고객 충성도를 유지하고 있습니다. 따라서 경쟁사의 위협은 매우 높다고 볼 수 있습니다.

❷ 대체품의 위협

고객들이 온라인 식료품 배달 서비스 대신 선택할 수 있는 다른 대안의 존재 여부.

대체품의 위협은 중간 정도로 평가할 수 있습니다. 고객들은 여전히 전통적인 오프라인 식료품점에서 직접 물건을 구매할 수 있으며 일부 고객들은 직접 쇼핑을 통해 신선도를 확인하고 즉시 제품을 받을 수 있는 장점을 선호합니다. 또한 대형 마트나 편의점의 자체 배달 서비스 역시 대체제로 작용할 수 있습니다. 그러나 시간 절약과 편리함을 중시하는 고객층에게 온라인 배달 서비스는 여전히 매력적인 옵션입니다.

❸ 신규 진입자의 위협

새로운 온라인 식료품 배달 서비스가 시장에 진입할 가능성과 그 위협 수준.

신규 진입자의 위협은 비교적 낮다고 볼 수 있습니다. 이 산업은 높은 초기 투자 비용, 복잡한 물류 관리, 안정적인 공급망 확보 등의 장벽이 존재합니다. 특히 물류와 배송 네트워크를 구축하는 데 상당한 시간과 자본이 필요합니다. 또한 기존 업체들과의 경쟁에서 차별화된 서비스를 제공하기 어려워 신규 진입자의 위협은 낮은 편입니다.

④ 구매자의 협상력

고객들이 가격, 서비스 품질 등에 대해 협상할 수 있는 능력의 정도.

구매자의 협상력은 높은 편입니다. 온라인 플랫폼은 고객들이 쉽게 가격 비교를 할 수 있게 해 주며 다양한 할인 및 프로모션이 빈번하게 이뤄지고 있습니다. 이는 고객들이 저렴한 가격과 높은 서비스 품질을 요구할 수 있는 환경을 조성합니다. 특히 반복 구매율이 높은 산업 특성상 고객 만족도가 중요한 요소로 작용하기 때문에 서비스 제공업체는 고객의 요구를 적극적으로 반영할 필요가 있습니다.

⑤ 판매자의 협상력

식료품 공급업체나 배송업체가 온라인 배달 서비스 제공자와의 협상에서 가지는 힘의 정도.

판매자의 협상력은 중간 정도입니다. 대형 식료품 공급업체들은 다수의 온라인 배달 서비스 제공자들과 계약을 맺어 자신들의 제품을 공급할 수 있기 때문에 협상력이 강할 수 있습니다. 그러나 온라인 배달 서비스 제공업체들도 다수의 공급업체들과 협력할 수 있는 선택권이 있어 어느 정도의 협상력을 가집니다. 배송업체의 경우, 배송의 질과 속도는 서비스 품질에 직접적인 영향을 미치기 때문에 중요한 협상력이 될 수 있습니다.

【총평】

온라인 식료품 배달 서비스 산업은 기존 대형 업체들의 강력한 시장 지배력, 중간 정도의 대체품 위협, 낮은 신규 진입자의 위협, 높은 구매자 협상력, 중간 정도의 판매자 협상력이라는 특징을 갖고 있습니다. 이러한 분석을 바탕으로 첫 번째로 실행해야 할 전략은 차별화된 고객 경험을 제공하는 것입니다. 예를 들어, 맞춤형 추천 시스템을 도입하거나 친환경 포장재 사용, 빠르고 정확한 배송 서비스 제공 등을 통해 경쟁 우위를 확보할 수 있습니다. 또한 로열티 프로그램이나 구독 서비스를 통해 고객 충성도를 높이는 방안을 고려할 필요가 있습니다.

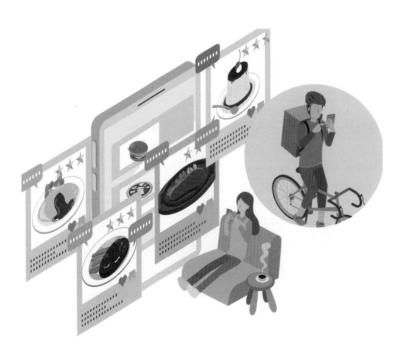

14 페르소나 설정

제2장

페르소나 설정 프롬프트는 비즈니스 기업이 고객의 요구와 기대를 깊이 이해할 수 있도록 도와주는 도구입니다. 디지털 마케팅 시대에 고객 한 사람 한 사람의 특성을 파악해 타깃 마케팅 전략을 수립하는 것은 필수적인 요소가 됐습니다. 특히 기업이 신제품을 개발하거나 새로운 시장에 진입할 때 페르소나를 정확하게 설정하면 보다 효율적이고 성공적인 결과를 도출할 수 있습니다.

이 프롬프트는 사용자가 입력한 키워드에 대해 가장 일반적으로 예상되는 사용자의 '나이', '성별', '연간 소득', '성격', '직업 등을 예측하며 명확한 요구 사항과 잠재적 요구 사항을 분석해 제시합니다. 또한 사용자가 어떤 상태에서 행복을 느끼는지 그리고 어떤 혜택을 얻을 수 있는지를 예측하도록 설계돼 있습니다.

비즈니스에서 이 프롬프트를 활용하면 시장의 다양한 세분화에 대해 보다 명확하고 심층적인 이해를 할 수 있습니다. 각 키워드별로 타깃 고객층을 명확히 설정하면 마케팅 전략을 효과적으로 수립할 수 있습니다. 예를 들어, '해외여행'이라는 키워드에 대해 세심하게 분석된 페르소나 정보를 기반으로 구체적인 광고 캠페인을 진행할 수 있습니다. 이는 고객 참여를 높이고 최종적으로는 매출 증가로 이어질 수 있습니다.

1. 프롬프트 템플릿

「{키워드}」를 검색하는 사용자 중 가장 많을 것으로 예상되는 「나이, 성별, 연 수입, 성격, 직종」 (페르소나)를 예측해 주세요.

출력 조건

- 「명확한 니즈와 잠재적 니즈」를 각각 3가지 예측
- 「어떤 상태가 되면 그 검색 사용자가 행복해질지」 예측
- 「{키워드}」라는 키워드를 검색하게 된 배경을 스토리성 있게 생각하고 그 검색 사용자가 「언제까지, 어떻게, 어떤 상태가 되고 싶은지」 예측
- 「{키워드}」의 정보나 방법을 사용함으로써 검색 사용자가 장래에 얻을 수 있는 이점이나 혜택

2. 프롬프트 작성 예시

「{해외여행}」를 검색하는 사용자 중 가장 많을 것으로 예상되는 「나이, 성별, 연 수입, 성격, 직종」 (페르소나)를 예측해 주세요.

출력 조건

- 「명확한 니즈와 잠재적 니즈」를 각각 3가지 예측
- 「어떤 상태가 되면 그 검색 사용자가 행복해질지」 예측
- 「{해외여행}」이라는 키워드를 검색하게 된 배경을 스토리성 있게 생각하고 그 검색 사용자가 「언제까지, 어떻게, 어떤 상태가 되고 싶은지」 예측
- 「{해외여행}」의 정보나 방법을 사용함으로써 검색 사용자가 장래에 얻을 수 있는 이점이나 혜택

3. 챗GPT 출력

- **페르소나 예측**
  - **나이:** 30대 중반
  - **성별:** 여성
  - **연 수입:** 5,000만 원~7,000만 원
  - **성격:** 모험적이고 호기심이 많음
  - **직종:** 마케팅 전문가
- **명확한 니즈**
  1. 새로운 문화와 음식을 체험하고 싶다.
  2. 일상에서 벗어나 스트레스를 해소하고 싶다.
  3. SNS에 공유할 만한 멋진 사진과 경험을 얻고 싶다.
- **잠재적 니즈**
  1. 자기 개발을 통해 성장하고 싶다.
  2. 새로운 사람들과의 만남을 통해 네트워크를 확장하고 싶다.
  3. 여행을 통해 인생의 새로운 방향성을 찾고 싶다.
- **행복해지는 상태**
  1. 다양한 문화와 사람들을 만나며 자신의 시야가 넓어지는 것을 느낄 때

2. 새로운 환경에서 모험을 즐기고 이를 통해 삶의 활력을 찾을 때

3. 여행에서 얻은 경험을 친구들과 공유하며 이야깃거리를 풍부하게 만들 때

● **검색 배경 스토리**

마케팅 전문가로 일하는 35세의 미영은 최근 몇 달 동안 업무 스트레스가 극에 달했다. 매일 반복되는 업무와 일상에 지쳐가던 중 오래전부터 꿈꿔왔던 해외여행을 떠올리게 됐다. 대학 시절 유럽 배낭여행의 추억이 떠올라 다시 한번 여행을 통해 새로운 영감을 얻고 싶어졌다.

그러던 어느 날 SNS에서 친구가 다녀온 이탈리아 여행 사진을 보고 미영은 결심했다. "그래, 나도 떠나자!"라고 마음먹고 {해외여행} 키워드를 검색하게 됐다. 다양한 여행지와 추천 코스를 살펴보면서 미영은 다시 한번 여행에 대한 열망을 불태웠다.

● **검색 사용자 목표**

미영은 앞으로 3개월 이내에 휴가를 내고 유럽 여행을 떠나기로 계획했다. 여행지에서는 유명 관광지는 물론, 현지인들이 자주 가는 숨겨진 명소도 탐방하고 싶었다. 여행을 통해 일상에서 벗어나 스트레스를 해소하고 새로운 아이디어와 영감을 얻어 다시 돌아오고 싶었다.

● **해외여행으로 얻을 수 있는 이점**

1. 다양한 문화와 역사를 직접 체험하며 시야를 넓힐 수 있다.

2. 일상에서 벗어나 새로운 환경에서의 리프레시로 업무 효율이 향상될 수 있다.

3. 새로운 인연과의 만남을 통해 인간관계가 확장되고 개인적인 성장과 자기계발의 기회를 얻을 수 있다.

미영은 이번 해외여행을 통해 일상의 지루함을 탈피하고 새로운 도전과 경험을 통해 인생의 활력을 되찾을 것을 기대하고 있다. 그녀는 헤외여행 후 더 큰 꿈과 목표를 갖고 돌아올 것이다.

15 설문 조사 분석 및 해결책 요약

비즈니스에서 의사결정은 신속하고 효과적이어야 합니다. 이번 프롬프트 템플릿은 복잡한 정보를 체계적으로 정리하고 핵심적인 비즈니스 질문에 대한 답변을 구조화하는 데 필수적입니다. 이는 비즈니스 리더가 중요한 결정을 내릴 때 명확하고 일관된 기준을 제공함으로써 전략적 사고와 효율적인 의사소통을 가능하게 합니다.

프롬프트 템플릿은 특정 비즈니스 상황이나 문제에 대한 깊이 있는 분석을 요구하는 질문들을 구성합니다. 이러한 질문들은 제품 설계, 성능, 가격 책정, 사용 용이성 등 다양한 비즈니스 요소에 대해 체계적으로 정보를 수집하고 분석함으로써 전략적 개선점을 도출하는 데 도움을 줍니다.

이번 프롬프트를 사용하면 비즈니스는 보다 명확한 데이터 기반 결정을 내릴 수 있게 됩니다. 이는 시장 변화에 빠르게 대응하고 고객의 요구와 기대에 맞춘 제품과 서비스를 개발할 수 있는 기반이 됩니다. 결과적으로 비즈니스는 경쟁력을 강화하고 고객 만족도를 높이며 장기적으로는 시장에서의 성장과 수익성을 증대시킬 수 있습니다.

1. 프롬프트 템플릿

 # 명령문
다음 # 설문 조사 내용에 대해 # 제품 정보를 기반으로 설문조사 분석과 과제 도출을 수행해 주세요. 반드시 # 출력 형식에 따라 출력해 주세요.

 # 설문조사
{설문 조사 내용}

제품 정보

{제품 정보}

출력 형식

【설문 조사 분류】→ 서술 형식으로 출력합니다.

과제의 카테고리와 그에 대응하는 설문 조사 결과 목록 그리고 과제 해결 방법을 서술 형식으로 작성해 주세요.

【총평】

위 설문조사에 대한 총평을 300자 정도로 작성해 주세요.

2. 프롬프트 작성 예시

명령문

다음 # 설문 조사 내용에 대해 # 제품 정보를 기반으로 설문 조사 분석과 과제 도출을 수행해 주세요. 반드시 # 출력 형식에 따라 출력해 주세요.

설문 조사

1. 귀하는 제품의 디자인에 만족하십니까?

   a) 매우 만족

   b) 만족

   c) 보통

   d) 불만족

   e) 매우 불만족

2. 제품의 성능에 대해 어떻게 생각하십니까?

   a) 매우 만족

   b) 만족

   c) 보통

   d) 불만족

   e) 매우 불만족

3. 제품의 가격에 대해 어떻게 생각하십니까?

   a) 매우 비싸다

   b) 비싸다

   c) 적당하다

   d) 저렴하다

   e) 매우 저렴하다

4. 제품의 사용 편의성에 대해 어떻게 평가하십니까?

    a) 매우 쉽다

    b) 쉽다

    c) 보통이다

    d) 어렵다

    e) 매우 어렵다

 # 제품 정보

제품명: XYZ 스마트폰

제조사: ABC 전자

주요 기능: 고화질 카메라, 대용량 배터리, 고속 충전 최신 프로세서

출시일: 2024년 5월

가격: 100만 원

 # 출력 형식

지시문:

출력 형식

【설문 조사 분류】→ 서술 형식으로 출력합니다.

과제의 카테고리와 그에 대응하는 설문조사 결과 목록 그리고 과제 해결 방법을 서술 형식으로 작성해 주세요.

【총평】

위 설문 조사에 대한 총평을 300자 정도로 작성해 주세요.

3. 챗GPT 출력

 설문 조사 분류

● **디자인**

많은 고객이 XYZ 스마트폰의 디자인에 대해 긍정적인 평가를 하고 있습니다. '매우 만족'과 '만족'을 선택한 응답자가 대부분이었습니다. 이는 제품 디자인이 소비자의 기대에 부합한다는 것을 의미합니다. 반면, 일부는 '보통'이라고 답했으며 소수는 '불만족'을 표시했습니다.

– 과제 해결 방법:

디자인 개선을 위해 소비자 의견을 좀 더 깊이 분석하고 주기적인 설문조사를 통해 지속적인 피드백을 수집합니다. 디자인 변경 시 고객의 선호도를 반영하고 최신 트렌드를 고려합니다.

● **성능**

대다수의 응답자는 제품의 성능에 대해 '매우 만족' 또는 '만족'이라고 답했습니다. 이는 XYZ 스마트폰의 고화질 카메라, 대용량 배터리, 고속 충전 최신 프로세서 등 주요 기능이 소비자의 기대를 충족했음을 보여 줍니다. 하지만 일부 응답자는 성능에 '보통' 또는 '불만족'을 표시했습니다.

– 과제 해결 방법:

제품 성능 개선을 위해 사용자의 구체적인 불만 사항을 파악합니다. 성능 개선 업데이트를 정기적으로 제공하고 신

기술 도입을 통해 성능을 향상시킵니다.

● **가격**

가격에 대한 반응은 다소 분분했습니다. 많은 응답자가 '적당하다'라고 답했지만 일부는 '비싸다' 또는 '매우 비싸다'라고 느꼈습니다. 이는 제품 가격이 일부 소비자에게 부담이 될 수 있나는 것을 시사합니다.

– 과제 해결 방법:

가격 경쟁력을 높이기 위해 다양한 가격대의 모델을 출시하거나 할인 프로모션을 강화합니다. 소비자에게 가격 대비 성능의 가치를 전달하는 마케팅 전략을 수립합니다.

● **사용 편의성**

사용 편의성에 대해서도 많은 응답자가 '매우 쉽다' 또는 '쉽다'라고 답했습니다. 이는 제품의 직관적인 사용자 인터페이스와 편리한 기능 덕분입니다. 그러나 일부 응답자는 '보통' 또는 '어렵다'라고 답해 사용 편의성에 대한 추가적인 개선이 필요함을 보여 줍니다.

– 과제 해결 방법:

사용 편의성을 높이기 위해 사용자 경험(UX) 디자인을 강화하고 사용법에 대한 교육 자료와 동영상을 제공해 사용자의 이해를 돕습니다. 사용 편의성에 대한 정기적인 평가와 개선을 지속합니다.

총평

XYZ 스마트폰은 전체적으로 긍정적인 평가를 받고 있으며 특히 디자인과 성능에서 높은 만족도를 기록했습니다. 이는 ABC 전자가 최신 기술을 적용해 제품을 개발한 결과라고 볼 수 있습니다. 다만, 일부 사용자가 가격을 부담스럽게 느끼고 있으며 사용 편의성에 대한 개선 여지가 있습니다. 앞으로도 고객의 피드백을 반영해 제품을 지속적으로 개선하고 가격 경쟁력을 강화한다면 XYZ 스마트폰의 시장 경쟁력이 더욱 높아질 것입니다. ABC 전자는 이러한 과제를 해결함으로써 고객 만족도를 더욱 높일 수 있을 것으로 기대됩니다.

16 신규 사업 계획

새로운 사업 계획을 세울 때 시장 조사는 필수적입니다. 시장의 요구와 트렌드를 파악하고 경쟁 정보를 쉽게 얻기 위해서는 대규모의 데이터 분석이 필요합니다. 이 과정에서 챗GPT와 같은 고급 AI 도구를 활용하면 기존의 방식보다 빠르고 효율적으로 필요한 정보를 얻을 수 있습니다. 이러한 도구는 특히 경쟁이 치열한 비즈니스 환경에서 차별화된 전략을 수립하는 데 기여할 수 있습니다.

사업 계획의 초기 단계에서 중요한 것은 명확하고 창의적인 아이디어를 도출하는 것입니다. 제안된 비즈니스 프롬프트 템플릿을 사용하면 사업 목표와 해결하고자 하는 문제를 명확하게 정의하고 이를 기반으로 새로운 서비스 아이디어를 구체화할 수 있습니다. 사용자는 명시된 조건에 따라 AI에게 구체적인 질문을 설정하고 창의적이고 독창적인 제안을 요구함으로써 사업 계획을 세울 수 있습니다.

이번 프롬프트를 활용하면 사업가들은 시장 조사와 아이디어 발굴 과정에서 시간과 비용을 절약할 수 있습니다. 또한 다양한 시도와 실험을 통해 더욱 혁신적이고 실용적인 사업 계획을 수립할 수 있는 기회를 얻게 됩니다. AI의 도움으로 빠르게 변화하는 시장 트렌드에 발맞춰 보다 정교하고 차별화된 사업 전략을 세울 수 있습니다.

1. 프롬프트 템플릿

 # 명령서
{계획해 줬으면 하는 신규 사업}

 # 질문 사항

{타깃}

{해결하고 싶은 문제나 니즈}

 # 조건

* 새로운 서비스 아이디어의 제목을 5개 제시해 주세요.

* 한국어로 출력해 주세요.

 # 표현

독창적이고 아직 아무도 생각하지 못한 아이디어

2. 프롬프트 작성 예시

 # 명령서

도심 속 스마트 농장

 # 질문 사항

* 도시 거주자, 특히 건강한 식생활을 추구하는 사람들

* 신선하고 안전한 식재료의 확보 및 도시의 자투리 공간 활용

 # 조건

새로운 서비스 아이디어의 제목을 5개 제시해 주세요.

한국어로 출력해 주세요.

 # 표현

독창적이고 아직 아무도 생각하지 못한 아이디어

3. 챗GPT 출력

1. 도심 속 싱그러운 정원
- 도시의 유휴 공간을 활용해 스마트 농장을 조성하고 신선한 채소와 과일을 재배해 제공하는 서비스

2. 스마트 그린 에코팜
- 최첨단 기술을 이용한 친환경 도시 농장으로, 실시간 모니터링과 자동화 시스템을 통해 안전하고 신선한 식재료를 생산하는 서비스

3. 헬시 어반 팜 캔버스
- 도시의 건물 외벽이나 옥상을 활용해 스마트 농장을 조성하고 건강한 식재료를 재배해 도시 거주자들에게 제공하는 서비스

4. 에코팜 셰어링 시스템
- 도시 내 자투리 공간을 활용한 스마트 농장을 지역 주민들이 함께 관리하고 수확물을 공유하는 커뮤니티 기반의 서비스

5. 도시 농장 네트워크

- 도시 곳곳의 유휴 공간에 스마트 농장을 조성하고 이들 농장을 네트워크로 연결해 신선한 식재료를 빠르게 공급하는 서비스

17 브랜드 전략 분석

브랜드 전략 분석은 제품이나 서비스가 특별하고 우수하다는 것을 알리기 위한 중요한 방법입니다. 고객이 제품이나 서비스를 선택하고 지지하며 후원하게 만드는 데 필수적인 요소입니다. 브랜드의 고유한 가치를 명확히 하고 이를 효과적으로 전달하는 것은 치열한 경쟁 속에서 두각을 나타내기 위해 반드시 필요합니다. 사업가들은 이러한 분석을 통해 브랜드의 강점을 이해하고 고객에게 좀 더 나은 가치를 제공함으로써 브랜드 충성도를 높일 수 있습니다.

브랜드의 독특한 가치 제안을 파악하고 이를 전달하는 적절한 방법을 연구합니다. 이를 통해 고객에게 브랜드가 왜 특별하고 매력적인지를 명확히 알릴 수 있습니다. 브랜드 전략 분석은 '우리 브랜드의 독특한 가치는 무엇인가? 이 가치를 어떻게 고객에게 전달할 것인가?'와 같은 질문에 답하는 데 중점을 둡니다.

브랜드 전략 분석을 효과적으로 수행하면 다양한 긍정적인 변화를 기대할 수 있습니다. 가장 먼저 브랜드 인지도가 높아질 것입니다. 고객은 명확한 가치 전달을 통해 브랜드를 좀 더 잘 기억하고 인식하게 됩니다. 또한 고객 충성도가 증가할 것입니다. 고객이 브랜드의 가치를 인식하고 이를 지지하게 되면 브랜드에 대한 충성도가 자연스럽게 상승합니다. 이는 경쟁 우위를 확보하는 데 큰 도움이 됩니다. 차별화된 가치를 통해 경쟁사와의 차별성을 분명히 하고 고객의 선택을 받게 됩니다. 결국, 이러한 모든 요소들은 가격 경쟁에서 벗어나게 하고 이는 곧 매출 증대로 이어질 것입니다.

1. 프롬프트 템플릿

{브랜드명}의 고유한 가치 제공은 무엇입니까?
또한 그것을 어떻게 전달하는 것이 적절할까요?
브랜드 전략의 관점에서 설명해 주세요.

2. 프롬프트 작성 예시

헬스케어 플러스의 고유한 가치 제공은 무엇입니까?
또한 그것을 어떻게 전달하는 것이 적절할까요?
브랜드 전략의 관점에서 설명해 주세요.

3. 챗GPT 출력

헬스케어 플러스의 고유한 가치 제공(Value Proposition)은 고객에게 헬스케어 서비스의 품질과 접근성을 높여 주는 차별화된 혜택입니다. 이를 브랜드 전략의 관점에서 분석하면 다음과 같은 요소들로 나눌 수 있습니다.

- **고유한 가치 제공 요소**
  1. **포괄적인 헬스케어 서비스:** 기본적인 의료 서비스뿐만 아니라 예방, 진단, 치료, 재활까지 아우르는 통합적인 헬스케어 솔루션을 제공합니다.
  2. **개인 맞춤형 서비스:** 고객의 건강 상태, 생활 습관, 유전자 정보 등을 기반으로 한 개인 맞춤형 건강 관리 서비스를 제공합니다.
  3. **최첨단 기술 활용:** 최신 의료 기술과 디지털 헬스케어 솔루션(예: 원격 진료, 모바일 헬스 앱 등)을 활용해 고객에게 더 나은 의료 경험을 제공합니다.
  4. **고객 중심의 서비스:** 고객의 편의를 최우선으로 고려한 서비스 제공, 예를 들어 24/7 상담 서비스, 간편한 예약 시스템, 다양한 언어 지원 등을 포함합니다.
  5. **신뢰성과 투명성:** 의료 서비스의 투명한 정보 제공과 고객의 신뢰를 바탕으로 한 윤리적인 경영을 강조합니다.
- **전달 전략**
  1. **브랜드 포지셔닝:** 헬스케어 플러스의 차별화된 가치를 명확히 정의하고 이를 기반으로 브랜드 포지셔닝을 설정합니다. 예를 들어, '당신의 건강을 최우선으로 생각하는 종합 헬스케어 파트너'라는 메시지를 중심으로 합니다.
  2. **고객 경험 강화:** 고객이 브랜드와 상호작용하는 모든 접점에서 긍정적인 경험을 제공하기 위해 노력합니다. 이를 위해 아래와 같은 전략을 사용할 수 있습니다.
     - **디지털 플랫폼:** 사용자 친화적인 웹 사이트와 모바일 앱을 통해 편리한 예약, 상담, 건강 관리 기능을 제공합니다.
     - **고객 서비스:** 전문적인 상담과 신속한 문제 해결을 위한 24시간 고객 지원 센터를 운영합니다.
     - **커뮤니티 참여:** 건강 관련 이벤트, 세미나, 워크숍 등을 통해 커뮤니티와 적극적으로 소통합니다.
  3. **통합 마케팅 커뮤니케이션(IMC):** 다양한 채널을 활용한 통합 마케팅 커뮤니케이션 전략을 통해 브랜드 메시지를 일관되게 전달합니다.
     - **소셜 미디어:** 페이스북, 인스타그램, 유튜브 등 소셜 미디어를 통해 건강 관리 팁, 고객 후기, 서비스 소개 등의 콘텐츠를 정기적으로 게시합니다.

- **콘텐츠 마케팅:** 블로그, 뉴스레터, 팟캐스트 등을 통해 유용한 건강 정보와 브랜드 소식을 제공합니다.
- **광고 캠페인:** TV, 라디오, 온라인 광고를 통해 브랜드 인지도를 높이고 고유한 가치 제공을 강조합니다.

4. **파트너십과 협력:** 다른 헬스케어 기관, 기술 기업, 보험사 등과의 전략적 파트너십을 통해 서비스를 확장하고 고객에게 좀 더 큰 혜택을 제공합니다.

● **결론**

헬스케어 플러스의 고유한 가치 제공은 포괄적이고 개인 맞춤형 헬스케어 서비스, 최첨단 기술 활용, 고객 중심의 서비스, 신뢰성과 투명성에 기반을 둡니다. 이를 효과적으로 전달하기 위해서는 브랜드 포지셔닝을 명확히 하고 고객 경험을 강화하며 통합 마케팅 커뮤니케이션 전략을 통해 일관된 메시지를 전달해야 합니다. 또한 전략적 파트너십을 통해 서비스의 범위와 질을 지속적으로 개선해 나가야 합니다.

18 4P 분석

4P 분석은 제품(Product), 가격(Price), 유통(Place), 프로모션(Promotion)의 4가지 기본 요소를 종합적으로 검토해 시장 전략을 설정하는 데 중요한 도구입니다. 이러한 분석은 비즈니스의 복잡한 문제를 체계적으로 해결하고 전략적 결정을 내리는 데 필수적입니다. 특히 창업가나 비즈니스 리더에게는 시장의 요구와 경쟁 상황을 정확히 파악하고 효과적인 마케팅 전략을 수립하는 데 있어 핵심적인 역할을 합니다.

4P 분석을 통해 사업을 구성하는 요소들을 면밀히 분석하고 각 요소가 전체 사업 전략에 어떻게 기여하는지를 파악합니다. 예를 들어, 온라인 음식 배달 서비스를 대상으로 할 때 각각의 P는 서비스의 구성 요소를 다음과 같이 분석합니다.

- **제품:** 메뉴의 다양성, 품질, 고객 선호도
- **가격:** 경쟁력 있는 가격 설정, 가격 전략
- **유통:** 배달 옵션, 로지스틱스 효율성
- **프로모션:** 마케팅 캠페인, 고객과의 소통 방법

이러한 분석을 통해 비즈니스 전략은 보다 목표에 부합하고 실행 가능한 형태로 구체화됩니다. 예를 들어, 제품의 품질을 강화하고 가격 전략을 최적화해 고객의 가치 인식을 높이며 유통과 프로모션 전략을 통해 시장 점유율을 확대할 수 있습니다. 또한 각 요소의 상세한 분석을 통해 리스크를 최소화하고 시장에서의 경쟁 우위를 확보할 수 있습니다.

1. 프롬프트 템플릿

 # 명령서

당신은 전략 설계의 전문가입니다.

다음의 # 제약 조건과 # 출력 형식에 따라 다음의 # 비즈니스에 관한 마케팅 전략을 수립하십시오.

 # 제약 조건

* # 비즈니스에 대한 '4P 분석'을 바탕으로 고찰을 진행합니다.

* 분석은 반드시 객관적이고 이해하기 쉬우며 설명의 과부족이 없도록 해야 합니다.

* 분석은 제품, 가격, 유통, 프로모션 각각에 대해 진행합니다.

* 분석은 반드시 각 요소의 개요와 그 상세한 분석을 함께 포함합니다.

* 분석 결과를 바탕으로 종합 평가를 작성합니다. 실제로 처음 실행해야 할 전략 등 최대한 실천 가능한 내용이 바람직합니다.

* 출력은 # 출력 형식에 따라 진행하십시오.

 # 비즈니스

{입력할 내용}

 # 출력 형식

【4P 분석】→ 서술 형식으로, 아래와 같이 구성

1행: 항목명 → 4가지 요소 모두 소개

2행: 1행 항목의 개요

3행: 항목명에 대한 분석 → # 제약 조건에 따라 분석을 진행하십시오.

【종합 평가】→ 위의 4P 분석을 바탕으로 # 제약 조건을 충실히 따르며 종합 평가를 진행합니다.

2. 프롬프트 작성 예시

 # 명령서

당신은 전략 설계의 전문가입니다.

다음의 # 제약 조건과 # 출력 형식에 따라 다음의 # 비즈니스에 관한 마케팅 전략을 수립하십시오.

 # 제약 조건

* # 비즈니스에 대한 '4P 분석'을 바탕으로 고찰을 진행합니다.

* 분석은 반드시 객관적이고 이해하기 쉬우며 설명의 과부족이 없도록 해야 합니다.

* 분석은 제품, 가격, 유통, 프로모션 각각에 대해 진행합니다.

* 분석은 반드시 각 요소의 개요와 그 상세한 분석을 함께 포함합니다.

＊ 분석 결과를 바탕으로 종합 평가를 작성합니다. 실제로 처음 실행해야 할 전략 등 최대한 실천 가능한 내용이 바람직합니다.

• 출력은 # 출력 형식에 따라 진행하십시오.

비즈니스
{온라인 식품 배송 서비스}

출력 형식
【4P 분석】→ 서술 형식으로, 아래와 같은 구성
1행: 항목명 → 4가지 요소 모두 소개
2행: 1행 항목의 개요
3행: 항목명에 대한 분석 → # 제약 조건에 따라 분석을 진행하십시오.

【종합 평가】→ 위의 4P 분석을 바탕으로 # 제약 조건을 충실히 따르며 종합 평가를 진행합니다.

3. 챗GPT 출력

• 【4P 분석】

1. 제품(Product)

온라인 식품 배송 서비스는 신선한 식료품, 조리된 음식 또는 기타 식품 관련 상품을 온라인 플랫폼을 통해 고객에게 제공하는 서비스입니다. 고객은 온라인 플랫폼에서 원하는 식품을 선택하고 주문하면 제품이 지정된 시간에 지정된 장소로 배송됩니다.

제품 분석

- **제품 다양성:** 온라인 식품 배송 서비스는 신선한 농산물, 육류, 유제품, 간편 조리식품, 간식류, 음료수 등 다양한 상품을 제공할 수 있습니다. 고객의 다양한 요구를 충족시키기 위해 폭넓은 상품군을 보유하는 것이 중요합니다.
- **품질 관리:** 신선도 유지가 핵심입니다. 신선한 식재료를 제공하기 위해 냉장 및 냉동 시스템을 철저히 관리하고 품질 보증을 위한 엄격한 검수를 진행해야 합니다.
- **맞춤형 서비스:** 고객의 식습관, 알레르기, 선호도를 반영한 맞춤형 제품 제공이 가능합니다. 또한 정기 배송 서비스나 특별 이벤트(예: 명절, 기념일) 등을 통해 고객 맞춤형 서비스를 강화할 수 있습니다.

2. 가격(Price)

온라인 식품 배송 서비스의 가격은 상품의 종류, 신선도, 품질, 배송 속도 등에 따라 다양하게 책정됩니다. 가격 전략은 경쟁사와의 비교, 고객의 가격 민감도, 서비스 차별화 요소 등을 고려해 설정됩니다.

가격 분석

- **가격 책정:** 경쟁사와 비교한 합리적인 가격 설정이 중요합니다. 동일 제품군의 경우, 시장 평균 가격을 참고하고 프리미엄 제품군의 경우 높은 품질과 서비스로 가격을 높일 수 있습니다.
- **할인 및 프로모션:** 신규 고객 유치를 위한 첫 구매 할인, 정기 고객을 위한 정기 할인, 대량 구매 시 할인 등 다양한 가격 혜택을 제공할 수 있습니다.
- **가격 차별화:** 다양한 고객층을 공략하기 위해 프리미엄 라인과 저가 라인을 동시에 운영할 수 있습니다. 고품질 제품에는 프리미엄 가격을 책정하고 기본 식재료에는 저렴한 가격을 설정해 폭넓은 고객층을 흡수합니다.

3. 유통(Place)

온라인 식품 배송 서비스의 유통은 주로 온라인 플랫폼을 통해 이뤄집니다. 웹 사이트, 모바일 애플리케이션 등 다양한 디지털 채널을 통해 고객과의 접점을 마련하며 효율적인 물류 시스템을 통해 신속하고 정확한 배송을 보장합니다.

유통 분석

- **온라인 플랫폼:** 사용하기 쉬운 웹 사이트와 모바일 애플리케이션을 개발해 고객의 접근성을 높입니다. 직관적인 UI/UX 디자인을 통해 주문 과정을 간편하게 만듭니다.
- **물류 네트워크:** 신속한 배송을 위해 지역별 물류 센터를 운영하며 자체 배송망을 구축하거나 전문 배송 업체와 협력합니다. 신선도 유지를 위한 콜드체인 시스템을 갖추는 것이 중요합니다.
- **지역 확장:** 초기에는 특정 지역을 타깃으로 시작하지만, 점진적으로 서비스 지역을 확장해 좀 더 많은 고객에게 접근할 수 있도록 합니다.

4. 프로모션(Promotion)

프로모션은 고객 인지도를 높이고 구매를 촉진하며 충성 고객을 확보하기 위해 다양한 마케팅 전략을 활용하는 것입니다. 온라인과 오프라인 채널을 적절히 활용해 효과적인 마케팅 캠페인을 진행합니다.

프로모션 분석

- **디지털 마케팅:** 소셜 미디어, 검색 엔진 최적화(SEO), 이메일 마케팅 등을 통해 온라인 식품 배송 서비스를 홍보합니다. 특히 소셜 미디어를 활용한 바이럴 마케팅과 인플루언서 협업이 효과적일 수 있습니다.
- **프로모션 이벤트:** 첫 구매 고객을 위한 할인 쿠폰 제공, 추천인 제도, 정기 고객을 위한 로열티 프로그램 등을 통해 고객 참여를 유도합니다.
- **브랜드 인지도:** 지속적인 광고 캠페인과 PR 활동을 통해 브랜드 인지도를 높입니다. 긍정적인 고객 리뷰와 입소문을 통해 신뢰성을 구축합니다.

●【종합 평가】

온라인 식품 배송 서비스는 현대인들의 라이프스타일 변화와 맞물려 성장 잠재력이 큽니다. 성공적인 전략 수립을 위해 4P 분석을 기반으로 아래와 같은 실천 가능한 전략을 제안합니다.

1. **제품 다양화 및 품질 관리:** 고객의 다양한 요구를 충족시키기 위해 제품군을 다양화하고 품질 관리 시스템을 강화합니다. 맞춤형 서비스와 정기 배송 옵션을 제공해 고객 만족도를 높입니다.
2. **경쟁력 있는 가격 책정:** 합리적인 가격 설정과 다양한 할인 프로모션을 통해 가격 경쟁력을 확보합니다. 프리미엄 라인과 저가 라인을 운영해 다양한 고객층을 공략합니다.
3. **효율적인 유통 시스템:** 사용하기 쉬운 온라인 플랫폼을 구축하고 신속한 배송을 위한 물류 네트워크를 강화합니다. 지역 확장을 통해 좀 더 많은 고객에게 접근합니다.
4. **효과적인 프로모션 활동:** 디지털 마케팅, 프로모션 이벤트, 브랜드 인지도를 높이기 위한 광고 캠페인을 통해 고객 인지도를 향상시킵니다.

이를 통해 온라인 식품 배송 서비스는 시장에서 경쟁력을 확보하고 지속 가능한 성장을 이룰 수 있을 것입니다.

19 고객 여정 지도 [분석]

현대의 비즈니스 환경에서 고객 중심의 서비스 설계는 기업 성공의 핵심 요소입니다. 고객 여정 지도(Customer Journey Map)는 고객의 서비스 경험을 전체적으로 이해하고 그 경험을 개선하기 위한 전략을 수립하는 데 필수적인 도구입니다. 이를 통해 기업은 고객의 니즈와 행동 패턴을 파악하고 그에 맞는 맞춤형 서비스를 제공할 수 있습니다.

프롬프트 엔지니어링을 통해 고객 여정 지도를 작성하면 서비스의 각 단계에서 고객이 겪는 경험을 체계적으로 분석할 수 있습니다. 이 과정에서 고객의 행동, 감정, 동기를 구체적으로 정의하고 서비스의 터치포인트(Touchpoints)와 상호작용을 명확하게 기술합니다. 이는 서비스 설계나 개선에 직접적인 영향을 미칩니다.

고객 여정 지도를 구성하고 이를 기반으로 서비스 개선을 진행할 경우, 고객 만족도와 재이용률이 향상될 수 있습니다. 또한 고객의 문제를 사전에 파악하고 해결함으로써 브랜드 충성도를 높이고 경쟁사 대비 차별화된 경쟁력을 확보할 수 있습니다.

1. 프롬프트 템플릿

당신은 일류 UX 디자이너입니다. 다음 서비스의 고객 여정 지도를 작성하려고 합니다.

 # 서비스 개요
{서비스의 개요를 작성하세요}

 # 출력 내용
먼저 {페르소나를 작성하세요}를 페르소나로 한 고객 여정 지도를 작성합니다.
고객 여정 지도의 첫 번째 단계는 페이즈(Phase)를 정의하는 것입니다. 페이즈는 고객이 서비스를 이용하는 동안 겪게 되는 주요 단계를 의미합니다.

두 번째 단계는 각 페이즈에서의 터치포인트와 행동을 상세히 묘사하는 것입니다. 여기서는 고객이 왜 그 행동을 하게 됐는지, 행동의 전후 상황, 어떤 기능이나 버튼을 사용했는지 등을 포함해야 합니다.

세 번째 단계는 각 행동에 대한 동기부여 사고를 분석하는 것입니다. 고객이 그 행동을 통해 무엇을 기대하고 무엇을 얻으려고 하는지에 대한 사고 과정을 설명해야 합니다.

마지막으로 감정 그래프를 통해 각 단계에서의 고객의 감정을 표현합니다. 감정은 5단계로 나눠 표현하며 각 단계에서의 고객의 기쁨, 불안, 만족, 실망 등의 감정을 서술합니다.

이상의 정보를 바탕으로 한 단계씩 검토해 최종 고객 여정을 서술형으로 작성합니다.

2. 프롬프트 작성 예시

당신은 일류 UX 디자이너입니다. 다음 서비스의 고객 여정 지도를 작성하려고 합니다.

서비스 개요
이 서비스는 사용자들이 보다 효율적으로 개인 재정을 관리할 수 있도록 돕는 스마트 재정 관리 애플리케이션입니다. 사용자는 예산을 설정하고 지출을 추적하며 맞춤형 재정 보고서를 받을 수 있습니다. 또한 목표 설정 기능을 통해 저축 목표를 쉽게 관리할 수 있으며 재정 상태에 대한 인사이트를 제공해 좀 더 나은 재정 결정을 내릴 수 있도록 지원합니다.

출력 내용
먼저 '김영희, 35세, 서울에 거주하는 직장인. 금융 지식이 부족해 재정 관리에 어려움을 겪고 있으며 효율적이고 간편한 재정 관리 도구를 찾고 있습니다. 스마트폰 활용에 능숙하며 개인화된 재정 관리 서비스를 선호합니다.'를 페르소나로 한 고객 여정 지도를 작성합니다.

고객 여정 지도의 첫 번째 단계는 '페이즈(Phase)'를 정의하는 것입니다. 페이즈는 고객이 서비스를 이용하는 동안 겪게 되는 주요 단계를 의미합니다.

두 번째 단계는 각 페이즈에서의 터치포인트와 행동을 상세히 묘사하는 것입니다. 여기서는 고객이 왜 그 행동을 하게 됐는지, 행동의 전후 상황, 어떤 기능이나 버튼을 사용했는지 등을 포함해야 합니다.

세 번째 단계는 각 행동에 대한 동기 부여 사고를 분석하는 것입니다. 고객이 그 행동을 통해 무엇을 기대하고 무엇을 얻으려고 하는지에 대한 사고 과정을 설명해야 합니다.

마지막으로 감정 그래프를 통해 각 단계에서의 고객의 감정을 표현합니다. 감정은 5단계로 나눠 표현하며 각 단계에서의 고객의 기쁨, 불안, 만족, 실망 등의 감정을 서술합니다.

이상의 정보를 바탕으로 한 단계씩 검토해 최종 고객 여정을 서술형으로 작성합니다.

3. 챗GPT 출력

● **고객 여정 지도:** 김영희

페르소나 개요

김영희

- 나이: 35세
- 거주지: 서울
- 직업: 직장인
- 배경: 금융 지식이 부족해 재정 관리에 어려움을 겪고 있음.
- 기술 능력: 스마트폰 활용에 능숙함
- 요구 사항: 효율적이고 간편한 재정 관리 도구, 개인화된 서비스 선호

● **고객 여정 지도 단계**

1. 발견(Awareness)
2. 가입 및 초기 설정(Signup and Initial Setup)
3. 예산 설정 및 지출 추적(Budget Setting and Expense Tracking)
4. 맞춤형 재정 보고서 수신(Receiving Customized Financial Reports)
5. 목표 설정 및 관리(Goal Setting and Management)
6. 재정 인사이트 활용(Utilizing Financial Insights)

1. 발견(Awareness)
- **터치포인트 및 행동:** 김영희는 인터넷 서핑 중 재정 관리 관련 기사를 보다가 스마트 재정 관리 애플리케이션 광고를 발견함.
- **계기:** 최근 지출이 많아 재정 관리를 시작하려는 필요성 인식
- **행동 전후 상황:** 광고를 클릭하기 전 김영희는 불규칙한 소비 패턴으로 인해 스트레스를 받고 있음. 광고 클릭 후 앱에 대한 기대감이 생김.
- **사용 기능/버튼:** 광고 배너 클릭
- **동기부여 사고:** 김영희는 재정 관리의 필요성을 느끼고 있으며 광고를 통해 효율적인 도구를 찾기를 기대함.
- **감정 그래프:**
- **발견 전:** 스트레스(2)
- **발견 후:** 기대감(4)

2. 가입 및 초기 설정(Signup and Initial Setup)
- **터치포인트 및 행동:** 김영희는 앱을 다운로드하고 회원 가입을 진행함.
- **계기:** 광고를 통해 앱의 유용성을 확인하고 직접 사용해 보기로 결심
- **행동 전후 상황:** 다운로드 전 김영희는 회의감이 들었지만, 다운로드 후 간편한 가입 과정에 만족
- **사용 기능/버튼:** 다운로드 버튼, 회원 가입 폼 작성, 기본 설정 마법사 이용
- **동기 부여 사고:** 간편한 절차로 빠르게 가입하고 재정 관리를 시작하고자 함.
- **감정 그래프:**
- **가입 전:** 회의감(3)
- **가입 후:** 만족(4)

3. 예산 설정 및 지출 추적(Budget Setting and Expense Tracking)
- **터치포인트 및 행동:** 김영희는 월간 예산을 설정하고 지출을 추적하기 시작함.
- **계기:** 재정 관리를 체계적으로 시작하기 위해
- **행동 전후 상황:** 설정 전 복잡함에 대한 우려가 있었지만, 설정 후 사용자 친화적인 인터페이스에 안도함.
- **사용 기능/버튼:** 예산 설정 메뉴, 지출 입력 기능

- **동기 부여 사고:** 체계적인 지출 관리를 통해 소비 패턴을 개선하고자 함.
- **감정 그래프:**
- **설성 전:** 우려(3)
- **설정 후:** 안도(4)

4. 맞춤형 재정 보고서 수신(Receiving Customized Financial Reports)
- **터치포인트 및 행동:** 김영희는 주간 맞춤형 재정 보고서를 이메일로 받음.
- **계기:** 자신의 재정 상태를 명확히 파악하고자 함.
- **행동 전후 상황:** 보고서 수신 전 자신의 재정 상태에 대한 불안감을 느꼈으나 보고서 수신 후 현재 상태를 명확히 인지함.
- **사용 기능/버튼:** 이메일 확인, 보고서 열람
- **동기 부여 사고:** 재정 상태를 파악하고 향후 계획을 세우기 위해
- **감정 그래프:**
- **수신 전:** 불안(2)
- **수신 후:** 이해 및 명확성(4)

5. 목표 설정 및 관리(Goal Setting and Management)
- **터치포인트 및 행동:** 김영희는 저축 목표를 설정하고 달성을 위해 계획을 세움.
- **계기:** 장기적인 재정 목표를 달성하기 위해
- **행동 전후 상황:** 목표 설정 전 막연한 불안감을 느꼈지만, 설정 후 목표 달성에 대한 의욕이 생김.
- **사용 기능/버튼:** 목표 설정 메뉴, 저축 계획 작성 도구
- **동기 부여 사고:** 명확한 목표 설정을 통해 체계적으로 저축을 하고자 함.
- **감정 그래프:**
- **설정 전:** 막연한 불안(3)
- **설정 후:** 의욕(5)

6. 재정 인사이트 활용(Utilizing Financial Insights)
- **터치포인트 및 행동:** 김영희는 재정 인사이트를 활용해 소비 패턴을 분석하고 개선함.
- **계기:** 더 나은 재정 결정을 내리기 위해
- **행동 전후 상황:** 인사이트 활용 전 소비 습관에 대한 무지함이 있었지만, 활용 후 구체적인 개선점을 인식함.
- **사용 기능/버튼:** 인사이트 대시보드, 소비 패턴 분석 도구
- **동기 부여 사고:** 소비 습관을 개선하고 재정 건전성을 높이기 위해
- **감정 그래프:**
- **활용 전:** 무지(3)
- **활용 후:** 성취감(5)

● **최종 고객 여정 서술**

김영희는 인터넷 서핑 중 스마트 재정 관리 애플리케이션의 광고를 보고 자신의 불규칙한 소비 패턴을 개선하기 위해 앱을 다운로드합니다. 간편한 회원 가입 과정을 통해 빠르게 앱에 접근한 김영희는 직관적인 인터페이스 덕분에 월간 예산을 설정하고 지출을 추적하기 시작합니다.

주간 맞춤형 재정 보고서를 통해 자신의 재정 상태를 명확히 파악한 김영희는 장기적인 재정 목표를 설정하고 목표를 달성하기 위한 계획을 세웁니다. 마지막으로 재정 인사이트 기능을 활용해 소비 패턴을 분석하고 개선함으로써 김영희는 자신의 재정 건전성을 높이며 더 나은 재정 결정을 내릴 수 있게 됩니다.

이 과정에서 김영희는 발견 단계에서 스트레스와 기대감을, 가입 단계에서 회의감과 만족을, 예산 설정 단계에서 우려와 안도를, 보고서 수신 단계에서 불안과 명확성을, 목표 설정 단계에서 막연한 불안과 의욕을, 인사이트 활용 단계에서 무지와 성취감을 경험하며 전체 여정에서 점진적으로 긍정적인 감정을 좀 더 많이 느끼게 됩니다.

20 SWOT 분석

SWOT 분석은 비즈니스 전략의 핵심 도구로, 기업이 자신의 위치를 명확하게 이해하고 효과적인 전략을 수립할 수 있도록 합니다. 기업은 경쟁이 치열한 비즈니스 환경에서 자신의 강점과 약점을 정확히 파악하고 기회를 적극적으로 활용하며 위협을 관리할 필요가 있습니다. 이러한 분석은 비즈니스 성공을 위한 기반을 마련하고 잠재적인 위험을 미리 식별해 대응할 수 있는 전략을 제공합니다.

SWOT 분석 프롬프트는 기업이나 프로젝트의 강점, 약점, 기회, 위협을 체계적으로 분석하도록 안내합니다. 각 카테고리에 대한 구체적인 예시를 제공하면 사용자는 자신의 비즈니스 상황에 맞게 정보를 채워 넣고 전체적인 시장 및 업계 상황에 대한 깊이 있는 이해를 할 수 있습니다. 이는 전략적 사고와 결정 과정을 보다 명확하고 효율적으로 만들어 줍니다.

이번 프롬프트를 사용해 SWOT 분석을 실시하면 기업은 자신의 내부 역량과 외부 환경을 정밀하게 분석할 수 있습니다. 이를 통해 기업은 자신의 강점을 극대화하고 약점을 보완하는 동시에 시장의 기회를 적극적으로 포착하고 외부 위협에 대한 효과적인 대처 방안을 마련할 수 있습니다. 결과적으로 기업의 경쟁력이 강화되고 지속 가능한 성장을 도모할 수 있습니다.

1. 프롬프트 템플릿

명령서
「【귀하의 비즈니스나 프로젝트를 작성하세요】에 대한 SWOT 분석을 실시해 주세요.」

분석 대상

【대상이 되는 비즈니스나 프로젝트의 세부사항을 작성하세요】(예: 새로운 제품, 서비스, 기업 전략 등)

Strengths(강점)
【이 비즈니스/프로젝트의 주요 강점을 작성하세요】(예: 독자적인 기술, 강력한 브랜드 이미지, 우수한 고객 서비스 등)

Weaknesses(약점)
【이 비즈니스/프로젝트의 주요 약점을 작성하세요】(예: 제한된 자원, 높은 비용 구조, 기술적 제한 등)

Opportunities(기회)
【현재의 시장이나 업계 상황에서 이 비즈니스/프로젝트가 활용할 수 있는 주요 기회를 작성하세요】(예: 시장 성장, 규제 변화, 새로운 고객 세그먼트 출현 등)

Threats(위협)
【이 비즈니스/프로젝트에 대한 외부로부터의 주요 위협을 작성하세요】(예: 경쟁 증가, 경제 불안정성, 기술 변화 등)

출력 조건
분석 결과는 명확하고 간결한 형태로 제공돼야 하며 각 섹션(강점, 약점, 기회, 위협)에는 구체적인 예시나 사례가 3~5항목씩 포함돼야 합니다. 분석 내용은 시각적으로 이해하기 쉬운 방식으로 작성하는 것이 바람직합니다. 최종 분석은 경영진이나 팀원들에게 프레젠테이션할 수 있는 품질로 작성돼야 합니다.

2. 프롬프트 작성 예시

명령서
「스타트업의 새로운 모바일 애플리케이션 출시에 대한 SWOT 분석을 실시해 주세요.」

분석 대상
새로운 모바일 애플리케이션은 사용자의 식습관을 개선하고 건강한 식단을 제공하는 서비스를 제공합니다. 주요 기능으로는 식단 계획, 영양 정보 제공, 음식 주문 서비스 등이 포함됩니다.

Strengths(강점)
1. 독자적인 기술: 이 애플리케이션은 AI 기반의 개인화된 식단 추천 알고리즘을 보유하고 있습니다.
2. 강력한 브랜드 이미지: 이미 건강 관련 앱 시장에서 신뢰받는 브랜드로 자리 잡고 있습니다.
3. 우수한 고객 서비스: 24/7 고객 지원과 사용자의 피드백을 즉시 반영하는 시스템을 운영하고 있습니다.

Weaknesses(약점)

1. 제한된 자원: 스타트업이기 때문에 마케팅과 R&D에 충분한 자원을 할당하기 어렵습니다.

2. 높은 비용 구조: 고급 인력과 기술 유지를 위한 비용이 높습니다.

3. 기술적 제한: AI 알고리즘의 정확도를 높이기 위해서는 지속적인 개선이 필요합니다.

Opportunities(기회)

1. 시장 성장: 건강과 웰니스에 대한 관심이 지속적으로 증가하고 있습니다.

2. 규제 변화: 건강 관련 제품과 서비스에 대한 정부 지원과 규제 완화가 기대됩니다.

3. 새로운 고객 세그먼트 출현: 젊은 세대뿐만 아니라 중·장년층에서도 건강한 식단에 대한 관심이 증가하고 있습니다.

Threats(위협)

1. 경쟁 증가: 유사한 기능을 제공하는 경쟁 앱들이 계속 출시되고 있습니다.

2. 경제 불안정성: 경제 상황에 따라 사용자의 지출이 줄어들 수 있습니다.

3. 기술 변화: 새로운 기술의 등장으로 현재의 기술이 빠르게 뒤처질 위험이 있습니다.

출력 조건

분석 결과는 명확하고 간결한 형태로 제공돼야 하며 각 섹션(강점, 약점, 기회, 위협)에는 구체적인 예시나 사례가 3~5항목씩 포함돼야 합니다. 분석 내용은 시각적으로 이해하기 쉬운 방식으로 작성하는 것이 바람직합니다. 최종 분석은 경영진이나 팀원들에게 프레젠테이션할 수 있는 품질로 작성돼야 합니다.

3. 챗GPT 출력

 새로운 모바일 애플리케이션에 대한 SWOT 분석

● Strengths(강점)

1. 독자적인 기술
- AI 기반의 개인화된 식단 추천 알고리즘
- 사용자 데이터를 분석해 맞춤형 식단 제공
- 경쟁 앱과 차별화하기 위한 기술적 우위 확보

2. 강력한 브랜드 이미지
- 건강 관련 앱 시장에서 신뢰받는 브랜드로 자리 잡음.
- 기존 사용자들의 긍정적인 평가와 추천
- 시장에서의 높은 인지도와 신뢰성

3. 우수한 고객 서비스
- 24/7 고객 지원 제공
- 사용자 피드백을 즉시 반영하는 시스템 운영
- 높은 사용자 만족도 유지

● Weaknesses(약점)

1. 제한된 자원
- 스타트업 특성상 마케팅과 R&D에 충분한 자원을 할당하기 어려움.
- 확장 및 성장에 필요한 자본 부족
- 인프라 확장 제한

2. 높은 비용 구조
- 고급 인력과 기술 유지를 위한 높은 비용
- 지속적인 기술 개선 및 유지 보수 비용 부담
- 비용 절감 방안 모색 필요

3. 기술적 제한
- AI 알고리즘의 정확도를 높이기 위한 지속적인 개선 필요
- 초기 단계에서 발생할 수 있는 기술적 문제
- 기술적 문제 해결을 위한 추가 자원 필요

● Opportunities(기회)

1. 시장 성장
- 건강과 웰니스에 대한 관심 증가
- 시장 내 건강 관련 제품 및 서비스 수요 증가
- 새로운 시장 진출 가능성

2. 규제 변화
- 건강 관련 제품과 서비스에 대한 정부 지원 증가
- 규제 완화에 따른 사업 확장 기회
- 정부와의 협력 가능성

3. 새로운 고객 세그먼트 출현
- 젊은 세대뿐만 아니라 중·장년층의 건강한 식단에 대한 관심 증가
- 다양한 연령대와 라이프스타일을 가진 사용자 유치 가능
- 기존 고객 외 새로운 타깃층 확보

● Threats(위협)

1. 경쟁 증가
- 유사한 기능을 제공하는 경쟁 앱의 지속적인 출시
- 시장 내 경쟁 심화에 따른 차별화 필요
- 경쟁 앱과의 기술 및 서비스 경쟁

2. 경제 불안정성
- 경제 상황에 따른 사용자의 지출 감소 가능성
- 경제 불황 시 건강 관련 서비스의 우선순위 하락
- 비용 절감을 위한 전략 필요

3. 기술 변화
- 새로운 기술의 등장으로 기존 기술의 빠른 뒤처질 위험성 있음.
- 기술 변화에 대응하기 위한 지속적인 혁신 필요
- 기술 트렌드 파악 및 반영 필요

시각적 표현

● 강점(Strengths)

- AI 기반 개인화된 추천
- 신뢰받는 브랜드
- 24/7 고객 지원

● **약점(Weaknesses)**
- 제한된 자원
- 높은 비용 구조
- 기술적인 개선 필요

● **기회(Opportunities)**
- 건강 시장 성장
- 규제 완화 기대
- 중·장년층 관심 증가

● **위협(Threats)**
- 경쟁 증가
- 경제 불안정
- 빠른 기술 변화

이 분석 결과는 경영진이나 팀원들에게 프레젠테이션할 수 있는 품질로 작성됐습니다. 각 섹션에는 구체적인 예시나 사례를 포함해 명확하고 간결하게 설명했으며 시각적으로 이해하기 쉽게 정리했습니다.

21 PEST 분석

PEST 분석은 정치, 경제, 사회, 기술의 4가지 환경적 요인을 체계적으로 분석함으로써 기업이 외부 환경을 이해하고 이에 기반을 둔 전략적 결정을 내릴 수 있도록 돕습니다. 특히 비즈니스 환경이 빠르게 변화하고 있는 현대에 외부 요인들이 기업의 성장과 운영에 미치는 영향을 정확히 파악하는 것은 필수적입니다. 이를 통해 기업은 리스크를 관리하고 기회를 포착할 수 있습니다.

PEST 분석은 기업이나 프로젝트의 목표와 과제를 명확히 한 후 해당 목표에 영향을 미칠 수 있는 정치적·경제적·사회적·기술적 요인들을 체계적으로 분석합니다. 이 과정에서 각 요소들을 세부적으로 조사하고 이를 바탕으로 전략적 의사결정을 내리는 데 필요한 정보를 제공합니다.

분석을 수행하면 기업은 외부 환경 변화에 민감하게 대응할 수 있습니다. 예를 들어, 정치적 안정성, 경제적 변동성, 사회적 트렌드, 기술적 혁신 등을 이해하고 이에 맞춘 전략을 개발하면 시장에서의 경쟁력을 강화하고 비즈니스 기회를 최대화할 수 있습니다. 또한 위험을 사전에 파악해 효과적으로 대응할 수 있으므로 기업의 지속 가능한 성장을 도모할 수 있습니다.

1. 프롬프트 템플릿

 # 역할
당신은 전략 전문 컨설턴트입니다. 다음 {# 인풋}에 있는 타깃에 대해 솔루션을 시장에 제공하기 위해 먼저 환경 요인을 정리하는 것이 요구됩니다.
 # 인풋

"
– 타깃
　[여기에 텍스트를 입력하세요]
– 과제
　[여기에 텍스트를 입력하세요]
– 솔루션
　[여기에 텍스트를 입력하세요]
"

아웃풋
항목: 정치, 경제, 사회, 기술과 내용의 칼럼 서술 형식으로 출력해 주세요.

명령
{# 인풋}에 관해 PEST 분석을 수행해 주세요.
기술에 관해서는 관련된 기술 용어를 열거 형식으로 출력해 주세요.

2. 프롬프트 작성 예시

역할
당신은 전문 전략 컨설턴트입니다. 다음 {# 인풋}에 있는 타깃에 대해 솔루션을 시장에 제공하기 위해 먼저 환경 요인을 정리하는 것이 요구됩니다.

인풋
"

　– 타깃
중소형 전자 상거래 기업
　– 과제
디지털 마케팅 전략 강화
– 솔루션
최신 마케팅 자동화 도구 도입 및 소셜 미디어 마케팅 캠페인 확대
"

아웃풋
항목: 정치, 경제, 사회, 기술과 내용의 칼럼 서술 형식으로 출력해 주세요.

명령
{# 인풋}에 관해 PEST 분석을 수행해 주세요.
기술에 관해서는 관련된 기술 용어를 열거 형식으로 출력해 주세요.

3. 챗GPT 출력

PEST 분석: 중소형 전자 상거래 기업의 디지털 마케팅 전략 강화

● 정치적 요인(Political)

전자 상거래 기업들이 운영하는 국가 및 지역의 정치적 안정성이 중요합니다. 정치적 불안정은 공급망에 차질을 빚을 수 있으며 특히 국제적 거래를 다루는 전자 상거래 기업에는 큰 영향을 미칩니다. 또한 각국의 전자 상거래 관련 법률과 규제가 지속적으로 변화하고 있어 이에 대한 지속적인 모니터링이 필요합니다. 예를 들어, 데이터 보호법(GDPR 등) 및 소비자 보호법 등이 있습니다. 이러한 법률을 준수하는 것이 기업의 신뢰성을 높이고 법적 문제를 방지하는 데 필수적입니다.

● 경제적 요인(Economic)

전자 상거래 시장은 글로벌 경제 상황에 크게 영향을 받습니다. 경제 성장은 소비자들의 구매력을 증가시키고 이는 전자 상거래 기업의 매출 증가로 이어집니다. 반면, 경제 침체 시에는 소비자들이 지출을 줄이면서 매출이 감소할 수 있습니다. 또한 환율 변동은 국제 거래 시 가격 경쟁력에 영향을 미칠 수 있습니다. 따라서 경제 지표를 주의 깊게 분석하고 이에 따라 가격 정책과 마케팅 전략을 조정하는 것이 중요합니다.

● 사회적 요인(Social)

소비자의 구매 행동과 트렌드는 사회적 요인에 크게 영향을 받습니다. 특히 중소형 전자 상거래 기업은 특정 타깃 고객층을 잘 이해하고 이에 맞춘 마케팅 전략을 수립해야 합니다. 예를 들어, 밀레니얼 세대 및 Z 세대는 소셜 미디어와 모바일 쇼핑에 익숙하며 친환경 제품과 사회적 책임을 강조하는 브랜드를 선호합니다. 또한 코로나19 팬데믹 이후 비대면 쇼핑의 수요가 급증하면서 전자 상거래의 중요성이 더욱 부각되고 있습니다. 이러한 사회적 변화를 반영한 마케팅 전략이 필요합니다.

● 기술적 요인(Technological)

최신 기술을 활용한 마케팅 자동화 도구와 소셜 미디어 마케팅 캠페인의 확대는 중소형 전자 상거래 기업의 성장에 필수적입니다. 주요 기술 용어는 다음과 같습니다.

- **마케팅 자동화(Marketing Automation):** 고객 데이터 분석, 이메일 마케팅, 리드 관리, CRM 통합
- **소셜 미디어 마케팅(Social Media Marketing):** 콘텐츠 관리 시스템(CMS), 인플루언서 마케팅, 타깃 광고 소셜 리스닝
- **인공지능(AI) 및 머신러닝(Machine Learning):** 고객 행동 예측, 개인화 추천 시스템, 챗봇
- **빅데이터(Big Data) 분석:** 고객 세분화, 트렌드 분석, 실시간 데이터 처리
- **검색 엔진 최적화(SEO) 및 검색 엔진 마케팅(SEM):** 키워드 분석, 백링크 전략, PPC 캠페인

이러한 기술들은 전자 상거래 기업이 효율적으로 고객을 타깃팅하고 맞춤형 마케팅 전략을 실행하며 운영 효율성을 높이는 데 큰 도움이 됩니다. 최신 기술의 도입과 활용은 경쟁 우위를 확보하는 데 중요한 요소입니다.

22 PESTEL 분석

PESTEL 분석은 정치적·경제적·사회적·기술적·환경적·법적 요인을 고려해 기업의 외부 환경을 평가하는 중요한 도구입니다. 이 분석은 비즈니스 전략의 기초를 마련하고 시장 변화에 능동적으로 대응할 수 있는 기반을 제공합니다. 비즈니스 리더와 창업가들에게 이러한 요인들이 자신의 제품이나 서비스에 어떤 영향을 미치는지를 명확하게 이해하는 것이 필수적입니다.

기업은 이번 템플릿을 사용해 각각의 요인을 체계적으로 조사하고 분석할 수 있습니다. 이를 통해 기업은 정치적 리스크, 경제적 기회, 사회적 동향, 기술적 혁신, 환경적 책임 그리고 법적 제약 등을 종합적으로 이해하고 이에 기반을 둔 전략을 수립할 수 있습니다.

분석을 통해 외부 환경을 체계적으로 이해하고 대응할 경우, 기업은 불확실성을 감소시키고 위험을 관리하며 장기적인 성공을 위한 전략을 개발할 수 있습니다. 또한 시장 내의 변화와 기회를 신속하게 포착해 경쟁 우위를 확보할 수 있습니다.

1. 프롬프트 템플릿

상품/서비스명: {# 상품·서비스·브랜드}

 # PESTEL 분석

 # 정치적 요인(Political)

1. {# 상품·서비스·브랜드}에 영향을 미치는 주요 정치적 요인은 무엇인가요?
2. 이러한 요인들이 {# 상품·서비스·브랜드}의 전략이나 성과에 어떤 영향을 미치고 있나요?

경제적 요인(Economic)

1. {# 상품 · 서비스 · 브랜드}에 영향을 미치는 주요 경제적 요인은 무엇인가요?

2. 이러한 요인들이 {# 상품 · 서비스 · 브랜드}의 가격 설정이나 시장 동향에 어떤 영향을 미치고 있나요?

사회적 요인(Social)

1. {# 상품 · 서비스 · 브랜드}에 영향을 미치는 주요 사회적 요인은 무엇인가요?

2. 이러한 요인들이 {# 상품 · 서비스 · 브랜드}의 고객 니즈나 시장 트렌드에 어떤 영향을 미치고 있나요?

기술적 요인(Technological)

1. {# 상품 · 서비스 · 브랜드}에 영향을 미치는 주요 기술적 요인은 무엇인가요?

2. 이러한 요인들이 {# 상품 · 서비스 · 브랜드}의 제품 개발이나 서비스 제공에 어떤 영향을 미치고 있나요?

환경적 요인(Environmental)

1. {# 상품 · 서비스 · 브랜드}에 영향을 미치는 주요 환경적 요인은 무엇인가요?

2. 이러한 요인들이 {# 상품 · 서비스 · 브랜드}의 지속 가능성이나 친환경적 노력에 어떤 영향을 미치고 있나요?

법적 요인(Legal)

1. {# 상품 · 서비스 · 브랜드}에 영향을 미치는 주요 법적 요인은 무엇인가요?

2. 이러한 요인들이 {# 상품 · 서비스 · 브랜드}의 컴플라이언스나 리스크 관리에 어떤 영향을 미치고 있나요?

2. 프롬프트 작성 예시

상품/서비스명: # 삼성 갤럭시 S 시리즈

PESTEL 분석

정치적 요인(Political)

1. {# 상품 · 서비스 · 브랜드}에 영향을 미치는 주요 정치적 요인은 무엇인가요?
2. 이러한 요인들이 {# 상품 · 서비스 · 브랜드}의 전략이나 성과에 어떤 영향을 미치고 있나요?

경제적 요인(Economic)

1. {# 상품 · 서비스 · 브랜드}에 영향을 미치는 주요 경제적 요인은 무엇인가요?
2. 이러한 요인들이 {# 상품 · 서비스 · 브랜드}의 가격 설정이나 시장 동향에 어떤 영향을 미치고 있나요?

사회적 요인(Social)

1. {# 상품 · 서비스 · 브랜드}에 영향을 미치는 주요 사회적 요인은 무엇인가요?

2. 이러한 요인들이 {# 상품 · 서비스 · 브랜드}의 고객 니즈나 시장 트렌드에 어떤 영향을 미치고 있나요?

기술적 요인(Technological)

1. {# 상품 · 서비스 · 브랜드}에 영향을 미치는 주요 기술적 요인은 무엇인가요?

2. 이러한 요인들이 {# 상품 · 서비스 · 브랜드}의 제품 개발이나 서비스 제공에 어떤 영향을 미치고 있나요?

환경적 요인(Environmental)

1. {# 상품 · 서비스 · 브랜드}에 영향을 미치는 주요 환경적 요인은 무엇인가요?

2. 이러한 요인들이 {# 상품 · 서비스 · 브랜드}의 지속 가능성이나 친환경적 노력에 어떤 영향을 미치고 있나요?

법적 요인(Legal)

1. {# 상품 · 서비스 · 브랜드}에 영향을 미치는 주요 법적 요인은 무엇인가요?

2. 이러한 요인들이 {# 상품 · 서비스 · 브랜드}의 컴플라이언스나 리스크 관리에 어떤 영향을 미치고 있나요?

3. 챗GPT 출력

삼성 갤럭시 S 시리즈에 대한 PESTEL 분석을 제공하겠습니다.

● **정치적 요인(Political)**

1. 주요 정치적 요인

- **국제 무역 규제:** 각국의 수입 관세와 수출 규제는 삼성 갤럭시 S 시리즈의 가격과 공급망에 직접적인 영향을 미칩니다.
- **정부의 기술 표준:** 각국 정부가 정한 통신 기술 표준은 삼성의 기술 개발 방향에 영향을 미칠 수 있습니다.
- **지정학적 긴장:** 주요 시장에서의 정치적 불안정성이나 무역 분쟁은 삼성의 판매 및 운영에 영향을 미칠 수 있습니다.

2. 전략이나 성과에 미치는 영향

- 무역 규제 강화 시 삼성은 비용 증가를 피하기 위해 현지 생산을 늘리거나 다른 시장을 타깃으로 전략을 수정해야 할 수 있습니다.
- 기술 표준 변화에 빠르게 대응하지 못하면 시장 점유율을 잃을 수 있으며 이는 삼성의 매출 감소로 이어질 수 있습니다.
- 지정학적 긴장에 따른 판매 감소를 대비해 리스크 관리 전략이 필요합니다.

● **경제적 요인(Economic)**

1. 주요 경제적 요인

- **세계 경제 성장률:** 경제 성장률은 소비자의 구매력에 영향을 미쳐 고가 스마트폰인 갤럭시 S 시리즈의 판매에 직접적인 영향을 미칩니다.

- **환율 변동:** 환율은 삼성의 수익성에 영향을 미치며 원화의 강세는 해외 판매 수익을 감소시킬 수 있습니다.
- **생산 비용:** 반도체와 기타 부품의 가격 변동은 삼성의 제품 가격 책정에 영향을 미칩니다.

2. 가격 설정이나 시장 동향에 미치는 영향
- 경제 성장률이 높을 때 소비자들은 좀 더 많은 고가 제품을 구매할 여력이 있으며 이는 삼성의 고가 전략에 긍정적 영향을 미칩니다.
- 환율 변동에 따라 가격을 조정하거나 원가 절감 방안을 모색할 필요가 있습니다.
- 생산 비용 증가 시 삼성은 가격 인상이나 원가 절감 전략을 통해 이익률을 유지해야 합니다.

● 사회적 요인(Social)

1. 주요 사회적 요인
- **소비자 트렌드:** 최신 기술과 디자인을 선호하는 소비자 경향은 삼성 갤럭시 S 시리즈의 주요한 수요 요인입니다.
- **인구 통계학적 변화:** 청소년 및 젊은 층의 스마트폰 사용 증가는 삼성의 주요 타깃 시장 확대에 기여합니다.
- **사회적 책임 및 윤리적 소비:** 소비자들은 환경친화적인 제품과 기업의 사회적 책임 활동을 중시합니다.

2. 고객 니즈나 시장 트렌드에 미치는 영향
- 트렌드에 맞춘 혁신적인 디자인과 기술을 지속적으로 제공해 소비자의 관심을 유지해야 합니다.
- 젊은 층을 대상으로 한 마케팅 전략을 강화해 시장 점유율을 확대할 수 있습니다.
- 친환경 제품 라인을 확장하고 CSR 활동을 통해 브랜드 이미지를 제고할 필요가 있습니다.

● 기술적 요인(Technological)

1. 주요 기술적 요인
- **5G 및 차세대 네트워크 기술:** 새로운 통신 기술은 삼성 갤럭시 S 시리즈의 주요 판매 요인이 됩니다.
- **인공지능(AI) 및 사물 인터넷(IoT) 통합:** 최신 기술 통합은 제품의 차별화를 가능하게 합니다.
- **경쟁사의 기술 개발:** 경쟁사의 혁신적인 기술 개발은 삼성에게 지속적인 기술 혁신을 요구합니다.

2. 제품 개발이나 서비스 제공에 미치는 영향
- 5G 기술을 선도적으로 채택해 시장에서의 경쟁력을 확보할 수 있습니다.
- 인공지능(AI) 및 사물 인터넷(IoT) 기능을 강화해 스마트폰의 부가가치를 높일 수 있습니다.
- 경쟁사의 기술을 분석하고 이에 대응하는 기술 전략을 마련해야 합니다.

● 환경적 요인(Environmental)

1. 주요 환경적 요인
- **기후 변화 및 탄소 배출 규제:** 환경 보호 규제 강화는 제조 과정에서의 친환경 기술 도입을 요구합니다.
- **재활용 및 폐기물 관리:** 전자 폐기물 처리와 재활용에 대한 소비자와 정부의 관심이 증가하고 있습니다.
- **에너지 효율성:** 제품의 에너지 효율성을 높이는 것이 중요합니다.

2. 지속 가능성이나 친환경적 노력에 미치는 영향
- 제조 과정에서의 친환경 기술 도입을 통해 규제를 준수하고 브랜드 이미지를 강화할 수 있습니다.
- 재활용 가능 부품을 사용하고 전자 폐기물 관리를 철저히 함으로써 지속 가능한 경영을 실천할 수 있습니다.
- 에너지 효율적인 제품을 개발해 소비자의 친환경적 요구를 충족시킬 수 있습니다.

● 법적 요인(Legal)

1. 주요 법적 요인
- **지적 재산권 보호:** 특허 침해 문제는 삼성의 기술 경쟁력에 직접적인 영향을 미칩니다.
- **소비자 보호법:** 각국의 소비자 보호법 준수는 필수적이며 이를 위반할 경우, 평판 및 재정적 손실이 발생할 수 있습니다.
- **데이터 보호 및 개인정보 보호법:** 스마트폰 사용자 데이터의 보호는 필수적입니다.

2. 컴플라이언스나 리스크 관리에 미치는 영향

- 지적 재산권 보호를 위해 특허 포트폴리오를 강화하고 경쟁사와의 분쟁에 대비해야 합니다.
- 소비자 보호법을 준수해 법적 리스크를 최소화하고 고객 신뢰를 유지해야 합니다.
- 데이터 보호법을 준수하고 보안 기술을 강화해 개인정보 유출 사고를 예방해야 합니다.

이와 같은 PESTEL 분석을 통해 삼성 갤럭시 S 시리즈가 직면하고 있는 외부 환경 요인을 파악하고 이에 대응하는 전략을 수립할 수 있습니다.

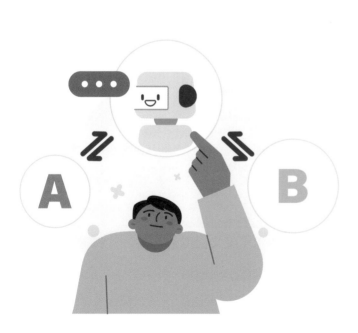

23 3C 분석

비즈니스 환경에서 경쟁은 갈수록 치열해지고 있으며 성공적인 사업 운영을 위해서는 체계적인 시장 분석이 필수적입니다. 3C 분석은 고객(시장 포함), 경쟁자 그리고 자사의 위치를 명확하게 파악하게 해 줌으로써 각 분야에서 발생할 수 있는 기회와 위험을 예측하고 전략을 수립하는 데 중요한 역할을 합니다. 이러한 분석을 통해 효과적인 마케팅 전략과 경영 전략을 수립할 수 있는 기반을 마련할 수 있습니다.

3C 분석 템플릿을 사용하는 것은 사업의 3가지 주요 요소를 체계적으로 분석하는 과정입니다. 첫 번째 '고객(Customers)' 부분에서는 시장과 고객의 요구를 분석합니다. 두 번째 '경쟁자(Competitors)'에서는 경쟁 사업체들의 강점과 약점을 파악합니다. 마지막으로 '회사(Company)' 부분에서는 자사의 내부 역량과 한계를 심도 있게 평가합니다. 각 부분은 상세하고 객관적인 분석을 통해 이뤄져야 하며 결과는 이해하기 쉽고 명확하게 제시돼야 합니다.

이 프롬프트를 활용하면 사업에 대한 깊은 이해와 더불어 각 영역에서의 경쟁 우위를 확보할 수 있는 전략을 수립할 수 있습니다. 예를 들어, 고객 분석을 통해 더욱 정확한 타깃 마케팅을 실시할 수 있고 경쟁자 분석을 통해 시장에서의 자신의 위치를 재정립하며 회사 분석을 통해 내부 개선점을 발견하고 이를 개선함으로써 전체적인 사업 성과를 향상시킬 수 있습니다.

3C 분석을 수행하기 위해서는 먼저 각 'C'에 대한 자료 수집이 중요합니다. 시장과 고객 조사, 경쟁자 조사 그리고 자사의 자원 및 능력 평가 등을 통해 필요한 데이터를 확보해야 합니다. 이 데이터를 바탕으로 각 세부 항목을 깊이 있게 분석하고 템플릿에 제시된 형식에 따라 결과를 구조화해 기록합니다. 이 과정은 객관적이고 체계적이어야 하며 모든 설명은 명확하고 간결해야 합니다.

이러한 3C 분석 템플릿은 비즈니스의 전략적 사고를 촉진시키고 불확실한 시장 환경 속에서도 효과적인 의사결정을 가능하게 해 주는 강력한 도구입니다. 이 템플릿은 비즈니스 리더 및 창업자들에게 필수적인 자원이며 새로운 시장 기회 발견과 사업의 성장과 성공을 위한 필수적인 환경 분석 단계입니다.

1. 프롬프트 템플릿

 # 명령서

당신은 전략 설계의 전문가입니다.

다음의 # 제약 조건과 # 출력 형식에 따라 아래의 # 비즈니스에 관한 3C 분석을 수행해 주세요.

 # 제약 조건

* # 비즈니스에 대한 「3C 분석」을 수행한다.
* 「3C 분석」이란 Customer: 시장 · 고객, Competitor: 경쟁자, Company: 자사의 3가지 관점에서 분석해 경영 전략을 세울 수 있는 프레임워크입니다.
* 출력 시 반드시 각각의 「C」에 대해 상세한 분석을 수행해 주세요.
* 분석은 반드시 객관적이고 이해하기 쉬우며 설명에 과부족이 없도록 해 주세요.
* 출력은 # 출력 형식에 따라 진행해 주세요.

 # 비즈니스

「{입력해 주세요}」

 # 출력 형식

1. 시장(Customer)

[분석 내용을 작성해 주세요]

2. 경쟁자(Competitor)

[분석 내용을 작성해 주세요]

3. 자사(Company)

[분석 내용을 작성해 주세요]

2. 프롬프트 작성 예시

 # 명령서

당신은 전략 설계의 전문가입니다.

다음의 # 제약 조건과 # 출력 형식에 따라 아래의 # 비즈니스에 관한 3C 분석을 수행해 주세요.

제약 조건

* # 비즈니스에 대한 「3C 분석」을 수행한다.
* 「3C 분석」이란 Customer: 시장 · 고객, Competitor: 경쟁자, Company: 자사의 3가지 관점에서 분석해 경영 전략을 세울 수 있는 프레임워크입니다.
* 출력 시 반드시 각각의 「C」에 대해 상세한 분석을 수행해 주세요.
* 분석은 반드시 객관적이고 이해하기 쉬우며 설명에 과부족이 없도록 해 주세요.
* 출력은 # 출력 형식에 따라 진행해 주세요.

비즈니스

「온라인 식료품 배달 서비스」

출력 형식

1. 시장(Customer)

[분석 내용을 작성해 주세요]

2. 경쟁자(Competitor)

[분석 내용을 작성해 주세요]

3. 자사(Company)

[분석 내용을 작성해 주세요]

3. 챗GPT 출력

● **3C 분석: 온라인 식료품 배달 서비스**

1. 시장(Customer)

온라인 식료품 배달 서비스의 주요 고객층은 다음과 같이 구분할 수 있습니다

고객 세분화
* **도시 거주자:** 대도시에 거주하는 사람들은 바쁜 일상 속에서 시간을 절약하기 위해 온라인 식료품 배달 서비스를 많이 이용합니다.
* **고령자:** 거동이 불편하거나 장보기가 어려운 고령자들이 주된 고객층입니다.
* **직장인:** 특히 대도시의 직장인들은 퇴근 후 장보기 어려움을 해결하기 위해 이 서비스를 이용합니다.
* **가족 단위 고객:** 많은 양의 식료품을 한 번에 구매해야 하는 가족 단위 고객들도 중요한 고객층입니다.
* **건강 및 웰빙 관심자:** 신선하고 고품질의 식료품을 선호하는 사람들 역시 이 서비스를 자주 이용합니다.

시장 트렌드
* **온라인 쇼핑의 증가:** 인터넷과 모바일 기술의 발전으로 온라인 쇼핑이 점점 더 일상화되고 있습니다.
* **편리함 중시:** 편리함과 시간 절약을 중시하는 소비자들이 증가하고 있습니다.
* **코로나19 영향:** 팬데믹 이후 비대면 서비스에 대한 수요가 급증했습니다.
* **맞춤형 서비스:** 개인화된 서비스 제공이 점점 중요해지고 있습니다. 예를 들어, 개인의 선호에 맞춘 추천 상품 제공 등

2. 경쟁자(Competitor)

온라인 식료품 배달 서비스 시장에서의 주요 경쟁자는 다음과 같습니다.

직접 경쟁자

- **대형 유통 업체:** 쿠팡, 알리, 테무 등 대형 유통업체들은 강력한 물류망과 자본력을 바탕으로 시장을 지배하고 있습니다.
- **전문 배달 서비스:** 배달 앱 등은 배달에 특화된 전문 업체로, 다양한 지역에서 서비스를 제공하고 있습니다.

간접 경쟁자

- **전통 식료품점:** 여전히 많은 사람이 전통적인 오프라인 식료품점을 이용합니다.
- **지역 배달 서비스:** 특정 지역에 한정된 소규모 배달 서비스들도 경쟁자로 작용합니다.

경쟁 환경 분석

- **가격 경쟁:** 많은 업체가 가격 할인과 프로모션을 통해 고객을 유치하고 있습니다.
- **서비스 차별화:** 신선도 보장, 빠른 배달, 다양한 상품군 등으로 차별화를 시도하고 있습니다.
- **기술 도입:** AI를 활용한 개인화 추천, 자동화된 물류 시스템 등 기술을 적극적으로 도입하고 있습니다.

3. 자사(Company)

우리 온라인 식료품 배달 서비스의 강점과 약점을 분석합니다.

강점(Strengths)

- **강력한 물류 네트워크:** 신속하고 효율적인 물류 시스템을 통해 빠른 배달이 가능합니다.
- **다양한 상품군:** 신선 식품부터 가공식품에 이르기까지 다양한 식료품을 한곳에서 구매할 수 있습니다.
- **편리한 사용자 인터페이스:** 직관적인 앱과 웹 사이트를 통해 고객들이 쉽게 주문할 수 있습니다.
- **고객 서비스:** 문제 발생 시 빠르고 친절한 고객 지원을 제공합니다.

약점(Weaknesses)

- **높은 운영 비용:** 물류와 인프라 구축에 많은 비용이 소요됩니다.
- **의존성:** 특정 지역이나 고객층에 지나치게 의존할 경우, 시장 변화에 취약할 수 있습니다.

기회(Opportunities)

- **시장 확대:** 현재 서비스하지 않는 지역으로의 확장을 통해 좀 더 많은 고객을 유치할 수 있습니다.
- **기술 혁신:** AI와 빅데이터를 활용한 개인화 서비스 강화, 드론 배달 등의 신기술 도입을 통해 경쟁력을 높일 수 있습니다.
- **파트너십:** 식료품 브랜드나 로컬 농가와의 제휴를 통해 제품군을 다양화하고 신선도를 높일 수 있습니다.

위협(Threats)

- **경쟁 심화:** 기존의 강력한 경쟁자 외에도 새로운 진입자들이 계속 등장할 수 있습니다.
- **경제 불확실성:** 경기 침체 시 고객들의 소비 패턴 변화로 매출에 영향을 받을 수 있습니다.
- **규제 변화:** 정부의 새로운 규제나 정책 변화가 비즈니스 운영에 영향을 미칠 수 있습니다.

이를 바탕으로 자사는 강점을 극대화하고 약점을 보완하며 기회를 적극적으로 활용하고 위협을 최소화하는 전략을 수립해야 합니다.

24 MECE 분석

MECE 분석 방법은 비즈니스 결정 과정에서 필수적인 도구입니다. MECE 원칙(상호 배타적이고 포괄적인)을 사용해 요인을 분해하면 비즈니스 리더들은 제품 또는 서비스에 영향을 미치는 다양한 요소를 좀 더 명확하게 이해하고 각 요소가 전체 성공에 어떻게 기여하는지를 파악할 수 있습니다. 이러한 체계적 접근은 복잡한 문제를 명확하게 정리하고 문제 해결 과정에서 중요한 결정들을 내리는 데 있어 객관적인 근거를 제공합니다.

비즈니스 리더는 MECE 분석 템플릿을 사용해 제품이나 서비스의 핵심 성공 요인을 식별하고 이를 상호 배타적이고 포괄적인 방식으로 분해합니다. 각 요인을 세부적으로 분석하고 그 중요성을 평가해 가장 큰 영향을 미치는 요인을 파악합니다. 마지막으로 이 분석을 통해 도출된 결과를 바탕으로 구체적인 개선 조치를 제안합니다.

이 프롬프트를 활용하면 비즈니스는 보다 구조적이고 전략적인 접근 방식을 통해 제품이나 서비스의 성능을 극대화할 수 있습니다. MECE 분석을 통한 체계적인 문제 접근은 문제의 근원을 정확히 파악하고 이를 해결하기 위한 명확한 전략을 수립할 수 있게 도와줍니다. 결과적으로 비즈니스의 경쟁력을 강화하고 시장에서의 성공 가능성을 높일 수 있습니다.

비즈니스 리더는 먼저 MECE 분석 템플릿을 사용해 제품 또는 서비스의 핵심 요인을 식별합니다. 그런 다음 이 요인들을 상호 배타적이고 포괄적인 방식으로 세분화해 각 요인이 제품이나 서비스에 미치는 구체적인 영향을 분석합니다. 가장 중요한 요인을 파악한 후 이를 기반으로 실질적인 개선 조치를 제안합니다. 이 과정은 반복적으로 이뤄져야 하며 시장 환경의 변화나 내부 데이터에 따라 지속적으로 업데이트돼야 합니다.

1. 프롬프트 템플릿

상품/서비스명: {# 상품·서비스·브랜드}

MECE 분석

주요 요인의 식별

1. {# 상품·서비스·브랜드}의 성공이나 과제에 관련된 주요 요인은 무엇인가요?

요인의 분해

1. 위에서 식별한 주요 요인을 MECE 원칙에 따라 상호 배타적이고 포괄적으로 분해해 주세요.

상세 분석

1. 각 요인에 대해 그것이 {# 상품·서비스·브랜드}에 어떤 영향을 미치는지 자세히 분석해 주세요.

2. 이 요인들 중 가장 중요한 것은 무엇인가요? 그 이유는 무엇인가요?

권장되는 액션

1. 위의 분석을 바탕으로 {# 상품·서비스·브랜드}의 개선이나 최적화를 위한 권장되는 액션은 무엇인가요?

2. 프롬프트 작성 예시

상품/서비스명: # 삼성 갤럭시 S 시리즈

MECE 분석

주요 요인의 식별

1. {# 상품·서비스·브랜드}의 성공이나 과제에 관련된 주요 요인은 무엇인가요?

요인의 분해

1. 위에서 식별한 주요 요인을 MECE 원칙에 따라 상호 배타적이고 포괄적으로 분해해 주세요.

상세 분석

1. 각 요인에 대해 그것이 {# 상품·서비스·브랜드}에 어떤 영향을 미치는지 자세히 분석해 주세요.

2. 이 요인들 중 가장 중요한 것은 무엇인가요? 그 이유는 무엇인가요?

권장되는 액션

1. 위의 분석을 바탕으로 {# 상품·서비스·브랜드}의 개선이나 최적화를 위한 권장되는 액션은 무엇인가요?

3. 챗GPT 출력

 MECE 분석

● **주요 요인의 식별**

1. 삼성 갤럭시 S 시리즈의 성공이나 과제에 관련된 주요 요인은 다음과 같습니다.
   - 제품 성능 및 기술 혁신
   - 마케팅 및 브랜드 인지도
   - 가격 전략
   - 고객 서비스 및 지원
   - 시장 경쟁 상황
   - 사용자 경험 및 디자인
   - 생태계 및 호환성
   - 글로벌 유통 및 공급망

● **요인의 분해**

1. 위에서 식별한 주요 요인을 MECE 원칙에 따라 상호 배타적이고 포괄적으로 분해해 보겠습니다.
   - 제품 성능 및 기술 혁신
     - 프로세서 및 성능
     - 카메라 품질
     - 배터리 수명
     - 디스플레이 기술
     - 소프트웨어 및 업데이트
   - 마케팅 및 브랜드 인지도
     - 광고 캠페인
     - 사회적 인식 및 평판
     - 미디어 커버리지
     - 브랜드 충성도
   - 가격 전략
     - 가격 책정 및 포지셔닝
     - 프로모션 및 할인
     - 가격 대비 성능 비율
   - 고객 서비스 및 지원
     - 고객 서비스 품질
     - 애프터서비스 네트워크
     - 온라인 지원 및 커뮤니티
   - 시장 경쟁 상황
     - 주요 경쟁사 분석
     - 시장 점유율 변화
     - 기술 및 가격 경쟁
   - 사용자 경험 및 디자인
     - 사용 편의성
     - 제품 디자인 및 외관
     - 사용자 인터페이스

- 생태계 및 호환성
  - 삼성 생태계와의 통합
  - 타사 제품과의 호환성
  - 앱 및 서비스 지원
- 글로벌 유통 및 공급망
  - 공급망 관리
  - 유통 채널 및 전략
  - 글로벌 시장 접근성

● 상세 분석

1. 각 요인에 대해 삼성 갤럭시 S 시리즈에 미치는 영향을 자세히 분석해 보겠습니다.

- 제품 성능 및 기술 혁신
  - **프로세서 및 성능**: 최신 프로세서를 장착해 뛰어난 성능을 제공, 사용자의 멀티태스킹 및 게임 경험을 향상.
  - **카메라 품질**: 고화질 카메라 시스템은 사용자에게 선명한 사진과 비디오 촬영을 가능하게 해 줌.
  - **배터리 수명**: 긴 배터리 수명은 사용자 편의성을 높이며 장시간 사용 시 만족도를 증가시킴.
  - **디스플레이 기술**: 고해상도 디스플레이는 시각적 경험을 향상시키고 미디어 소비를 즐겁게 함.
  - **소프트웨어 및 업데이트**: 정기적인 소프트웨어 업데이트는 보안과 기능을 최신 상태로 유지해 사용자 만족도를 높임.
- 마케팅 및 브랜드 인지도
  - **광고 캠페인**: 효과적인 광고는 제품 인지도를 높이고 구매 의향을 증가시킴.
  - **사회적 인식 및 평판**: 긍정적인 평판은 소비자 신뢰를 증대시키며 브랜드 충성도를 강화함.
  - **미디어 커버리지**: 다양한 미디어에서의 언급은 브랜드 노출을 극대화해 더 많은 잠재 고객을 확보함.
  - **브랜드 충성도**: 기존 고객의 높은 충성도는 반복 구매를 유도하고 신규 고객에게 긍정적인 영향을 미침.
- 가격 전략
  - **가격 책정 및 포지셔닝**: 적절한 가격 책정은 시장에서의 경쟁력을 확보하고 다양한 고객층을 타깃팅할 수 있음.
  - **프로모션 및 할인**: 전략적인 프로모션은 구매를 촉진하고 시장 점유율을 확대할 수 있음.
  - **가격 대비 성능 비율**: 높은 가격 대비 성능은 소비자 만족도를 높이고 긍정적인 구전을 유도함.
- 고객 서비스 및 지원
  - **고객 서비스 품질**: 높은 품질의 고객 서비스는 문제 해결을 빠르게 도와주며 사용자 만족도를 높임.
  - **애프터서비스 네트워크**: 광범위한 애프터서비스 네트워크는 고객이 제품을 신뢰하고 오래 사용할 수 있게 함.
  - **온라인 지원 및 커뮤니티**: 온라인 지원은 문제 해결의 용이성을 제공하고 커뮤니티는 사용자 간 정보 교환을 도와줌.
- 시장 경쟁 상황
  - **주요 경쟁사 분석**: 경쟁사의 강점과 약점을 분석해 삼성 갤럭시 S 시리즈의 차별화를 모색함.
  - **시장 점유율 변화**: 시장 점유율을 지속적으로 모니터링해 전략적 결정을 내림.
  - **기술 및 가격 경쟁**: 기술적 우위와 가격 경쟁력을 확보해 시장에서의 위치를 강화함.
- 사용자 경험 및 디자인
  - **사용 편의성**: 직관적이고 간편한 사용 경험은 소비자 만족도를 높임.
  - **제품 디자인 및 외관**: 매력적인 디자인은 제품의 첫인상을 긍정적으로 만들고 구매를 유도함.
  - **사용자 인터페이스**: 사용자 친화적인 인터페이스는 제품 사용의 즐거움을 더함.
- 생태계 및 호환성
  - **삼성 생태계와의 통합**: 삼성 제품 간의 원활한 통합은 사용 편의성을 높임.

- **타사 제품과의 호환성**: 다양한 타사 제품과의 호환성은 더 많은 소비자를 끌어들임.
- **앱 및 서비스 지원**: 다양한 앱과 서비스 지원은 제품의 활용도를 높임.

· 글로벌 유통 및 공급망
- **공급망 관리**: 효율적인 공급망 관리는 제품의 원활한 공급과 품질을 보장함.
- **유통 채널 및 전략**: 다양한 유통 채널을 활용해 더 많은 시장에 접근함.
- **글로벌 시장 접근성**: 글로벌 시장에서의 접근성을 높여, 더 많은 소비자를 확보함.

2. 가장 중요한 요인

가장 중요한 요인은 제품 성능 및 기술 혁신입니다. 그 이유는 이 요인이 직접적으로 소비자의 구매 결정에 큰 영향을 미치기 때문입니다. 특히 고성능 프로세서, 우수한 카메라, 긴 배터리 수명, 뛰어난 디스플레이 기술 등이 소비자가 스마트폰을 선택하는 주요 기준이 됩니다.

● 권장되는 액션

1. 제품 성능 및 기술 혁신 강화
- 최신 기술을 지속적으로 도입하고 혁신적인 기능을 추가해 제품 경쟁력을 강화하세요.
- 정기적인 소프트웨어 업데이트로 사용자 경험을 지속적으로 개선하세요.

2. 마케팅 및 브랜드 인지도 향상
- 강력한 광고 캠페인을 통해 브랜드 인지도를 높이고 새로운 소비자를 유치하세요.
- 긍정적인 브랜드 이미지를 구축하기 위해 사회적 인식 및 평판을 관리하세요.

3. 가격 전략 최적화
- 경쟁력 있는 가격 책정을 통해 다양한 고객층을 확보하세요.
- 전략적인 프로모션과 할인 행사를 통해 판매를 촉진하세요.

4. 고객 서비스 및 지원 강화
- 고객 서비스 품질을 지속적으로 개선하고 애프터서비스 네트워크를 확장하세요.
- 온라인 지원 시스템을 강화해 고객의 문제를 신속하게 해결하세요.

5. 사용자 경험 및 디자인 개선
- 사용자 친화적인 디자인과 인터페이스를 개발해 사용자 만족도를 높이세요.
- 제품의 외관 디자인을 개선해 첫인상을 긍정적으로 만드세요.

6. 글로벌 유통 및 공급망 효율화
- 효율적인 공급망 관리를 통해 제품의 원활한 공급을 보장하세요.
- 글로벌 시장에서의 접근성을 높여 좀 더 많은 소비자를 확보하세요.

이러한 권장 액션을 통해 삼성 갤럭시 S 시리즈는 더욱 경쟁력 있는 제품으로 자리매김할 수 있을 것입니다.

25 5W2H 프레임워크

비즈니스에서 경쟁 우위를 확보하기 위해서는 고객의 행동과 사고방식을 체계적으로 이해하는 것이 중요합니다. 5W2H 프레임워크는 '누가(Who)', '언제(When)', '어디서(Where)', '무엇을(What)', '왜(Why)', '어떻게(How)' 그리고 '어떤 소통이 필요한가(How2)' 또는 '얼마만큼(How much)'의 7가지 요소를 통해 사용자의 행동 패턴을 상세하게 분석할 수 있게 해줍니다. 이를 통해 비즈니스 전략을 보다 정교하게 수립할 수 있습니다.

이 프롬프트는 마케팅 조사, 사용자 경험 디자인, 제품 개발, 서비스 개선 등 다양한 상황에서 유용하게 사용됩니다. 각 요소를 명확히 분석하면 제품이나 서비스가 실제 시장에서 어떻게 인식되고 사용되는지를 파악할 수 있습니다. 이 정보는 제품 개선, 타깃 마케팅 전략 개발, 고객 경험 최적화 등에 직접적으로 활용될 수 있습니다.

이 프레임워크를 사용하면 기업은 고객의 요구와 행동을 보다 명확히 이해하고 이에 기반을 둔 전략을 수립할 수 있습니다. 결과적으로 더욱 효과적인 마케팅 캠페인을 실행하고 고객 맞춤형 제품을 개발해 시장에서의 성공 확률을 높일 수 있습니다.

1. 프롬프트 템플릿

 # 이 콘텐츠의 전제 조건

사용자가 제안하는 카테고리: [ ]

목표: 5W2H를 통해 사람들의 행동과 생각을 이해하기.

성과물: 사용자가 제안한 카테고리를 기반으로

1. 누가 사용/구매하는지(who),

2. 언제 하는지 사용/구매(when),

3. 어디에서 사용/구매(where),

4. 무엇을 사용/구매합니까? 무엇을 구매하는지(what),

5. 사용/구매하는 이유(why),

6. 사용/구매하는 방법(how1),

7. 어떤 커뮤니케이션이 필요한지(how2)를 작성하는것.

이 콘텐츠의 상세 내용

이 콘텐츠에서는 사용자가 제시한 카테고리에 대해 생활자의 행동과 생각을 5W2H로 이해하기 위한 가설을 작성합니다.

다음 절차에 따라 성과물을 생성합니다.

1단계: 사용/구매자가 누구인지 명확히 합니다.

2단계: 언제인지 명확히 합니다.

3단계: 사용/구매할 곳을 명확하게 합니다.

4단계: 사용/구매하는 것(무엇)을 명확하게 합니다.

5단계: 사용/구매하는 이유를 명확하게 합니다.

6단계: 사용/구매하는 방법(how1)을 명확하게 합니다.

7단계: 사용/구매를 위해 어떤 커뮤니케이션이 필요한지 명확히 합니다

사용자 확인 항목

– 성과물을 사용자에게 제시하고, 내용에 대한 피드백을 받습니다. 사용자의 요구와 의견을 반영하여 성과물을 최종적으로 완성합니다.

예외 처리

– 사용자로부터의 요구나 피드백에 따라 성과물을 개선하고 수정합니다.

피드백 루프

– 사용자로부터 받은 피드백을 바탕으로 성과물의 품질을 확인하고, 개선점을 찾아냅니다. 필요한 수정과 개선 작업을 수행하여 더 나은 성과물을 제공합니다.

성과물의 생성

– 최종 결과로 5W2H를 통해 주민의 행동과 생각을 이해할 수 있는 정보가 포함된 문서가 생성됩니다.

문서는 다음과 같은 요소로 구성됩니다.

1. 누가 이용/구매하는가(who):

2. 언제 이용/구매하는가(when):

3. 어디서 이용/구매하는가(where):

4. 어떤 것을 이용/구매하는가(what):

5. 왜 이용/구매하는가(why):

6. 어떻게 이용/구매하는가(how1):

7. 이용/구매하도록 하기 위해 어떤 커뮤니케이션이 필요한가(how2):

2. 프롬프트 작성 예시

 # 이 콘텐츠의 전제 조건

사용자가 제안하는 카테고리: [최신 스마트폰 및 관련 액세서리]

목표: 5W2H를 통해 사람들의 행동과 생각을 이해하기.

성과물: 사용자가 제인한 카테고리를 기반으로

1. 누가 사용/구매하는지(who),

2. 언제 하는지 사용/구매(when),

3. 어디에서 사용/구매(where),

4. 무엇을 사용/구매합니까? 무엇을 구매하는지(what),

5. 사용/구매하는 이유(why),

6. 사용/구매하는 방법(how1),

7. 어떤 커뮤니케이션이 필요한지(how2)를 작성하는것.

 # 이 콘텐츠의 상세 내용

이 콘텐츠에서는 사용자가 제시한 카테고리에 대해 생활자의 행동과 생각을 5W2H로 이해하기 위한 가설을 작성합니다.

다음 절차에 따라 성과물을 생성합니다.

1단계: 사용/구매자가 누구인지 명확히 합니다.

2단계: 언제인지 명확히 합니다.

3단계: 사용/구매할 곳을 명확하게 합니다.

4단계: 사용/구매하는 것(무엇)을 명확하게 합니다.

5단계: 사용/구매하는 이유를 명확하게 합니다.

6단계: 사용/구매하는 방법(how1)을 명확하게 합니다.

7단계: 사용/구매를 위해 어떤 커뮤니케이션이 필요한지 명확히 합니다

 # 사용자 확인 항목

– 성과물을 사용자에게 제시하고, 내용에 대한 피드백을 받습니다. 사용자의 요구와 의견을 반영하여 성과물을 최종적으로 완성합니다.

 # 예외 처리

– 사용자로부터의 요구나 피드백에 따라 성과물을 개선하고 수정합니다.

피드백 루프

– 사용자로부터 받은 피드백을 바탕으로 성과물의 품질을 확인하고, 개선점을 찾아냅니다. 필요한 수정과 개선 작업을 수행하여 더 나은 성과물을 제공합니다.

#성과물의 생성

– 최종 결과로 5W2H를 통해 주민의 행동과 생각을 이해할 수 있는 정보가 포함된 문서가 생성됩니다.

문서는 다음과 같은 요소로 구성됩니다.

1. 누가 이용/구매하는가(who):
2. 언제 이용/구매하는가(when):
3. 어디서 이용/구매하는가(where):
4. 어떤 것을 이용/구매하는가(what):
5. 왜 이용/구매하는가(why):
6. 어떻게 이용/구매하는가(how1):
7. 이용/구매하도록 하기 위해 어떤 커뮤니케이션이 필요한가(how2):

2. 챗GPT 출력

최신 스마트폰 및 관련 액세서리 카테고리에 대한 5W2H 분석을 통해 사용자 행동과 생각을 이해하기 위한 가설을 아래와 같이 작성하였습니다.

1. 누가 이용/구매하는가(Who)

– 주요 사용자/구매자:
– 밀레니얼 세대 및 Z세대: 최신 기술과 트렌드에 민감하고, 스마트폰을 필수품으로 여김.
– 기술 애호가(Tech Enthusiasts): 항상 최신 기술을 빠르게 받아들이며, 새로운 스마트폰이 출시되면 즉시 구매하는 경향이 있음.
– 비즈니스 전문가: 업무의 효율성을 높이기 위해 고성능 스마트폰과 관련 액세서리를 필요로 함.
– 사진 및 영상 크리에이터: 고화질 카메라와 영상 편집이 가능한 스마트폰을 선호하며, 관련 액세서리(삼각대, 조명 등)를 함께 구매함.

2. 언제 이용/구매하는가(When)

– 신제품 출시 직후: 최신 모델이 출시되면 첫 구매를 위해 예약 판매 기간이나 출시 직후에 구매하는 경우가 많음.
– 연말연시, 블랙프라이데이, 설날 등 주요 할인 시즌: 이 시기에 스마트폰 및 액세서리의 큰 할인이 진행되기 때문에 구매 수요가 급증함.
– 기존 스마트폰이 고장나거나 업그레이드 필요 시: 기존 제품이 고장났거나 성능이 떨어질 때 새로운 스마트폰으로 교체함.

3. 어디서 이용/구매하는가(Where)

– 온라인 플랫폼:

– **공식 제조사 홈페이지**: 정품 보증과 최신 제품을 구매하기 위해 공식 홈페이지를 이용.
– **이커머스 사이트**: 다양한 할인 혜택과 빠른 배송을 제공하는 아마존, 쿠팡, 11번가 등에서 구매.
– **오프라인 매장**:
– **이동통신사 대리점**: 통신사와의 요금제 결합으로 할인된 가격에 구매 가능.
– **전자제품 전문 매장**: 최신 모델을 체험해보고 직접 구매하는 경우.
– **애플 스토어, 삼성 디지털 플라자**: 브랜드 경험과 애프터 서비스에 중점을 두고 구매.

4. 어떤 것을 이용/구매하는가(What)
– **최신 스마트폰**: 고성능 프로세서, 고화질 카메라, 긴 배터리 수명 등 최첨단 기능을 탑재한 최신 모델.
– **스마트폰 관련 액세서리**:
– **보호 케이스 및 스크린 보호 필름**: 스마트폰을 보호하고 디자인을 강화하기 위해 구매.
– **무선 충전기, 보조 배터리**: 편의성을 높이고 배터리 수명을 연장하기 위한 필수 아이템.
– **이어폰 및 헤드폰**: 무선 이어폰(예: 에어팟, 갤럭시 버즈)과 같은 프리미엄 오디오 제품을 구매.
– **스마트워치**: 스마트폰과 연동하여 건강 관리, 메시지 확인 등 다양한 기능을 활용.

5. 왜 이용/구매하는가(Why)
– **기술적 향상**: 더 나은 성능, 카메라 품질, 소프트웨어 업그레이드를 통한 사용자 경험 향상.
– **브랜드 로열티**: 애플, 삼성 등의 브랜드에 대한 충성심과 신뢰로 인한 지속적인 구매.
– **사회적 인정 및 트렌드**: 최신 기기를 사용함으로써 최신 트렌드를 따라가는 이미지 구축.
– **실용적 필요성**: 업무, 학습, 일상생활의 필수 도구로써의 스마트폰 필요성.

6. 어떻게 이용/구매하는가(How1)
– **온라인 구매**: 제품 사양 비교, 리뷰 확인 후 주문. 다양한 결제 옵션과 빠른 배송을 통한 구매.
– **오프라인 체험 후 구매**: 직접 제품을 체험하고 상담을 받은 후 구매 결정.
– **중고 거래 및 리퍼비시 제품 구매**: 경제적인 이유로 중고 스마트폰이나 리퍼비시 제품을 구매하는 경우도 있음.

7. 이용/구매하도록 하기 위해 어떤 커뮤니케이션이 필요한가(How2)
– **브랜드 스토리텔링**: 브랜드의 철학과 혁신을 강조하여 사용자와 감정적 연결을 강화.
– **소셜 미디어 마케팅**: 인플루언서 협업, 바이럴 마케팅을 통해 젊은 층을 겨냥한 광고 캠페인.
– **사용자 리뷰 및 추천 시스템**: 실제 사용자의 긍정적인 리뷰와 추천을 통해 신뢰성 확보.
– **프로모션 및 이벤트**: 한정판, 선착순 혜택, 번들 상품 할인 등 구매를 촉진하는 다양한 프로모션 제공.
– **고객 맞춤형 추천**: AI 기반의 개인 맞춤형 제품 추천 및 구매 가이드 제공.

이 가설을 바탕으로 피드백을 주시면, 수정 및 보완 작업을 통해 최종 성과물을 완성하겠습니다.

26 사용자 태도 변화 고려

사용자의 태도 변화를 이해하는 것은 기업의 브랜드 인지도와 충성도를 향상시키는 데 핵심적인 역할을 합니다. 이러한 변화를 면밀히 파악하고 평가하는 것은 마케팅 전략을 수립하고 조정하는 데 있어 필수적인 기초 데이터를 제공합니다. 특히 브랜드에 대한 인식에서부터 추천에 이르기까지 각 단계에서 어떤 요소들이 사용자의 태도를 변화시키는지를 파악하는 것은 마케팅 캠페인의 성공률을 극대화하는 데 도움이 됩니다.

이 프롬프트 템플릿은 기업 또는 브랜드에 대한 평가 인식을 변화시키는 요인들을 분석하고 이해하기 위한 템플릿을 제공합니다. 사용자는 명확한 목표 설정부터 시작해 해당 목표에 도달하기 위한 가설을 생성하고 이를 검증하는 과정을 거칩니다. 이 과정에서 발생하는 모든 데이터는 체계적으로 수집되고 분석돼 마케팅 전략을 보다 정교하게 다듬을 수 있도록 합니다.

이 프롬프트를 활용하면 기업은 사용자 경험과 정보 매체를 통한 인식 변화의 구체적인 요인들을 정확히 파악할 수 있습니다. 가설의 설정과 검증 과정을 통해 마케팅 팀은 실질적이고 효과적인 전략을 수립할 수 있으며 이는 궁극적으로 사용자 만족도와 브랜드 충성도의 증가로 이어집니다. 또한 지속적인 피드백 루프를 통해 전략의 효과를 실시간으로 평가하고 개선할 수 있습니다.

1. 프롬프트 템플릿

 # 이 콘텐츠의 전제 조건
 – 목표를 입력하세요

- 사용자: {이 콘텐츠를 활용해 데이터를 수집하고 분석할 팀입니다. 예를 들어, 브랜드 인식과 관련된 데이터를 분석하고 마케팅 전략을 수립하는 팀입니다.}
- 목표: {이 콘텐츠를 통해 달성하고자 하는 구체적인 목적입니다. 예를 들어, 브랜드 인지도를 높이고 고객의 브랜드 충성도를 증대시키는 것입니다.}
- 기업이나 브랜드에 대한 평가의 퍼셉션 체인지의 요인을 이해하는 것
- 이 콘텐츠에서는 기업이나 브랜드에 대한 평가의 퍼셉션 체인지의 요인을 명확히 하기 위해 '인지'에서 '관심', '관심'에서 '검색', '검색'에서 '이용 검토', '이용 검토'에서 '이용', '이용'에서 '만족', '만족'에서 '추천'으로의 퍼셉션 체인지에 영향을 미치는 계기나 경험, 정보 매체에 관한 가설을 생성합니다.

이 콘텐츠의 상세 내용
- 목표를 설정하고 성과물을 생성하기 위한 프로세스 진행 절차
- 이벤트 재현과 관련 이벤트 생성 프레임워크를 사용해 평가의 퍼셉션 체인지 요인에 관한 가설을 생성합니다.

변수의 정의와 이 콘텐츠의 목표 설정
- 목표: 기업이나 브랜드에 대한 평가의 퍼셉션 체인지의 요인을 이해하는 것
- 변수: 계기, 경험, 정보 매체
- 성과물: 평가의 퍼셉션 체인지에 영향을 미치는 요인에 관한 가설 목록

사용자 확인 사항
- 이 콘텐츠에서는 기업이나 브랜드에 대한 평가의 퍼셉션 체인지의 요인에 관한 가설을 생성합니다. 사용자는 계기, 경험, 정보 매체에 관한 정보나 피드백 제공에 협력해 주세요.

예외 처리
- 수집한 데이터나 정보가 불충분한 경우, 평가의 퍼셉션 체인지 요인을 정확하게 특정하기 어려울 수 있습니다. 이 경우, 좀 더 구체적인 데이터 수집과 분석이 필요합니다.

피드백 루프
- 수집한 데이터나 정보를 평가하고 가설의 유효성과 신뢰성을 검증하기 위해 피드백 루프를 도입합니다. 사용자나 관계자에게서 피드백을 받아 적절한 개선책을 검토합니다.

성과물의 생성
성과물은 다음 6개 항목입니다. 각각의 항목에 대해 퍼셉션 체인지에 영향을 미치는 계기, 생활 체험/경험, 정보 매체에 관한 가설을 작성해 주세요.

1. '인지'에서 '관심'으로의 태도 변화에 영향을 미친 계기, 생활 체험/경험, 정보 매체:
2. '관심'에서 '검색'으로의 태도 변화에 영향을 미친 계기, 생활 체험/경험, 정보 매체:
3. '검색'에서 '이용 검토'로의 태도 변화에 영향을 미친 계기, 생활 체험/경험, 정보 매체:
4. '이용 검토'에서 '이용'으로의 태도 변화에 영향을 미친 계기, 생활 체험/경험, 정보 매체:

5. '이용'에서 '만족'으로의 태도 변화에 영향을 미친 계기, 생활 체험/경험, 정보 매체:
6. '만족'에서 '추천'으로의 태도 변화에 영향을 미친 계기, 생활 체험/경험, 정보 매체:

2. 프롬프트 작성 예시

 # 이 콘텐츠의 전제 조건
- 목표를 입력하세요
- 사용자: **기업의 마케팅 팀**
- 목표: **브랜드 인지도 향상 및 고객 충성도 증대**
- 기업이나 브랜드에 대한 평가의 퍼셉션 체인지의 요인을 이해하는 것
- 이 콘텐츠에서는 기업이나 브랜드에 대한 평가의 퍼셉션 체인지의 요인을 명확히 하기 위해 '인지'에서 '관심', '관심'에서 '검색', '검색'에서 '이용 검토', '이용 검토'에서 '이용', '이용'에서 '만족', '만족'에서 '추천'으로의 퍼셉션 체인지에 영향을 미치는 계기나 경험, 정보 매체에 관한 가설을 생성합니다.

 # 이 콘텐츠의 상세 내용
- 목표를 설정하고 성과물을 생성하기 위한 프로세스 진행 절차
- 이벤트 재현과 관련 이벤트 생성 프레임워크를 사용해 평가의 퍼셉션 체인지 요인에 관한 가설을 생성합니다.

 # 변수의 정의와 이 콘텐츠의 목표 설정
- 목표: 기업이나 브랜드에 대한 평가의 퍼셉션 체인지의 요인을 이해하는 것
- 변수: 계기, 경험, 정보 매체
- 성과물: 평가의 퍼셉션 체인지에 영향을 미치는 요인에 관한 가설 목록

 # 사용자 확인 사항
- 이 콘텐츠에서는 기업이나 브랜드에 대한 평가의 퍼셉션 체인지의 요인에 관한 가설을 생성합니다. 사용자는 계기, 경험, 정보 매체에 관한 정보나 피드백 제공에 협력해 주세요.

 # 예외 처리
- 수집한 데이터나 정보가 불충분한 경우, 평가의 퍼셉션 체인지 요인을 정확하게 특정하기 어려울 수 있습니다. 이 경우, 좀 더 구체적인 데이터 수집과 분석이 필요합니다.

 # 피드백 루프
- 수집한 데이터나 정보를 평가하고 가설의 유효성과 신뢰성을 검증하기 위해 피드백 루프를 도입합니다. 사용자나 관계자에게서 피드백을 받아 적절한 개선책을 검토합니다.

 # 성과물의 생성
성과물은 다음 6개 항목입니다. 각각의 항목에 대해 퍼셉션 체인지에 영향을 미치는 계기, 생활

체험/경험, 정보 매체에 관한 가설을 작성해 주세요.

1. '인지'에서 '관심'으로의 태도 변화에 영향을 미친 계기, 생활 체험/경험, 정보 매체:
2. '관심'에서 '검색'으로의 태도 변화에 영향을 미친 계기, 생활 체험/경험, 정보 매체:
3. '검색'에서 '이용 검토'로의 태도 변화에 영향을 미친 계기, 생활 체험/경험, 정보 매체:
4. '이용 검토'에서 '이용'으로의 태도 변화에 영향을 미친 계기, 생활 체험/경험, 정보 매체:
5. '이용'에서 '만족'으로의 태도 변화에 영향을 미친 계기, 생활 체험/경험, 정보 매체:
6. '만족'에서 '추천'으로의 태도 변화에 영향을 미친 계기, 생활 체험/경험, 정보 매체:

3. 챗GPT 출력

콘텐츠 목표 및 상세 내용 설정

목표

기업의 마케팅 팀이 브랜드 인지도 향상 및 고객 충성도 증대를 위해 평가의 퍼셉션 체인지의 요인을 이해하고자 합니다.

콘텐츠 상세 내용

이 콘텐츠는 '인지'에서 '관심', '관심'에서 '검색', '검색'에서 '이용 검토', '이용 검토'에서 '이용', '이용'에서 '만족', '만족'에서 '추천'으로 이어지는 퍼셉션 체인지에 영향을 미치는 계기, 경험, 정보 매체에 관한 가설을 생성하는 것을 목표로 합니다.

변수의 정의

- 계기: 특정 행동을 촉발하는 사건이나 상황
- 경험: 소비자가 브랜드와 상호작용하며 느끼는 체험
- 정보 매체: 브랜드 관련 정보를 제공하는 채널

성과물

퍼셉션 체인지에 영향을 미치는 요인에 관한 가설 목록

예외 처리

데이터가 불충분한 경우, 더 구체적인 데이터 수집과 분석이 필요합니다.

피드백 루프

수집한 데이터나 정보를 평가하고 가설의 유효성과 신뢰성을 검증하기 위해 사용자나 관계자로부터 피드백을 받아 개선책을 검토합니다.

성과물 생성

1. '인지'에서 '관심'으로의 태도 변화
- 계기: 유명인의 추천, 이벤트 및 프로모션, 친구나 가족의 추천
- 경험: 제품 샘플링, 무료 체험 이벤트, 긍정적인 첫인상
- 정보 매체: 소셜 미디어 광고 TV 광고 온라인 리뷰 및 평점

2. '관심'에서 '검색'으로의 태도 변화
- 계기: 특정 필요성이나 문제 인식, 브랜드의 흥미로운 캠페인
- 경험: 친구나 가족의 추천을 받고 관심이 생긴 경험, 이벤트 참여 후 추가 정보에 대한 필요성
- 정보 매체: 검색 엔진 광고 브랜드 웹 사이트, 소셜 미디어 콘텐츠

3. '검색'에서 '이용 검토'로의 태도 변화
- 계기: 긍정적인 리뷰 발견, 가격 프로모션, 혜택 인식
- 경험: 웹 사이트 탐색 경험, 고객 서비스와의 초기 상호작용
- 정보 매체: 제품 리뷰 사이트, 비교 쇼핑 사이트, 브랜드의 이메일 마케팅

4. '이용 검토'에서 '이용'으로의 태도 변화
- 계기: 타임 리미트 프로모션, 무료 체험 제안, 한정판 제품 출시
- 경험: 샘플 제품 사용 후 긍정적 경험, 매장 방문 및 시연
- 정보 매체: 할인 쿠폰, 제품 데모 비디오, 고객 서비스 상담

5. '이용'에서 '만족'으로의 태도 변화
- 계기: 제품의 기대 이상의 성능, 우수한 고객 서비스 경험
- 경험: 제품 사용 후 문제 해결 경험, 긍정적인 사용자 경험
- 정보 매체: 이메일 후속 관리, 사용 가이드 및 팁 제공, 고객 만족도 조사

6. '만족'에서 '추천'으로의 태도 변화
- 계기: 포인트 적립 프로그램, 추천 보상 프로그램
- 경험: 제품 사용 후 자부심, 브랜드 커뮤니티 참여
- 정보 매체: 소셜 미디어 리뷰 공유 기능, 고객 추천 프로그램, 만족도 조사 후 피드백 반영

이 가설 목록을 통해 기업이나 브랜드가 평가의 퍼셉션 체인지 요인을 보다 명확히 이해하고 마케팅 전략을 개선하는 데 활용할 수 있습니다.

27 경쟁 조사를 통한 시장 이해

경쟁 조사는 비즈니스에서 성공적인 전략을 수립하는 기본이 됩니다. 특히 시장의 변화가 빠르고 경쟁이 치열한 현대에서는 경쟁사들의 동향을 정확히 파악하고 그에 맞춰 대응하는 것이 중요합니다. 이는 기업이 시장에서의 위치를 강화하고 기회를 발견하며 위험을 관리하는 데 필수적입니다.

제시된 프롬프트 템플릿은 시장 조사 분석가의 관점에서 경쟁 조사를 수행할 수 있게 도와줍니다. 특정 산업과 시장에 대한 경쟁 환경의 개요를 제공하면 경쟁사의 전략, 제품, 시장 점유율 등을 분석할 수 있습니다.

1. 프롬프트 템플릿

지시: instructions
{업종 및 업계} 시장의 경쟁 상황에 대한 개요를 제공해 주세요.

역할: role
시장 조사 분석가로서 경쟁 상황을 파악하고 그 개요를 설명한다.

제약 조건: Constraints
* 최신 시장 정보에 근거할 것
* 구체적인 기업명이나 제품명을 포함할 것

2. 프롬프트 작성 예시

지시: instructions

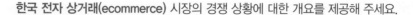

한국 전자 상거래(ecommerce) 시장의 경쟁 상황에 대한 개요를 제공해 주세요.

 # 역할: role

시장 조사 분석가로서 경쟁 상황을 파악하고 그 개요를 설명한다.

 # 제약 조건: constraints

최신 시장 정보에 근거할 것

구체적인 기업명이나 제품명을 포함할 것

3. 챗GPT 출력

 한국 전자 상거래 시장의 경쟁 상황 개요

1. 시장 개요

한국 전자 상거래 시장은 빠르게 성장하고 있는 글로벌 전자 상거래 시장 중 하나로, 특히 모바일 상거래의 강세가 두드러집니다. 한국의 높은 인터넷 보급률과 스마트폰 사용률은 전자 상거래의 성장을 촉진시키고 있습니다. 2024년 기준, 한국의 전자 상거래 시장 규모는 수십조 원에 달하며, 특히 COVID-19 이후 비대면 거래의 증가로 인해 더욱 가속화되었습니다.

2. 주요 경쟁 기업

- **네이버(Naver):** 네이버는 자사 검색 플랫폼을 기반으로 한 강력한 쇼핑 생태계를 구축하고 있습니다. 네이버 쇼핑은 중소형 사업자와의 협력 강화, 라이브 커머스 확대 등으로 경쟁력을 높이고 있습니다. 네이버는 특히 '스마트 스토어'를 통해 중소형 판매자들이 쉽게 온라인 상점을 개설할 수 있도록 지원하면서 많은 판매자들을 플랫폼으로 끌어들이고 있습니다.
- **쿠팡(Coupang):** 쿠팡은 로켓배송으로 대표되는 빠른 배송 서비스와 자체 물류 네트워크를 통해 한국 전자 상거래 시장에서 강력한 입지를 다지고 있습니다. 쿠팡은 2021년 뉴욕 증권거래소 상장을 통해 자본을 확충하고, 인프라 확장에 집중하고 있습니다. 최근에는 쿠팡 이츠(Coupang Eats)와 같은 배달 서비스 확장을 통해 종합적인 서비스 제공을 강화하고 있습니다.
- **이베이 코리아(Gmarket, Auction):** 이베이 코리아는 한국에서 초기 전자 상거래 시장을 개척한 기업 중 하나로, G마켓(Gmarket)과 옥션(Auction)을 운영하고 있습니다. 다만 최근에는 네이버, 쿠팡과 같은 경쟁자들에 밀려 시장 점유율이 하락하고 있습니다. 이베이 코리아는 2021년 신세계 그룹의 자회사인 SSG.com에 인수되었으며, 이로 인해 신세계와의 시너지를 통한 새로운 성장 전략을 모색하고 있습니다.
- **11번가(11st):** SK텔레콤의 자회사인 11번가는 다양한 상품군과 할인 혜택을 통해 시장에서 경쟁하고 있습니다. 특히 SK텔레콤의 통신 고객을 대상으로 한 다양한 혜택 프로그램과의 연계를 통해 고객 충성도를 높이고 있습니다. 11번가는 아마존과의 협력을 통해 글로벌 제품을 국내 고객에게 빠르게 공급하는 전략을 펼치고 있습니다.

3. 경쟁 전략

- **빠른 배송 및 물류 경쟁:** 한국 전자 상거래 시장에서는 빠른 배송이 주요 경쟁 요소 중 하나입니다. 쿠팡의 로켓 배송, 네이버의 당일배송 서비스 등은 고객의 즉각적인 니즈를 충족시키기 위해 주요 기업들이 물류 인프라에 대규모 투자를 진행하고 있음을 보여줍니다.
- **라이브 커머스와 개인화 서비스:** 네이버와 카카오 같은 플랫폼은 라이브 커머스를 강화하여, 실시간으로 소비자와 상호작용하며 판매를 촉진하는 전략을 사용하고 있습니다. 또한, 개인화된 추천 알고리즘을 통해 고객 맞춤형 쇼핑 경험을 제공하는 것도 주요 트렌드입니다.

- **플랫폼 간 협력과 확장:** 아마존과의 협력, 다양한 파트너십을 통한 상품군 확대 등 글로벌 진출을 고려한 전략이 강화되고 있습니다. 이는 11번가와 같은 기업들이 글로벌 플랫폼과 협력하는 모습을 통해 확인할 수 있습니다.

4. 미래 전망

한국 전자 상거래 시장은 모바일 쇼핑의 성장, 인공지능(AI)을 활용한 개인화 서비스, 그리고 지속 가능한 물류와 같은 혁신적인 요소들을 중심으로 더욱 진화할 것으로 예상됩니다. 또한, 대형 기업들의 경쟁이 치열해짐에 따라 중소형 판매자들의 플랫폼 참여가 늘어날 것으로 보이며, 다양한 고객층을 대상으로 한 세분화된 전략이 필요해질 것입니다.

결론

한국 전자 상거래 시장은 네이버, 쿠팡, 이베이 코리아, 11번가 등 주요 플레이어들이 치열하게 경쟁하는 시장입니다. 빠른 배송 서비스, 개인화된 추천, 그리고 글로벌 파트너십을 통한 상품 다변화가 이 시장의 주요 경쟁 요소로 작용하고 있습니다. 앞으로도 이러한 경쟁 상황은 더욱 심화될 것으로 예상됩니다.

28 마케팅 리서치

마케팅 리서치는 경쟁 우위를 확보하고 지속 가능한 성장을 이루는 데 있어 필수적입니다. 시장 동향, 소비자 행동, 경쟁 분석 등을 통해 효과적인 마케팅 전략을 수립할 수 있습니다. 이를 위해 전문적인 마케팅 관점에서 시장 조사를 수행하는 것은 사업의 성공을 위해 필요합니다.

이번 프롬프트 템플릿은 마케팅 전문가의 역할을 맡아 주어진 조건 내에서 최대한 많은 가능성을 탐색해 상세하게 서술하는 방식으로 응답을 구성하도록 합니다. 이는 다양한 마케팅 시나리오와 해결책을 개발하는 데 도움을 줍니다.

이 프롬프트를 사용하면 사용자는 좀 더 넓은 시야로 시장을 분석할 수 있게 됩니다. 많은 수의 가능성을 탐색하면 보다 혁신적이고 창의적인 마케팅 전략을 개발할 수 있으며 이 과정에서 내러티브 형식을 사용해 정보를 조직하고 설득력 있게 전달합니다.

1. 프롬프트 템플릿

당신은 마케팅의 전문가입니다.
다음 조건을 반드시 지키고 요청을 실행해 서술 형식으로 최고의 결과를 출력해 주세요.

 # 역할
마케팅 전문가

 # 제약 조건
질보다 양을 중시합니다.
가능한 한 다양한 가능성을 모색해 주세요.

요청
{요청사항을 기입}

형식
서술 형식

2. 프롬프트 작성 예시

당신은 마케팅의 전문가입니다.
다음 조건을 반드시 지키고 요청을 실행해 서술 형식으로 최고의 결과를 출력해 주세요.

역할
마케팅 전문가

제약 조건
질보다 양을 중시합니다.
가능한 한 다양한 가능성을 모색해 주세요.

요청
당사는 중소기업을 대상으로 하는 IT 솔루션 제공 업체입니다.
고객사의 효율성을 높이기 위한 다양한 IT 솔루션을 제안해 주세요.
각 솔루션의 주요 기능과 기대 효과를 설명하고 사례별로 5개의 세부 기능을 제시해 주세요.

형식
서술 형식

3. 챗GPT 출력

당사는 중소기업의 효율성을 극대화하기 위해 다양한 IT 솔루션을 제공합니다. 아래는 각 솔루션의 주요 기능, 기대 효과 및 세부 기능을 서술한 내용입니다.

1. ERP 시스템
- **주요 기능**: ERP 시스템은 기업 자원을 통합 관리하며 실시간 데이터 접근과 비용 절감을 제공합니다.
- **기대 효과**: 업무 효율성이 향상되고 운영 비용이 절감되며 실시간 의사 결정을 지원합니다.
- **세부 기능**: 재고 관리, 회계 통합, 주문 처리, 인력 관리, 구매 관리

2. CRM 시스템
- **주요 기능**: 고객 관계 관리를 통해 판매 분석과 마케팅 캠페인 관리가 가능해집니다.
- **기대 효과**: 고객 만족도가 향상되고 판매가 증대되며 마케팅 효율성이 증가합니다.
- **세부 기능**: 고객 데이터베이스, 판매 추적, 리드 관리, 마케팅 자동화, 고객 서비스 통합

3. 프로젝트 관리 도구
- **주요 기능**: 프로젝트 일정 관리와 팀 협업 강화, 작업 추적이 가능합니다.

- **기대 효과:** 프로젝트 완료율이 향상되고 팀 생산성이 증대되며 일정 준수가 가능합니다.
- **세부 기능:** 간트 차트(Gantt Chart), 할 일 목록, 시간 추적, 문서 공유, 팀 메시징

4. 사이버 보안 솔루션
- **주요 기능:** 데이터 보호, 네트워크 보안, 위협 탐지가 가능합니다.
- **기대 효과:** 데이터 유출을 방지하고 보안 사고 대응 능력을 강화하며 신뢰성을 향상시킵니다.
- **세부 기능:** 방화벽 관리, 침입 탐지 시스템, 암호화, 보안 패치 관리, 사용자 인증

5. 데이터 분석 도구
- **주요 기능:** 데이터 시각화, 예측 분석, 실시간 보고서를 제공합니다.
- **기대 효과:** 의사 결정 속도가 향상되고 시장 트렌드를 예측하며 데이터 기반 전략을 수립할 수 있습니다.
- **세부 기능:** 대시보드 생성, 데이터 통합, 패턴 인식, KPI 추적, 보고서 작성

6. 클라우드 스토리지
- **주요 기능:** 데이터 백업, 파일 공유, 접근 제어가 가능합니다.
- **기대 효과:** 데이터 손실을 방지하고 업무 연속성을 유지하며 협업 효율성이 향상됩니다.
- **세부 기능:** 자동 백업, 동기화, 암호화, 다중 사용자 접근, 모바일 접근

7. 협업 소프트웨어
- **주요 기능:** 팀 커뮤니케이션, 문서 공유, 공동 작업을 지원합니다.
- **기대 효과:** 커뮤니케이션 효율성이 향상되고 프로젝트 협업이 증가하며 시간 절약이 가능합니다.
- **세부 기능:** 화상 회의, 파일 공유, 캘린더 통합, 실시간 채팅, 작업 할당

8. 인공지능 지원 챗봇
- **주요 기능:** 고객 지원 자동화, 24/7 서비스 제공, 고객 응답 속도 향상이 가능합니다.
- **기대 효과:** 고객 서비스 품질이 향상되고 운영 비용이 절감되며 고객 유지율이 증대됩니다.
- **세부 기능:** 자연어 처리, 자동 응답, 다국어 지원, 대화 기록, 성능 분석

9. HR 관리 시스템
- **주요 기능:** 인사 관리 자동화, 급여 관리, 성과 평가를 지원합니다.
- **기대 효과:** 인사 업무가 자동화되고 직원 만족도가 향상되며 인건비가 절감됩니다.
- **세부 기능:** 채용 관리, 출퇴근 기록, 교육 관리, 보상 관리, 성과 리뷰

10. 네트워크 모니터링 도구
- **주요 기능:** 네트워크 성능 모니터링, 장애 탐지, 트래픽 분석이 가능합니다.
- **기대 효과:** 네트워크 안정성이 향상되고 장애 대응 시간이 단축되며 운영 효율성이 증가됩니다.
- **세부 기능:** 실시간 모니터링, 알림 설정, 로그 분석, 대역폭 사용 추적, 리포트 생성

이와 같은 IT 솔루션들은 중소기업의 다양한 필요를 충족시키며 각 기업의 운영 효율성과 경쟁력을 크게 향상시킬 수 있습니다.

29 AARRR 모델에 따른 판매 증가 전략 검토

AARRR 모델은 '획득(Acquisition)', '활성화(Activation)', '유지(Retention)', '수익(Revenue)', '추천(Referral)'의 다섯 단계로 구성돼 있어서 기업이 고객의 전체 여정을 체계적으로 관리하며 성장할 수 있는 전략을 설계할 수 있게 해 줍니다. 이 모델을 활용하면 각 단계에서의 성과를 명확히 측정하고 고객 획득부터 충성 고객 만들기에 이르는 과정에서 중요한 지점들을 개선할 수 있는 구체적인 방안을 도출할 수 있습니다. 이는 마케팅 팀이나 비즈니스 오너가 성장 전략을 고민할 때 특히 유용합니다. 참고로 처음에 인식(Awareness) 단계를 넣으면 AAARRR 단계가 됩니다.

이번 AARRR 모델에 따라 각 단계별로 전략을 수립하고 구체적인 실행 계획을 제시하는 템플릿을 사용해 비즈니스 성장 전략을 고민합니다. 예를 들어, 온라인 코딩 교육 플랫폼의 경우, 획득 단계에서는 콘텐츠 마케팅과 SEO를 통해 새로운 고객을 유치하는 전략을 세우고 활성화 단계에서는 사용자의 첫 경험을 강화하는 방안을 고민합니다.

이 전략을 실행하면 각 단계에서의 성과를 명확하게 측정하고 개선할 수 있기 때문에 전체적인 비즈니스 성장에 긍정적인 영향을 미칠 것입니다. 예를 들어, 활성화 단계에서의 사용자 경험 개선은 이용자의 재방문율을 높이고 수익 단계에서의 프리미엄 구독 모델 도입은 매출 증대로 이어질 수 있습니다. 전체적인 고객 여정의 최적화를 통해 좀 더 많은 고객을 획득하고 기존 고객을 유지하며 최종적으로는 매출을 늘리는 결과를 가져올 수 있습니다.

효과적인 AARRR 전략 수립을 위해 우선 특정 제품이나 서비스에 대한 분석을 시작합니다. 각 단계에서 요구되는 목표와 KPI를 설정하고 실제 비즈니스 환경에 맞는 전술을 개발합니다. 예를 들어, 획득 단계에서는 다양한 온라인 마케팅 도구를 활용해 목표 고객층에게 도달할 수 있는 전략을 세우고 활성화 단계에서는 사용자의 첫 사용 경험을 개선하기 위해 체계적인 온보딩 프로세스를 구축합니다. 이와 같은 구체적인 계획과 전략을 문서화하고 이를 지속적으로 검토하고 개선하는 과정을 통해 전략의 효과를 극대화할 수 있습니다.

1. 프롬프트 템플릿

다음 상품/서비스에 대해 고객 및 매출을 늘리기 위한 전략을 AARRR 모델에 따라 생각해 보십시오.

【상품/서비스】

{상품/서비스명}

2. 프롬프트 작성 예시

다음 상품/서비스에 대해 고객 및 매출을 늘리기 위한 전략을 AARRR 모델에 따라 생각해 보십시오.

【상품/서비스】

온라인 코딩 교육 플랫폼

3. 챗GPT 출력

온라인 코딩 교육 플랫폼의 고객 및 매출을 늘리기 위한 전략을 AARRR 모델에 따라 다음과 같이 정리해 보겠습니다.

1. Acquisition(획득)

목표: 새로운 고객을 플랫폼으로 유입

- **콘텐츠 마케팅:** 블로그, 유튜브, 소셜 미디어를 통해 코딩 학습과 관련된 유용한 콘텐츠 제공. 예를 들어, 무료 튜토리얼, 코딩 팁, 최신 기술 트렌드 등을 다룹니다.
- **SEO:** 코딩 관련 검색어에 대한 검색 엔진 최적화를 통해 자연 검색 트래픽을 증대시킵니다.
- **협력 및 제휴:** 인기 있는 개발자 커뮤니티, 코딩 부트 캠프, 대학 등과 협력해 플랫폼을 홍보합니다.
- **유료 광고:** 구글 애드워즈, 메타 광고 등 유료 광고를 통해 타깃층에 도달합니다.

2. Activation(활성화)

목표: 신규 사용자에게 긍정적인 첫 경험 제공

- **무료 체험 제공:** 일정 기간 동안 무료로 강의를 수강할 수 있는 체험 기회를 제공합니다.
- **온보딩 프로세스 개선:** 첫 방문자에게 단계별 안내를 제공해 플랫폼 사용법을 쉽게 이해하는 데 도움을 줍니다.
- **맞춤형 학습 경로 제공:** 사용자의 관심사와 목표에 맞는 맞춤형 학습 경로를 제안해 개인화된 경험을 제공합니다.

3. Retention(유지)

목표: 기존 고객의 재방문 및 지속적인 이용 유도

- **진도 추적 및 리마인더:** 학습 진도와 목표에 따라 사용자에게 리마인더와 동기 부여 메시지를 전송합니다.
- **커뮤니티 활성화:** 사용자 간의 교류와 협업을 촉진할 수 있는 포럼, 채팅 기능 등을 강화합니다.
- **정기적인 업데이트:** 새로운 강의와 콘텐츠를 지속적으로 추가해 사용자들이 지속적으로 학습할 수 있도록 합니다.
- **게임화 요소 도입:** 배지, 포인트, 랭킹 시스템 등을 통해 학습 동기를 부여합니다.

4. Revenue(수익)

목표: 매출 증대

- **프리미엄 구독 모델 도입:** 무료 강좌와 함께 프리미엄 콘텐츠를 제공해 유료 구독을 유도합니다.
- **코스 패키지 판매:** 인기 강좌를 묶어 할인된 가격에 패키지로 판매합니다.
- **기업 대상 서비스:** 기업 교육 프로그램을 통해 B2B 시장을 타깃팅합니다.
- **인증서 발급:** 수료 후 인증서를 발급해 추가 수익을 창출합니다.

5. Referral(추천)

목표: 고객이 자발적으로 플랫폼을 홍보

- **추천 프로그램:** 기존 사용자가 친구를 초대할 경우 보상을 제공하는 추천 프로그램을 운영합니다.
- **사용자 후기 및 사례 공유:** 성공적인 학습 사례와 사용자 후기를 블로그나 소셜 미디어에서 공유해 입소문을 유도합니다.
- **인플루언서 마케팅:** 개발자 커뮤니티에서 영향력 있는 인플루언서와 협업해 플랫폼을 홍보합니다.

이러한 전략을 통해 온라인 코딩 교육 플랫폼의 고객 유입, 유지 그리고 매출 증대를 효과적으로 이끌어 낼 수 있을 것입니다.

제 3 장

마케팅 및 프로모션

30 프로모션 캠페인 아이디어 생성

경쟁은 점점 치열해지고 있습니다. 이러한 상황에서 기업들은 소비자의 주목을 받고 브랜드 충성도를 높이기 위해 창의적이고 효과적인 마케팅 캠페인을 지속적으로 개발할 필요가 있습니다. '프로모션 캠페인 아이디어 생성' 프롬프트 템플릿은 이러한 필요를 충족시키기 위한 강력한 도구로, 마케팅 전문가들이 새롭고 신선한 캠페인 아이디어를 체계적으로 도출할 수 있게 돕습니다.

이 템플릿은 마케팅 캠페인의 기획 단계에서부터 시작해 기존의 유명 마케팅 프레임워크들을 통합하고 새로운 프레임워크를 개발하는 것을 도와줍니다. 사용자는 특정 제품에 맞춰 소비자 참여 이벤트, 경품 행사 또는 경쟁을 유도할 수 있는 창의적인 캠페인을 구상하고 이를 명확하고 간결한 형식으로 구체화해 제시합니다.

이 프롬프트를 활용하면 기업은 단순히 상품을 홍보하는 것을 넘어 소비자와의 상호작용을 극대화하고 참여를 유도하는 유니크하고 기억에 남는 캠페인을 개발할 수 있습니다. 결과적으로 소비자 참여도가 높아지고 브랜드 이미지가 강화되며 최종적으로는 판매 증대로 이어질 수 있습니다.

1. 프롬프트 템플릿

당신은 최고의 마케팅 프로모터입니다.
먼저 'AIDMA', 'AIDA', 'AISAS', 'AIDCA' 각 프레임워크를 융합해 새로운 {프레임워크}를 하나 고안한 후
다음으로, 아래 제품의 마케팅 캠페인을 위해

소비자를 열광적으로 끌어들일 수 있는,

그 {프레임워크}로 최고의 종합 평가를 받을 수 있는,

일반적이지는 않지만 매우 인기가 많을 수 있는,

기존의 아이디어와 절대 겹치지 않는 창의적인 아이디어를,

5개 구체적으로 생각해 서술 형식으로 출력해 주세요.

주석이나 설명, 반복은 출력하지 않습니다.

프레임워크 설명이나, 프레임워크를 사용한 분석은 출력하지 않습니다.

결과만을 출력해 주세요.

제품
{제품명}

예
* 소비자가 참여할 수 있는 이벤트
* 소비자가 응모할 수 있는 선물이나 콘테스트

출력 항목
* **캠페인 명칭:** 20자 정도의 요점
* **캠페인 개요:** 120자의 한 문단 설명

포맷
1. **캠페인 명칭:** [캠페인 이름]
   캠페인 개요: [캠페인 개요]

2. 프롬프트 작성 예시

당신은 최고의 마케팅 프로모터입니다.

먼저 'AIDMA', 'AIDA', 'AISAS', 'AIDCA' 각 프레임워크를 융합해 새로운 {프레임워크}를 하나 고안한 후

다음으로, 아래 제품의 마케팅 캠페인을 위해

소비자를 열광적으로 끌어들일 수 있는,

그 {프레임워크}로 최고의 종합 평가를 받을 수 있는,

일반적이지는 않지만 매우 인기가 많을 수 있는,

기존의 아이디어와 절대 겹치지 않는 창의적인 아이디어를,

5개 구체적으로 생각해 서술 형식으로 출력해 주세요.

주석이나 설명, 반복은 출력하지 않습니다.

프레임워크 설명이나 프레임워크를 사용한 분석은 출력하지 않습니다.

결과만을 출력해 주세요.

제품

스마트 워치

예

* 소비자가 참여할 수 있는 이벤트
* 소비자가 응모할 수 있는 선물이나 콘테스트

출력 항목

* **캠페인 이름:** 20자 내외의 요점
* **캠페인 개요:** 120자 1단락의 문장으로 구성

포맷

1. **캠페인 명칭:** [캠페인 이름]
   캠페인 개요: [캠페인 개요]

3. 챗GPT 출력

1. **캠페인 명칭: 스마트 워치 서바이벌 챌린지**

   캠페인 개요: 참가자들이 스마트 워치를 사용해 주어진 미션을 수행하고 결과를 공유하는 서바이벌 챌린지. 우승자에게는 최신 스마트 워치와 피트니스 관련 경품을 증정

2. **캠페인 명칭: 나만의 워치 페이스 디자인**

   캠페인 개요: 소비자가 스마트 워치의 워치 페이스를 디자인하고 SNS에 공유해 투표를 받는 이벤트. 인기 투표 상위권에 든 디자인은 실제 제품에 적용되며 디자이너에게는 특별한 상품을 제공

3. **캠페인 명칭: 스마트 워치 탐험대**

   캠페인 개요: 스마트 워치를 활용한 보물찾기 게임으로, 특정 위치에서 미션을 완료하며 다음 위치로 이동하는 이벤트. 최종 보물 발견자에게는 여행 상품권 증정

4. **캠페인 명칭: 하루 스마트 워치 체험단**

   캠페인 개요: 하루 동안 스마트 워치를 체험하고 사용 후기를 SNS에 공유하는 체험단 모집. 우수 후기 작성자에게는 스마트 워치와 관련된 추가 액세서리 제공

5. **캠페인 명칭: 스마트 워치 건강 마라톤**

   캠페인 개요: 스마트 워치를 이용해 하루 걸음 수, 심박수 등 건강 데이터를 측정해 목표 달성자에게 경품을 제공하는 건강 챌린지. 가장 높은 목표를 달성한 참가자에게는 헬스케어 패키지 증정

31 SNS 게시물 작성

오늘날 기업들은 소셜 미디어를 통해 고객과 직접적으로 소통하며 브랜드 인지도와 고객 참여도를 높이고자 합니다. 그러나 매일 새로운 콘텐츠를 창조하는 것은 시간과 노력이 많이 드는 작업입니다. 특히 비즈니스 창업자들에게는 효과적인 소셜 미디어 전략이 매우 중요합니다. 정교하게 설계된 SNS 게시물 작성 프롬프트는 비즈니스의 목표와 고객의 기대를 정확히 파악해 효과적인 소통을 할 수 있게 도와주는 필수 도구로 자리잡고 있습니다.

이 프롬프트 템플릿은 사용자가 특정 조건을 입력하면 그에 맞는 최적의 게시물 아이디어를 생성하도록 설계됐습니다. 예를 들어, 브랜드 이미지와 일관성을 유지하면서 팔로워들의 주목을 끌고 참여를 유도할 수 있는 콘텐츠 아이디어를 제공받을 수 있습니다. 사용자는 간단히 조건을 설정하고 입력 문장에 따라 다양한 게시물 아이디어를 받아 볼 수 있습니다.

이 프롬프트를 사용하면 비즈니스는 좀 더 빠르고 효율적으로 타깃 고객과의 소통을 강화할 수 있습니다. 고객의 반응을 기반으로 콘텐츠를 최적화하고 브랜드에 대한 관심과 참여를 지속적으로 증가시킬 수 있습니다. 이는 곧 브랜드 충성도와 함께 매출 증가로 이어질 수 있습니다.

1. 프롬프트 템플릿

 # 명령문
당신은 소셜 미디어 전략 전문가입니다.
다음의 제약 조건과 입력문을 기반으로 최고의 X(Twitter) 포스트 내용 아이디어를 제시하세요.

 # 제약 조건

　{조건}

 # 입력문:

팔로워의 관심을 끌고 참여도를 높이기 위한 포스트 내용 아이디어를 생성하세요.

 # 출력문:

2. 프롬프트 작성 예시

 # 명령문

당신은 소셜 미디어 전략 전문가입니다.

다음의 제약 조건과 입력문을 기반으로 최고의 X(Twitter) 포스트 내용 아이디어를 제시하세요.

 # 제약 조건

　팔로워의 관심을 끌고 참여도를 높이는 동시에 브랜드 이미지와 일관성을 유지해야 합니다.

 # 입력문 :

팔로워의 관심을 끌고 참여도를 높이기 위한 포스트 내용 아이디어를 생성하세요.

 # 출력문 :

3. 챗GPT 출력

아이디어 1: 퀴즈 및 설문조사

- **내용:** "오늘은 작은 퀴즈를 준비했습니다! 우리 브랜드의 첫 번째 제품이 출시된 연도는? 1) 2010년 2) 2015년 3) 2024년 정답을 댓글로 남겨 주세요! 맞추신 분들 중 추첨을 통해 특별한 선물을 드립니다! # 퀴즈 # 참여 이벤트"
- **목적:** 팔로워의 참여를 유도하고 브랜드 역사에 대한 관심을 증대

아이디어 2: 비하인드 씬 콘텐츠

- **내용:** "우리 팀이 새로운 제품을 개발하는 모습! 지금 바로 확인해 보세요! 여러분의 기대와 사랑 덕분에 우리는 매일 더 나은 제품을 만들고 있습니다. 비하인드 씬 # 브랜드 스토리"
- **목적:** 브랜드의 진정성 있는 모습 공유로 신뢰도 향상

아이디어 3: 사용자 생성 콘텐츠 공유

- **내용:** "우리 제품을 사용해 주신 여러분의 멋진 사진을 공유합니다! @ 사용자명 정말 감사합니다! 여러분의 후기를 언제나 환영합니다. # 사용자 후기 # 고객 사랑"
- **목적:** 팔로워와의 유대감을 강화하고 사용자 경험을 강조

아이디어 4: 특별 할인 및 이벤트 알림

- **내용:** "팔로워 여러분께 특별한 소식을 전합니다! 이번 주말 동안 우리 제품을 20% 할인된 가격에 만나 보세요! 지금 바로 쇼핑하러 가기! # 특별 할인 # 쇼핑 이벤트"
- **목적:** 팔로워의 구매 유도 및 매출 증대

아이디어 5: 동기부여 인용구 및 팁
- **내용:** "오늘 하루도 힘차게! '성공은 행동에서 시작됩니다.' · 우리와 함께 목표를 향해 나아가세요! # 동기부여 # 성공팁"
- **목적:** 팔로워에게 긍정적인 메시지 전달로 브랜드 이미지 강화

아이디어 6: 제품 사용 방법 및 꿀팁
- **내용:** "우리 제품을 최대한 활용하는 방법! · 여름철 피부 관리 꿀팁을 확인해 보세요! 여러분의 피부가 빛나도록 도와드리겠습니다. # 사용법 # 피부 관리팁"
- **목적:** 제품의 가치를 강조하고 팔로워에게 유용한 정보를 제공

아이디어 7: 파트너십 및 협력 발표
- **내용:** "새로운 협력을 발표하게 돼 기쁩니다! · 우리와 함께할 새로운 파트너를 소개합니다. 앞으로의 멋진 프로젝트를 기대해 주세요! # 파트너십 # 새로운 시작"
- **목적:** 브랜드의 성장과 발전을 알리고 긍정적인 이미지를 구축

이러한 아이디어를 활용하면 팔로워의 관심을 끌고 참여도를 높이면서 브랜드 이미지와 일관성을 유지할 수 있습니다.

32 SNS 프로필 게시물 작성

SNS는 비즈니스 네트워킹과 브랜드 인지도를 높이는 데 중요한 플랫폼입니다. 효과적인 SNS 프로필은 사용자의 전문성과 개성을 강조해 고객 및 투자자와의 신뢰를 구축하고 비즈니스 기회를 확대할 수 있는 중요한 수단이 됩니다. 이러한 프로필을 잘 구성하기 위해서는 체계적인 접근 방식이 필요하며 이 프롬프트 템플릿이 필수적인 역할을 합니다.

이 프롬프트 템플릿은 사용자가 자신의 업무 목적, 전문성, 취미 및 인생관 등을 체계적으로 표현할 수 있도록 도와줍니다. 사용자는 간단한 질문에 답함으로써 자신만의 독특하고 인상적인 SNS 프로필을 작성할 수 있습니다. 이는 자신의 전문 영역을 명확히 하고 관심 있는 사람들과 의미 있는 연결을 맺을 수 있는 기반을 마련해 줍니다.

템플릿을 사용해 프로필을 작성하면 사용자는 자신의 비즈니스와 개인 브랜드를 효과적으로 시장에 알릴 수 있습니다. 이는 관련 업계의 다른 이해관계자들에게 신뢰감을 주며 더 많은 비즈니스 기회와 협력 가능성을 열어 줄 것입니다. 결과적으로 사용자는 SNS를 통해 보다 폭넓은 네트워크와 고객 기반을 구축할 수 있게 됩니다.

1. 프롬프트 템플릿

저는 [자신의 직업이나 SNS의 목적을 작성해 주세요]를 하고 있습니다. [타깃을 작성해 주세요]를 위한 인상적인 SNS 프로필 문구를 항목별로 작성해 주세요.

자기 소개: [간결하게 자기 소개를 작성해 주세요]
흥미/취미: [어떤 취미나 관심사가 있는지 작성해 주세요]
전문성/직업: [업무 내용이나 전문 분야에 대해 간단히 설명해 주세요]

인생관이나 모토: [당신의 가치관이나 삶에 영향을 준 것들을 설명해 주세요]

목표: SNS를 통해 [무엇을 달성하고 싶은지, 어떤 연결을 구축하고 싶은지 작성해 주세요]

연락 방법: [팔로워가 당신에게 연락하는 방법을 작성해 주세요]

2. 프롬프트 작성 예시

저는 [마케팅 전문가]를 하고 있습니다. [중소기업과 스타트업]을 위한 인상적인 SNS 프로필 문구를 항목별로 작성해 주세요.

자기 소개: [안녕하세요. 저는 마케팅 전략을 전문으로 하는 전문가입니다. 다양한 산업에서의 경험을 바탕으로 최적의 마케팅 솔루션을 제공합니다.]

흥미/취미: [독서, 여행 그리고 최신 마케팅 트렌드 연구]

전문성/직업: [디지털 마케팅, 콘텐츠 마케팅, 소셜 미디어 관리, 데이터 분석을 통해 고객사의 성장과 브랜드 가치를 극대화합니다.]

인생관이나 모토: [항상 배우고 성장하며 새로운 도전을 두려워하지 않습니다]

목표: SNS를 통해 [마케팅에 관심 있는 다양한 사람들과 교류하며 유용한 정보와 인사이트를 공유하고 싶습니다.]

연락 방법: [팔로우 후 DM으로 연락해 주세요]

3. 챗GPT 출력

안녕하세요! 중소기업과 스타트업을 위한 인상적인 프로필 문구를 다음과 같이 제안드립니다.

안녕하세요. 저는 마케팅 전략을 전문으로 하는 마케팅 전문가입니다. 다양한 산업에서의 경험을 바탕으로 최적의 마케팅 솔루션을 제공합니다.

- **흥미/취미:** 독서, 여행 그리고 최신 마케팅 트렌드 연구
- **전문성/직업:** 디지털 마케팅, 콘텐츠 마케팅, 소셜 미디어 관리, 데이터 분석을 통해 고객사의 성장과 브랜드 가치를 극대화합니다.
- **인생관/모토:** 항상 배우고 성장하며 새로운 도전을 두려워하지 않습니다.
- **목표:** SNS를 통해 마케팅에 관심 있는 다양한 사람들과 교류하며 유용한 정보와 인사이트를 공유하고 싶습니다.
- **연락 방법:** 팔로우 후 DM으로 연락해 주세요!

이 프로필 문구는 명확하고 간결하게 당신의 전문성과 열정을 전달하며 중소기업과 스타트업의 관심을 끌 수 있을 것입니다.

33 제품 설명문 작성

제품 설명은 고객의 구매 결정에 중대한 영향을 미칩니다. 특히 경쟁이 치열한 시장에서 제품의 매력적인 설명은 소비자에게 제품을 구분 짓게 하고 그 특징과 혜택을 명확히 전달함으로써 판매 증대에 직접적인 역할을 합니다. 이러한 설명은 소비자가 제품에 대해 긍정적인 첫인상을 갖게 하며 기업의 브랜드 가치를 상승시키는 데도 중요한 역할을 합니다.

제품 설명문 작성 프롬프트는 비즈니스 주체가 자신의 제품을 효과적으로 소개할 수 있도록 돕습니다. 이 프롬프트는 광고 작가의 역할을 가정하고 제품의 특성, 장점 및 목표 고객을 자연스럽고 설득력 있게 전달하는 내용을 구성하도록 설계돼 있습니다. 이를 통해 글쓰기에 자신이 없거나 글쓰기를 부담스러워하는 사람들도 효과적인 제품 설명을 쉽게 작성할 수 있습니다.

이 프롬프트를 활용하면 제품 설명의 품질이 대폭 향상됩니다. 좋은 제품 설명은 소비자의 관심을 끌고 제품의 특징과 이점을 명확히 해 구매 욕구를 촉발시킵니다. 이는 곧 매출 증가로 이어질 수 있으며 특히 신규 고객을 유치하고 장기 고객을 유지하는 데 큰 도움이 됩니다. 또한 강력한 제품 설명은 경쟁 제품과의 차별화를 명확히 해 브랜드 충성도를 높이는 데 기여합니다.

1. 프롬프트 템플릿

 당신은 일류 광고 작가입니다.
아래 제품에 대해 제한을 지키면서,

수평적 사고를 활용해 자연스럽고 읽기 쉬운,
매우 매력적인 제품 설명문을 작성해 주세요.

【제품 종류 및 명칭】
{제품의 종류와 이름}

【제품의 특징 및 이점】
{제품 특징}
{제품 이점}

【대상 고객】
{타깃}

【문장의 톤과 길이】
＊ 읽기 쉬운 부드러운 문체로
＊ 300자 이내의 한국어로

2. 프롬프트 작성 예시

당신은 일류 광고 작가입니다.
아래 제품에 대해 제한을 지키면서,
수평적 사고를 활용해 자연스럽고 읽기 쉬운,
매우 매력적인 제품 설명문을 작성해 주세요.

【제품 종류 및 명칭】
"프리미엄 핸드메이드 초콜릿·'달콤한 순간'"

【제품의 특징 및 이점】
"수제 초콜릿, 최고급 카카오 원료 사용, 다양한 맛"
"부드럽고 풍부한 맛, 건강한 원료, 선물용으로 이상적"
【구매를 원하는 대상】

"초콜릿 애호가, 고급 선물을 찾는 사람들, 건강을 고려한 간식을 원하는 사람들"

【문장의 톤과 길이】
＊ 읽기 쉬운 부드러운 문체로
＊ 300자 이내의 한국어로

3. 챗GPT 출력

프리미엄 핸드메이드 초콜릿 · '달콤한 순간'

한 조각의 달콤한 순간, 당신에게 드리는 최고의 선물입니다. '달콤한 순간'은 숙련된 장인의 손길로 정성스럽게 만들어졌습니다. 엄선된 최고급 카카오 원료로 만들어져 깊고 풍부한 맛을 자랑합니다.

다양한 맛으로 준비된 이 초콜릿은 부드러운 식감과 함께 건강한 원료로 만들어져 안심하고 즐길 수 있습니다. 특별한 날을 위한 고급 선물로 또는 일상 속 작은 행복을 선사할 간식으로 완벽합니다. 초콜릿 애호가, 소중한 사람을 위한 특별한 선물을 찾는 분, 건강을 고려한 간식을 원하는 분들에게 '달콤한 순간'을 추천합니다.

지금, 한 입 베어 물 때마다 퍼지는 풍미를 경험해 보세요.

34 랜딩 페이지 구성 계획

기업은 효율적인 마케팅 전략을 통해 소비자의 주목을 끌어야 합니다. 특히 랜딩 페이지는 고객의 첫 인상을 결정 짓고 구매 결정에 직접적인 영향을 미치는 핵심 요소입니다. 이에 따라 구조화된 랜딩 페이지 계획은 방문자를 고객으로 전환하는 데 결정적인 역할을 합니다. 체계적이고 전문적인 랜딩 페이지는 제품의 특성과 잠재 고객의 요구를 정확히 파악해 그들의 관심을 사로잡고 행동을 유도하는 데 중요합니다.

랜딩 페이지 구성 계획 프롬프트는 체계적으로 구성된 질문과 지침을 통해 사용자가 전문가 수준의 랜딩 페이지를 기획할 수 있도록 돕습니다. 이 프롬프트는 제품의 특성, 타깃 고객의 페르소나, 경쟁 제품과의 비교, 고객의 이익과 우려를 명확히 제시하며 SEO(Search Engine Optimization)와 LPO(Landing Page Optimization)를 고려해 고객의 클릭을 유도하는 효과적인 콘텐츠로 구성됩니다.

이 프롬프트를 사용해 랜딩 페이지를 작성하면 좀 더 높은 전환율을 달성할 수 있습니다. 전문적으로 구성된 랜딩 페이지는 방문자의 관심을 끌고 제품에 대한 신뢰도를 높이며 구매를 결정 짓는 동기를 부여합니다. 또한 SEO를 통해 검색 엔진에서의 가시성이 높아지고 잠재 고객에게 좀 더 쉽게 도달할 수 있게 됩니다.

프롬프트에 따라 랜딩 페이지를 작성하기 위해서는 먼저 제품과 타깃 고객에 대해 심도 있게 분석해야 합니다. 그 다음으로, 페이지 내용의 흐름을 고려해 각 섹션을 체계적으로 배치하고 각 섹션의 제목과 하위 제목을 생각하며 구조를 만듭니다. 모든 정보가 수집되고 구조적으로 재정리되면 효과적인 호출을 위한 여러 가지 호출 동작(CTA, Call To Action)을 포함시키며 페이지를 최종적으로 사용자가 웹에 게시할 수 있는 스타일로 준비합니다.

이러한 접근 방식은 비즈니스를 위한 랜딩 페이지를 전략적으로 기획하는 데 필수적이며 각 단계를 체계적으로 진행하면 최종적인 고객의 만족도와 전환율을 극대화할 수 있습니다.

매력적인 랜딩 페이지 구성을 설계하는 데는 전문적인 기술이 필요하지만, 챗GPT의 고급 문장 생성 기능을 활용하면 랜딩 페이지 제작 프로세스를 크게 효율화할 수 있습니다.

1. 프롬프트 템플릿

당신은 일류의 웹 플래너이자 웹 라이터입니다.
단계적으로 생각하며 SEO와 LPO를 의식하면서,
다음의 [상품]의 랜딩 페이지를 만듭니다.

[상품]
{상품명}

챗GPT가 최고의 결과를 내도록,
먼저 아래의 [고려할 사항]을 참고하면서,
효과적인 고객 확보를 위해
그 외에 필요한 정보 항목이 있다면 보충해 추가하고
그것들을 모아 구조적으로 재정리한 것을 바탕으로,

고객이 자연스럽게 읽어 나갈 수 있도록 페이지 내의 흐름을 고려해
페이지 요소로서 순서를 재배열하고 재구성하면서,
구체적으로 자세히 준비하고 웹에서 공개할 수 있는 문체로 모두 생각하며
최상위 섹션과 생각한 하위 항목의 모든 것에 제목을 붙이고
그 제목만을, 계층적인 글머리 기호 형식으로 출력해 주세요.
주석이나 설명이나 반복은 필요 없습니다. 결과만을 출력해 주세요.

[고려할 사항]
– 상품의 특징이나 상세를 생각하면서
– 대상이 되는 고객의 페르소나와 잠재적 필요성이나 그 고객이 고민하고 있을 것을 바탕으로,
  문제를 명확하게 제기하고 문제를 드러내면서
– 고객에 대한 이해를 보여 주면서 라포를 구축하고 그 고객의 이익을 제시하면서,
– 설득력 있는 증거를 추가하면서,
– 상품에 대해 고객이 묻고 싶어 할 내용을 포함시키면서 상세하게 설명하고
– 그 고객이, 다른 상품과 비교하고 있을 상품이 있다면 그것과 비교해 우위성을 보여 주고 그
  고객이 구매하지 않을 이유가 있다면 그것을 해소하도록, 구매할 이유가 있다면 그것을 자
  극하도록,

– 어떤 고객을 위해 판매하고 있는지, 고의적으로 선택을 알리면서,

– 판매 조건을 제안하고

– 히어로 섹션을 설치하고 CTA를 여러 개 설치해 주세요.

【랜딩 페이지 구성과 제목의 문구】

2. 프롬프트 작성 예시

당신은 일류의 웹 플래너이자 웹 라이터입니다.

단계적으로 생각하며 SEO와 LPO를 의식하면서, 다음의 [상품]의 랜딩 페이지를 만듭니다.

[상품]

스마트 홈 보안 시스템

챗GPT가 최고의 결과를 내도록,

먼저 아래의 [고려할 사항]을 참고하면서,

효과적인 고객 확보를 위해

그 외에 필요한 정보 항목이 있다면 보충해 추가하고

그것들을 모아 구조적으로 재정리한 것을 바탕으로,

고객이 자연스럽게 읽어 나갈 수 있도록 페이지 내의 흐름을 고려해

페이지 요소로서 순서를 재배열하고 재구성하면서,

구체적으로 자세히 준비하고 웹에서 공개할 수 있는 문체로 모두 생각하며

최상위 섹션과 생각한 하위 항목의 모든 것에 제목을 붙이고

그 제목만을, 계층적인 글머리 기호 형식으로 출력해 주세요.

주석이나 설명이나 반복은 필요 없습니다. 결과만을 출력해 주세요.

[고려할 사항]

– 상품의 특징이나 상세를 생각하면서

– 대상이 되는 고객의 페르소나와 잠재적 필요성이나 그 고객이 고민하고 있을 것을 바탕으로, 문제를 명확하게 제기하고 문제를 드러내면서

– 고객에 대한 이해를 보여 주면서 라포를 구축하고 그 고객의 이익을 제시하면서,

– 설득력 있는 증거를 추가하면서,

– 상품에 대해 고객이 묻고 싶어 할 내용을 포함시키면서 상세하게 설명하고

– 그 고객이, 다른 상품과 비교하고 있을 상품이 있다면 그것과 비교해 우위성을 보여 주고 그 고객이 구매하지 않을 이유가 있다면 그것을 해소하도록, 구매할 이유가 있다면 그것을 자극하도록,

– 어떤 고객을 위해 판매하고 있는지, 고의적으로 선택을 알리면서,

- 판매 조건을 제안하고
- 히어로 섹션을 설치하고 CTA를 여러 개 설치해 주세요.

【랜딩 페이지 구성과 제목의 문구】

3. 챗GPT 출력

헤드라인 섹션
- 스마트 홈 보안 시스템: 당신의 가정을 안전하게 지키는 완벽한 솔루션
- "안전한 집, 평화로운 마음" · 지금 바로 시작하세요!

문제 제기
- 현대 가정의 보안 문제: 왜 스마트 홈 보안 시스템이 필요한가?
- 빈번한 절도 및 침입: 당신의 가정은 안전한가요?

라포 구축 및 고객 이해
- 우리는 당신의 안전을 중요하게 생각합니다.
- 스마트 홈 보안 시스템을 통해 걱정을 덜어드립니다.

상품의 특징과 상세 설명
- 실시간 모니터링 및 알림 시스템
- 스마트폰 연동: 언제 어디서나 접근 가능
- 고해상도 카메라 및 야간 시야
- 간편한 설치 및 사용 방법

고객 이익 제시
- 24시간 안심할 수 있는 보안
- 침입 감지 및 즉각 알림으로 신속한 대응 가능
- 외부에서도 가정의 상황을 실시간으로 확인 가능

설득력 있는 증거
- 고객 리뷰 및 성공 사례
- 보안 전문가의 추천 및 인증

자주 묻는 질문(FAQ)
- 스마트 홈 보안 시스템 설치는 어떻게 하나요?
- 시스템은 어떤 방식으로 작동하나요?
- 데이터는 얼마나 안전하게 보호되나요?

경쟁 상품과의 비교
- 전통적인 보안 시스템과의 차이점
- 경쟁사 제품과 비교해 우수한 점

구매하지 않을 이유 해소
- 설치 및 사용이 복잡하지 않나요?
- 비용이 너무 비싼가요?

구매할 이유 자극
- 지금 설치하면 첫 달 무료 체험 제공
- 한정 기간 동안 특별 할인

고객 페르소나 및 선택

- 가족의 안전을 최우선으로 생각하는 가정
- 출장이 잦아 집을 비우는 경우
- 보안에 민감한 1인 가구

판매 조건 제안

- 30일 환불 보장
- 무료 설치 서비스

CTA(Call to Action)

- 지금 바로 시작하세요.
- 무료 상담 받기
- 특별 할인 받기

35 광고 배너 디자인

디지털 시대에 광고 배너 디자인은 기업의 브랜드 가치를 전달하고 소비자의 구매 결정에 직접적인 영향을 미치는 중요한 역할을 합니다. 특히 창의적이고 매력적인 배너 디자인은 타깃 오디언스의 주의를 끌고 메시지를 효과적으로 전달하며 경쟁사 대비 차별화된 인상을 남길 수 있습니다. 이는 곧 높은 클릭률과 전환율로 이어지며 기업의 마케팅 효율을 극대화하는 데 기여합니다.

프롬프트 엔지니어링을 통해 배너 디자인 과정을 표준화하고 구체적인 디자인 요구 사항을 명확히 합니다. 광고 정보에 기반을 둔 디자인 계획 수립, 매력적인 배너 텍스트 디자인, 배너 사양에 맞는 디자인 제안 등을 체계적으로 실행합니다. 특히 색상 코드, 폰트, 이미지의 크기와 위치를 명시해 디자인의 일관성과 전문성을 확보할 수 있습니다.

이와 같은 접근 방식을 도입하면 디자인 과정에서의 추측 작업이 줄어들고 디자인의 품질과 실행 속도가 향상됩니다. 모든 디자인 요소가 명확히 정의돼 있기 때문에 디자이너는 좀 더 창의적이고 혁신적인 아이디어에 집중할 수 있으며 최종 제품은 기업의 브랜드 전략과 완벽하게 일치하는 고품질의 결과물을 제공합니다. 결과적으로 효과적인 광고 캠페인을 통해 더 많은 리드 생성과 고객 참여를 유도할 수 있습니다.

1. 프롬프트 템플릿

당신은 기업의 디자이너입니다.
광고 정보를 바탕으로 최고의 광고 배너 디자인을 제안해 주세요.

제약 조건

- 광고 정보를 기반으로 디자인 안을 작성하세요.
- 광고 정보를 바탕으로 매력적인 배너 상의 문구를 고안하세요.
- 배너 사양에 맞는 디자인 안을 작성하세요.
- 구체적인 색상 코드를 지정하세요.
- 구체적인 폰트를 지정하세요.
- 사진이나 이미지를 배치하는 경우, '어떤 이미지인지' 명확히 지정하세요.
- 사진이나 이미지를 배치하는 경우, 구체적인 크기를 지정하세요.
- 각각 디자인 안과 배너 문구를 3가지씩 제안하세요.

광고 정보

{자유 기술}

배너 사양

배너 크기: {자유 기술, 세로 가로의 픽셀 수 등}

2. 프롬프트 작성 예시

당신은 기업의 디자이너입니다.
광고 정보를 바탕으로 최고의 광고 배너 디자인을 제안해 주세요.

제약 조건

- 광고 정보를 기반으로 디자인 안을 작성하세요.
- 광고 정보를 바탕으로 매력적인 배너상의 문구를 고안하세요.
- 배너 사양에 맞는 디자인 안을 작성하세요.
- 구체적인 색상 코드를 지정하세요.
- 구체적인 폰트를 지정하세요.
- 사진이나 이미지를 배치하는 경우, '어떤 이미지인지' 명확히 지정하세요.
- 사진이나 이미지를 배치하는 경우, 구체적인 크기를 지정하세요.
- 각각 디자인 안과 배너 문구를 3가지씩 제안하세요.

광고 정보

"프리미엄 가전제품 브랜드인 '엑셀런트'는 최신 기술을 접목한 혁신적인 제품을 제공하며 고급스러움과 실용성을 동시에 추구합니다. 이번 광고는 새로운 스마트 냉장고 모델을 홍보하는 것이며 주요 특징으로는 터치스크린 디스플레이, 에너지 절약 모드, 스마트 홈 연동 기능이 있습니다. 목표 고객층은 30대에서 50대의 경제적으로 여유 있는 소비자들입니다."

배너 사양

배너 크기: "배너 크기: 728x90 픽셀"

3. 챗GPT 출력

● **디자인 안 1**

배너 문구

1. "최신 기술, 프리미엄 삶 · 엑셀런트 스마트 냉장고"
2. "고급스러움과 실용성의 완벽한 조화 · 엑셀런트"
3. "에너지 절약, 스마트 홈 연동 · 엑셀런트 냉장고"

색상 코드

- 배경: # 1A1A1A(다크 그레이)
- 텍스트: # FFFFFF(화이트)
- 버튼: # FFD700(골드)

폰트

- 제목: Roboto Bold
- 본문: Open Sans Regular

이미지

1. 터치스크린 디스플레이: 배너의 중앙에 위치, 가로 200px, 세로 80px
2. 스마트 냉장고 전체 이미지: 배너의 오른쪽 끝에 위치, 가로 150px, 세로 80px

● **디자인 안 2**

배너 문구

1. "스마트한 선택, 엑셀런트 스마트 냉장고"
2. "미래형 냉장고를 경험하세요 – 엑셀런트"
3. "터치 한 번으로 더 나은 삶 – 엑셀런트 냉장고"

색상 코드

- 배경: # 003366(딥 블루)
- 텍스트: # FFFFFF(화이트)
- 버튼: # FF4500(오렌지 레드)

폰트

- 제목: Lato Bold
- 본문: Lato Regular

이미지

1. 에너지 절약 모드 아이콘: 배너의 왼쪽에 위치, 가로 100px, 세로 90px
2. 터치스크린 디스플레이: 배너 중앙에 위치, 가로 150px, 세로 90px

● **디자인 안 3**

배너 문구

1. "고급스러운 냉장고의 새로운 기준 · 엑셀런트"
2. "스마트 홈 연동의 시작, 엑셀런트 냉장고"
3. "절약과 편리함을 동시에 · 엑셀런트 스마트 냉장고"

색상 코드

- 배경: # 2C3E50(미드나잇 블루)

- 텍스트: # ECF0F1(라이트 그레이)
- 버튼: # E74C3C(브릭 레드)

폰트
- 제목: Montserrat Bold
- 본문: Montserrat Regular

이미지
1. 스마트 홈 연동 기능 아이콘: 배너의 왼쪽에 위치, 가로 100px, 세로 90px
2. 에너지 절약 모드 아이콘: 배너 중앙에 위치, 가로 150px, 세로 90px

각 디자인 안은 엑셀런트의 프리미엄 이미지를 강조하고 주요 기능을 시각적으로 전달하는 데 중점을 뒀습니다. 고객들이 배너를 통해 스마트 냉장고의 핵심 특징을 직관적으로 인지할 수 있도록 구성했습니다.

36 보도 자료 작성

비즈니스 환경에서 언론 보도 자료는 제품이나 서비스를 시장에 효과적으로 알리기 위한 필수적인 수단입니다. 특히 신제품 출시나 중요한 비즈니스 이벤트가 있을 때 잘 작성된 보도 자료는 기업의 브랜드 가치를 증진시키고 대중과 투자자들에게 긍정적인 이미지를 심어 줄 수 있습니다. 이러한 보도 자료는 기업의 신뢰성을 높이고 매체의 주목을 받아 널리 퍼질 수 있는 가능성을 크게 높여 줍니다.

프롬프트를 활용한 언론 보도 자료 작성은 구체적인 지시 사항과 제약 조건에 따라 최적의 결과물을 생성하는 과정입니다. 주어진 템플릿에 따라 기업의 위치, 대표의 이름, 사업 개요 등의 필수 정보를 포함시키고 제품이나 서비스의 혜택을 강조합니다. 또한 객관적인 데이터나 증거를 제시해 신뢰성을 높이고 효과적인 행동 호소 문구를 통해 독자들의 관심을 구체적인 행동으로 유도합니다.

이 방법을 도입하면 기업은 자체적으로 전문적이고 일관된 품질의 보도 자료를 빠르게 작성할 수 있게 됩니다. 이는 시간과 자원을 절약하며 긴급한 상황에서도 즉각적으로 대응할 수 있는 능력을 의미합니다. 또한 매력적인 제목과 체계적인 정보 제공을 통해 언론의 관심을 더욱 효과적으로 끌 수 있으며 이는 곧 더 넓은 고객층과의 접점 확대로 이어질 수 있습니다.

1. 프롬프트 템플릿

 # 지시문
당신은 {입장}입니다. 아래의 # 제약 조건에 충실하게 따라 최고의 보도 자료를 작성해 주세요.

제약 조건

- \# 기획에 따라 {글자 수} 글자의 문장을 작성합니다.
- 매력적인 제목
- 중요한 정보를 먼저 전달
- 서비스의 이점을 강조
- 증거나 데이터 제시
- 적절한 Call to Action

기획

- 개요 : {개요}
- 회사명 : {회사명}
- 사업주 : {사업주}
- 소재지 : {소재지}
- 기간 : {기간}

연락처

{연락처}

출력 형식

- 제목
- 본문 문장은 「{회사명} 본사:{소재지}/(대표:{사업주})」에서 시작합니다.
- 회사 개요
- 연락처

2. 프롬프트 작성 예시

지시문

당신은 **홍보팀 팀장**입니다. 아래의 # 제약 조건에 충실하게 따라 최고의 보도 자료를 작성해 주세요.

제약 조건

- \# 기획에 따라 **150자**의 문장을 작성합니다.
- 매력적인 제목
- 중요한 정보를 먼저 전달
- 서비스의 이점을 강조
- 증거나 데이터 제시
- 적절한 Call to Action

기획
 - 개요: 혁신적인 AI 기술을 통해 고객 경험을 향상시키는 새로운 서비스 출시
 - 회사명: AI 솔루션즈
 - 사업주: 김철수
 - 소재지: 서울특별시 강남구
 - 기간: 2024년 7월 1일부터 2024년 12월 31일까지

연락처
ai.solutions@company.com

출력 형식
 - 제목
 - 본문 문장은「{회사명} 본사:{소재지}/(대표:{사업주})」에서 시작합니다.
 - 회사 개요
 - 연락처

3. 챗GPT 출력

제목: AI 솔루션즈, 혁신적인 AI 기술로 고객 경험을 향상시키는 새로운 서비스 출시

본문
AI 솔루션즈 본사: 서울특별시 강남구(대표: 김철수)에서 혁신적인 AI 기술을 통해 고객 경험을 향상시키는 새로운 서비스를 출시합니다. 2024년 7월 1일부터 12월 31일까지 제공되는 이 서비스는 고객 맞춤형 경험을 제공해 만족도를 25% 이상 높이는 것을 목표로 합니다. 지금 AI 솔루션즈와 함께 고객 경험을 혁신적으로 개선해 보세요.

회사 개요
AI 솔루션즈는 최첨단 인공지능 기술을 활용해 다양한 산업 분야에서 고객 경험을 극대화하는 솔루션을 제공하는 기업입니다.

연락처
ai.solutions@ company.com

37 캐치프레이즈 작성

시장에서 경쟁 우위를 점하려면 기업이 그들의 브랜드 메시지를 명확하고 효과적으로 전달할 필요가 있습니다. 특히 SNS, 광고 웹 사이트 등에서 소비자의 주목을 끌기 위한 강력한 캐치프레이즈는 브랜드 인지도를 높이고 제품에 대한 관심을 증가시키는 중요한 요소입니다. 이를 통해 소비자와의 첫 접점에서 긍정적인 인상을 심어 주며 마케팅 캠페인의 효율을 극대화할 수 있습니다.

이 프롬프트는 제품의 핵심 가치와 혁신을 집약적으로 표현할 수 있는 문구를 제안합니다. 이를 통해 기업은 자신들의 제품이나 서비스가 기술 혁신과 일상생활의 융합을 어떻게 이루고 있는지를 강조할 수 있습니다. 또한 목표 고객층의 특성을 반영해 메시지를 맞춤화함으로써 더욱 높은 관심과 반응을 이끌어낼 수 있습니다.

이러한 캐치프레이즈를 사용하면 기업은 목표 고객에게 보다 직접적이고 개인적인 메시지를 전달할 수 있습니다. 이는 브랜드에 대한 신뢰와 호감도를 증가시키며 궁극적으로는 제품의 구매율을 높이는 데 기여합니다. 브랜드 메시지가 명확하고 기억에 남을수록 소비자들은 그 메시지를 자신들의 생활과 연결 지어 생각하게 되며 이는 장기적인 고객 충성도와 브랜드 가치를 증진시킵니다.

1. 프롬프트 템플릿

 # 명령서
「[제품명을 작성해 주세요]를 위한 캐치프레이즈를 5안 작성해 주세요.」

제약 조건

* 캐치프레이즈는 기술 혁신과 일상생활의 융합을 표현해야 합니다.
* 15단어 이하의 간결하고 임팩트 있는 문장을 사용해 주세요.
* 목표 고객층은 [타깃을 작성해 주세요(예: 20대에서 30대의 젊은 전문직)]입니다.

비즈니스

[비즈니스나 제품의 세부 사항을 작성해 주세요]

출력 형식

캐치프레이즈는 광고 캠페인, 제품 웹 사이트, 브로슈어에 사용됩니다.

2. 프롬프트 작성 예시

명령서

스마트 홈 어시스턴트를 위한 캐치프레이즈를 5안 작성해 주세요.

제약 조건

* 캐치프레이즈는 기술 혁신과 일상생활의 융합을 표현해야 합니다.
* 15단어 이하의 간결하고 임팩트 있는 문장을 사용해 주세요.
* 목표 고객층은 20대에서 30대의 젊은 전문직입니다.

비즈니스

스마트 홈 어시스턴트는 인공지능을 기반으로 가정 내 다양한 기기를 제어하고 사용자 맞춤형 서비스와 편리한 생활 환경을 제공합니다. 음성 명령과 스마트폰 앱을 통해 간편하게 조작할 수 있으며 에너지 절약과 보안 기능도 탑재돼 있습니다.

출력 형식

캐치프레이즈는 광고 캠페인, 제품 웹 사이트, 브로슈어에 사용됩니다.

3. 챗GPT 출력

1. "미래 기술과 함께하는 편리한 일상"
2. "스마트한 일상, 혁신적인 삶의 시작"
3. "AI와 함께하는 스마트한 생활"
4. "첨단 기술로 더욱 스마트해진 우리 집"
5. "혁신적인 기술, 더 편리한 하루"

38 제품 서비스 스토리텔링 기획

오늘날 시장은 수많은 경쟁 제품과 서비스로 포화 상태에 이르렀습니다. 이러한 환경에서 비즈니스는 단순히 제품이나 서비스를 판매하는 것을 넘어, 소비자와의 감성적 연결을 통해 그들의 기억에 남아야 합니다. 스토리텔링은 이러한 감성적인 연결을 구축하는 가장 효과적인 방법 중 하나입니다. 제품 또는 서비스의 독특한 특성과 이점을 생생하고 감동적인 이야기로 풀어내면 소비자의 마음을 움직여 구매 결정을 하는 데 긍정적인 영향을 미칩니다.

제시된 프롬프트 템플릿은 제품 또는 서비스의 특징과 목표 고객의 특성을 자세히 파악해 이를 바탕으로 한 스토리를 기획하는 구조를 제공합니다. 이 템플릿은 제품의 핵심 가치와 고객의 일상에 어떻게 융합되는지를 보여 주는 시나리오를 개발하며 감정적 요소와 대화를 포함해 공감을 자아내는 이야기를 만드는 데 중점을 둡니다.

이 프롬프트를 사용해 스토리를 개발하면 단순히 제품 정보를 전달하는 것을 넘어 소비자가 제품을 경험하는 상황을 생생하게 묘사함으로써 감정적인 반응을 이끌어낼 수 있습니다. 이렇게 생성된 스토리는 소비자가 자신의 상황에 제품을 자연스럽게 끼워 맞춰 볼 수 있게 하며 제품에 대한 이해도와 관심을 높여 최종적으로 구매로 연결될 확률을 증가시킵니다.

1. 프롬프트 템플릿

 # 명령서
저의 [제품/서비스]의 독특한 특징과 그것이 [이상적인 고객상]의 [목표]를 달성하는 데 미치는 영향에 대한 특징적이고 공감할 수 있는 스토리를 이야기하는 글의 콘셉트를 구상해 주세요. 이 스토리에는 다음 요소와 출력 조건을 포함해 주세요.

요소

- 제품/서비스의 구체적인 특징: [제품/서비스]의 가장 매력적인 기능이나 장점
- 타깃 고객의 상세한 특성: 이상적인 고객의 일상생활, 관심사, 니즈, 바람
- 스토리의 테마나 메시지: 스토리를 통해 전달하고 싶은 핵심 가치나 통찰
- 감정적인 요소: 공감이나 감동을 불러일으키는 에피소드나 대화
- 스토리의 시나리오: 제품/서비스가 고객의 생활에 어떻게 녹아드는지를 보여 주는 구체적인 장면이나 상황

출력 조건

【출력 조건을 작성해 주세요】
스토리는 시각적 요소(이미지나 비디오)를 포함하는 것이 바람직합니다.
최종 스레드는 타깃 오디언스의 감정에 호소하고 제품/서비스에 대한 관심을 불러일으키는 것이어야 합니다.
스토리의 끝에는 독자를 제품/서비스의 웹 사이트나 구매 페이지로 유도하는 명확한 행동 유도(Call to Action, CTA)를 포함해 주세요.

2. 프롬프트 작성 예시

명령서

저의 [스마트 헬스 케어 기기]의 독특한 특징과 그것이 건강 관리에 관심이 많은 직장인의 편리하게 건강을 관리하고 유지하기를 달성하는 데 미치는 영향에 대한 특징적이고 공감할 수 있는 스토리를 이야기하는 글의 콘셉트를 구상해 주세요. 이 스토리에는 다음 요소와 출력 조건을 포함해 주세요.

요소

- 제품/서비스의 구체적인 특징: **스마트 헬스 케어 기기**의 가장 매력적인 기능이나 장점
- 타깃 고객의 상세한 특성: 이상적인 고객의 일상생활, 관심사, 니즈, 바람
- 스토리의 테마나 메시지: 스토리를 통해 전달하고 싶은 핵심 가치나 통찰
- 감정적인 요소: 공감이나 감동을 불러일으키는 에피소드나 대화
- 스토리의 시나리오: 제품/서비스가 고객의 생활에 어떻게 녹아드는지를 보여 주는 구체적인 장면이나 상황

출력 조건

【출력 조건을 작성해 주세요】
스토리는 시각적 요소(이미지나 비디오)를 포함하는 것이 바람직합니다.
최종 스레드는 타깃 오디언스의 감정에 호소하고 제품/서비스에 대한 관심을 불러일으키는 것

이어야 합니다.
스토리의 끝에는 독자를 제품/서비스의 웹 사이트나 구매 페이지로 유도하는 명확한 행동 유
도(Call to Action, CTA)를 포함해 주세요.

3. 챗GPT 출력

콘셉트 구상: 스마트 헬스 케어 기기의 이야기

스토리의 제목: 당신의 건강, 당신의 미래

1. 제품/서비스의 구체적인 특징
스마트 헬스 케어 기기
- **실시간 건강 모니터링:** 심박수, 혈압, 수면 패턴 등을 실시간으로 모니터링
- **개인 맞춤형 건강 관리:** 개인의 건강 데이터를 분석해 맞춤형 운동 및 식단 계획을 제공
- **사용자 친화적 인터페이스:** 간편한 조작과 직관적인 디자인
- **경고 알림 시스템:** 건강 이상 징후 발생 시 즉각 알림을 통해 조기 대응 가능
- **연동성:** 스마트폰과 연동돼 건강 기록을 지속적으로 관리 및 공유 가능

2. 타깃 고객의 상세한 특성
이상적인 고객: 건강 관리에 관심이 많은 직장인
- **일상생활:** 바쁜 업무와 일정을 소화하며 자기 관리에 시간을 할애하기 어려운 직장인
- **관심사:** 건강 유지, 효율적인 시간 관리, 스트레스 감소, 생산성 향상
- **니즈:** 간편하고 효율적인 건강 관리 솔루션, 개인 맞춤형 건강 조언
- **바람:** 일상 속에서 손쉽게 건강을 관리하고 스트레스를 줄이며 삶의 질을 향상시키고자 함.

3. 스토리의 테마나 메시지
핵심 가치와 통찰
- **자기 관리의 중요성:** 바쁜 일상 속에서도 건강을 관리하는 것이 얼마나 중요한지 강조
- **미래의 투자:** 현재의 작은 건강 관리가 미래의 큰 건강 문제를 예방할 수 있다는 메시지
- **기술과 인간의 조화:** 첨단 기술이 우리의 삶을 어떻게 더 나은 방향으로 변화시킬 수 있는지

4. 감정적인 요소
공감이나 감동을 불러일으키는 에피소드
- **에피소드:** 주인공 '지현'은 IT 회사에서 일하는 30대 중반의 직장인입니다. 바쁜 일정과 잦은 야근으로 건강이 악화됐다는 것을 느낍니다. 어느 날 지현은 친구의 추천으로 스마트 헬스 케어 기기를 사용하게 됩니다.
- **대화:**
- **친구:** "지현아, 너 요즘 너무 지쳐 보인다. 이 스마트 헬스 케어 기기 한 번 써봐. 정말 좋아!"
- **지현:** "정말? 요즘 건강이 걱정되긴 해. 그런데 바빠서 제대로 관리할 시간이 없어서…."
- **친구:** "이거 있으면 실시간으로 건강 상태를 체크해 주고 맞춤형 조언도 해줘서 시간도 절약돼. 나도 이걸로 건강 많이 좋아졌어."

5. 스토리의 시나리오
제품/서비스가 고객의 생활에 녹아드는 구체적인 장면
- **아침:** 지현은 스마트 헬스 케어 기기를 착용하고 하루를 시작합니다. 기기가 실시간으로 심박수와 혈압을 모니터링해 주며 아침 운동 계획을 제안합니다.

- **점심:** 점심시간에 기기는 적절한 식단을 추천해 줍니다. 지현은 이를 참고해 건강한 식사를 합니다.
- **오후:** 업무 중에 기기가 스트레스 지수가 높아졌다는 경고 알림을 보내자 지현은 잠시 휴식을 취합니다.
- **저녁:** 퇴근 후 기기는 하루의 활동 데이터를 분석해 수면 패턴 개선을 위한 조언을 제공합니다.
- **일상 변화:** 몇 주 후 지현은 자신이 더 활기차고 건강해졌음을 느끼며 기기의 도움으로 생활이 많이 개선된 것을 깨닫습니다.

최종 스레드

"당신의 건강, 당신의 미래"

지현은 스마트 헬스 케어 기기를 사용한 후로 자신의 건강이 놀랍게 개선된 것을 경험했습니다. 이제 지현은 더 활기차고 효율적으로 일상을 보내고 있습니다.

여러분도 지현처럼 건강을 관리하고 싶으신가요?

지금 바로 [웹 사이트 링크]를 방문해 스마트 헬스 케어 기기를 만나 보세요. 작은 변화가 큰 차이를 만듭니다. 지금 바로 시작하세요!

지금 바로 구매하기: [구매 페이지 링크]

이와 같은 스토리는 시각적 요소(이미지나 비디오)를 포함해 전달하면 타깃 오디언스의 감정에 호소하고 제품/서비스에 대한 관심을 불러일으키는 데 효과적일 것입니다.

39 제품 설명문 자동 생성

정교하고 매력적인 제품 설명은 소비자의 관심을 끌고 제품의 독특한 특성을 효과적으로 전달하며 궁극적으로 판매 증대로 이어집니다. 이러한 중요성을 인식해 자동화된 프롬프트 템플릿을 활용하는 것은 효율성과 일관성을 높이는 데 크게 기여할 수 있습니다.

이번 프롬프트 템플릿은 제품 정보를 바탕으로 상품 설명을 자동 생성하는 구조화된 지침을 제공합니다. 이 템플릿은 제품의 이름, 특징, 장점 등을 포함해 감정을 자극하는 톤으로 이야기 구조를 짜고 매력적인 캐치프레이즈와 명확한 행동 요구(Call to Action)를 추가하는 방식으로 구성됩니다. 이를 통해 고품질의 콘텐츠를 일관되게 생산할 수 있습니다.

이 프롬프트를 활용하면 비즈니스는 시간과 자원을 절약하면서도 마케팅 내용의 질을 극대화할 수 있습니다. 자동화된 접근 방식은 일관된 품질의 콘텐츠를 빠르게 생성하게 하며 이는 브랜드 신뢰성과 전문성을 향상시킵니다. 또한 매력적이고 설득력 있는 상품 설명은 소비자의 구매 욕구를 자극해 판매 증가로 이어질 수 있습니다.

1. 프롬프트 템플릿

 # 명령서
당신은 기업의 홍보 담당자입니다. 아래의 # 제약 조건에 충실히 따르며 EC 사이트용 최고의 상품 설명문을 작성해 주세요. 반드시 # 출력 형식에 따라 출력해 주세요.

 # 제약 조건
　- # 상품 정보를 기반으로 {자유 기술, 글자 수 제한}의 본문으로 작성할 것
　- # 상품 정보를 기반으로 매력적인 캐치프레이즈를 붙일 것

- 명확한 상품명을 기재할 것
- 구체적인 숫자를 포함할 것
- 서비스/제품의 장점을 강조할 것
- 스토리를 상상할 수 있는 구성으로 작성할 것
- 보는 사람을 끌어들이는 감정적인 어조로 작성할 것
- 마지막에 명확한 Call to Action을 추가할 것

제품 정보
- 기업명: {자유 기술}
- 제품 카테고리: {자유 기술}
- 제품명: {자유 기술}
- 특징: {자유 기술}

출력 형식
- 캐치프레이즈
- {자유 기술, 글자 수 제한}의 본문

2. 프롬프트 작성 예시

명령서
당신은 기업의 홍보 담당자입니다. 아래의 # 제약 조건에 충실히 따르며 EC 사이트용 최고의 상품 설명문을 작성해 주세요. 반드시 # 출력 형식에 따라 출력해 주세요.

제약 조건
- # 상품 정보를 기반으로 500자 이내의 본문으로 작성할 것
- # 상품 정보를 기반으로 매력적인 캐치프레이즈를 붙일 것
- 명확한 상품명을 기재할 것
- 구체적인 숫자를 포함할 것
- 서비스/제품의 장점을 강조할 것
- 스토리를 상상할 수 있는 구성으로 작성할 것
- 보는 사람을 끌어들이는 감정적인 어조로 작성할 것
- 마지막에 명확한 Call to Action을 추가할 것

제품 정보
- 기업명: 나비소프트
- 제품 카테고리: 웨어러블 디바이스
- 제품명: 버터플라이 스마트워치

– 특징: 피트니스 트래킹, 심박수 모니터링, 수면 분석, 긴 배터리 수명

출력 형식

– 캐치프레이즈

– 500자 이내의 본문

3. 챗GPT 출력

하루를 채우는 지능형 동반자, 버터플라이 스마트워치!

나비소프트의 최신 걸작, 버터플라이 스마트워치를 소개합니다! 하루를 좀 더 스마트하게, 건강하게 만들어 줄 이 웨어러블 디바이스는 피트니스 트래킹, 심박수 모니터링, 수면 분석 등 다양한 기능을 탑재해 당신의 생활을 혁신적으로 변화시킬 것입니다. 매일 아침, 버터플라이 스마트워치와 함께 일어나세요. 당신의 수면 패턴을 분석해 최상의 컨디션으로 하루를 시작할 수 있도록 도와줍니다.

운동할 때마다 실시간으로 심박수를 확인하고 피트니스 트래킹 기능으로 목표를 달성하는 기쁨을 느껴 보세요. 긴 배터리 수명 덕분에 한 번 충전으로 최대 7일 동안 사용할 수 있어, 바쁜 일상 속에서도 언제나 함께할 수 있습니다.

버터플라이 스마트워치는 단순한 시계를 넘어, 당신의 건강과 일상을 지키는 든든한 파트너입니다. 지금 바로 버터플라이 스마트워치를 만나 보세요! 오늘부터 당신의 삶을 스마트하게 바꿔 보세요.

지금 바로 구매해 좀 더 나은 내일을 준비하세요!

40 SEO 개선을 위한 키워드 선정

SEO(Search Engine Optimization)는 검색 기반 플랫폼의 핵심입니다. 특히 올바른 키워드를 선정하는 것은 웹 사이트의 가시성을 높이고 타깃 오디언스에 도달하는 데 중요한 역할을 합니다. 경쟁이 치열한 시장에서 기업이 소비자의 검색 패턴과 요구를 정확히 파악해 관련 키워드를 효과적으로 활용한다면 검색 결과에서 높은 순위를 차지해 잠재 고객의 관심을 끌고 전환율을 높일 수 있습니다.

제시된 템플릿은 특정 제품을 홍보하기 위한 관련 키워드를 찾는 과정을 구조화합니다. 이 템플릿을 사용해 제품명, 타깃 고객군(페르소나) 그리고 그들의 필요와 제약 조건을 명확히 정의하고 이를 바탕으로 10개의 관련 롱테일 키워드를 선정합니다. 이 과정은 SEO 전략을 더욱 효과적이고 체계적으로 만들어 줍니다.

이 프롬프트를 활용하면 SEO 관련 작업이 단순히 키워드를 추측하는 수준에서 벗어나 데이터에 기반을 둔 전략적 접근으로 발전합니다. 결과적으로 제품이나 서비스의 온라인 가시성이 향상되며 타깃 고객에게 좀 더 정확하게 도달할 수 있습니다. 이는 검색 엔진 결과에서의 순위 개선은 물론, 웹 사이트로의 트래픽 증가와 더 높은 전환율을 가져올 것입니다.

1. 프롬프트 템플릿

 # 명령문
당신은 SEO 대책의 전문가입니다. 다음 제품을 담당자의 니즈에 맞게 홍보할 때 사용할 관련 키워드를 찾아 주세요.

제품
{제품명이나 솔루션을 기재해 주세요.}

페르소나
{여기에 타깃(페르소나) 대상을 기재해 주세요.}

니즈
{여기에 페르소나의 니즈를 기재해 주세요.}

제약 조건
- 관련 키워드를 10개 생각해 주세요.
- 롱테일 키워드
- 소비자 대상 키워드는 제외해 주세요.

2. 프롬프트 작성 예시

명령문
당신은 SEO 대책의 전문가입니다. 다음 제품을 담당자의 니즈에 맞게 홍보할 때 사용할 관련 키워드를 찾아 주세요.

제품
클라우드 기반 데이터 분석 솔루션

페르소나
대기업 IT 관리자

니즈
데이터 관리 및 분석 효율성 향상, 보안 강화, 비용 절감

제약 조건
- 관련 키워드를 10개 생각해 주세요.
- 롱테일 키워드
- 소비자 대상 키워드는 제외해 주세요.

3. 챗GPT 출력

클라우드 기반 데이터 분석 솔루션을 대기업 IT 관리자의 니즈에 맞춰 홍보할 때 사용할 수 있는 롱테일 키워드는 다음과 같습니다.

1. "대기업 데이터 분석 효율화 솔루션"
2. "IT 관리자를 위한 클라우드 보안 강화 솔루션"

3. "클라우드 기반 데이터 관리 비용 절감 방법"
4. "대규모 데이터 세트 분석 클라우드 솔루션"
5. "IT 인프라 비용 절감 클라우드 솔루션"
6. "안전한 클라우드 데이터 분석 플랫폼"
7. "대기업을 위한 클라우드 보안 최적화"
8. "데이터 분석 워크플로우 자동화 솔루션"
9. "클라우드 데이터 분석 성능 향상 방법"
10. "IT 관리자용 고급 클라우드 데이터 관리"

이 키워드들은 대기업 IT 관리자들의 주요 니즈를 충족시키는 데 중점을 두고 있습니다.

41 블로그 글 작성

디지털 시대의 성공적인 비즈니스 운영을 위해 콘텐츠 마케팅의 중요성이 더욱 부각되고 있습니다. 이러한 시대에 웹 작가나 콘텐츠 크리에이터가SEO와 독자의 관심을 끌 수 있는 효과적인 블로그 글을 작성하는 것은 필수적입니다. 이를 위해 체계적인 작성 프로세스를 제공하는 프롬프트 템플릿은 효율적인 작업 수행을 돕고 보다 전략적인 접근을 가능하게 함으로써 좀 더 많은 트래픽과 참여를 유도할 수 있습니다.

이 프롬프트 템플릿은 주제 선정부터 최종 문장 수정까지의 전 과정을 단계별로 안내합니다. 웹 작가는 주어진 토픽에 대해 SEO의 관점에서 트래픽을 유도할 수 있는 제목을 고안하고 이를 바탕으로 구조화된 개요를 생성한 후 각 블록별로 글을 작성하고 편집합니다. 이 과정은 검색 엔진에서의 가시성은 물론, 독자의 이해도와 흥미를 높이는 데 중점을 둡니다.

이러한 체계적인 접근 방식을 사용하면 웹 작가는 자신의 콘텐츠가 독자에게 어떻게 도달하는지에 대해 더 깊이 이해하게 되며 SEO의 성능을 극대화할 수 있습니다. 또한 각 단계를 세심하게 진행하면 글의 품질과 독자의 만족도를 높이고 결과적으로 웹 사이트의 트래픽과 참여도를 증가시킬 수 있습니다. 이는 비즈니스 성장과 직접적으로 연결되며 브랜드 인지도와 전문성을 향상시키는 데 기여합니다.

1. 프롬프트 템플릿

당신은 프로 웹 라이터입니다.
다음 # 주제에 대해 # 단계에 따라 블로그 기사를 작성해 주세요.

주제

{주제를 입력해 주세요}

단계

1: 주제에 맞는 기사 제목을 여러 개 생각한 후 그중에서 SEO의 관점에서 가장 방문자가 많고 독자가 클릭하고 싶어 할 것으로 예상되는 {제목}을 선택합니다.

2: {제목}을 바탕으로, 5개의 기사 블록으로 나눠 {아웃라인}을 작성합니다.

3: {아웃라인}을 바탕으로, 첫 번째 블록의 {기사 문장}을 작성합니다.

4: {기사 문장}을 SEO와 가독성 관점에서 수정해 {최종 문장}으로 출력합니다.

5: 동일한 방법으로 두 번째 블록, 세 번째 블록, 네 번째 블록, 다섯 번째 블록까지 {최종 문장}을 출력합니다.

6: 모든 블록의 내용을 요약해 결론 문장을 작성합니다. 이를 SEO와 가독성 관점에서 수정해 {결론 문장}으로 출력합니다.

2. 프롬프트 작성 예시

당신은 프로 웹 라이터입니다.

다음 # 주제에 대해 # 단계에 따라 블로그 기사를 작성해 주세요.

주제

자연 속에서의 명상

단계

1: 주제에 맞는 기사 제목을 여러 개 생각한 후 그중에서 SEO의 관점에서 가장 방문자가 많고 독자가 클릭하고 싶어 할 것으로 예상되는 {제목}을 선택합니다.

2: {제목}을 바탕으로, 5개의 기사 블록으로 나눠 {아웃라인}을 작성합니다.

3: {아웃라인}을 바탕으로, 첫 번째 블록의 {기사 문장}을 작성합니다.

4: {기사 문장}을 SEO와 가독성 관점에서 수정해 {최종 문장}으로 출력합니다.

5: 동일한 방법으로 두 번째 블록, 세 번째 블록, 네 번째 블록, 다섯 번째 블록까지 {최종 문장}을 출력합니다.

6: 모든 블록의 내용을 요약해 결론 문장을 작성합니다. 이를 SEO와 가독성의 관점에서 수정해 {결론 문장}으로 출력합니다.

3. 챗GPT 출력

1. 기사 제목 선정

- "자연 속에서 명상하는 5가지 방법"
- "자연 명상의 놀라운 효과와 실천 방법"
- "스트레스 해소를 위한 자연 명상 가이드"
- "자연 속 명상의 치유력: 마음과 몸의 평화 찾기"
- "자연과 함께하는 명상: 시작하는 법과 이점"

선택된 제목: "자연 속 명상의 치유력: 마음과 몸의 평화 찾기"

2. 아웃라인 작성

아웃라인:

1. 자연 속 명상의 정의와 중요성
2. 자연 명상이 정신 건강에 미치는 긍정적 영향
3. 자연 명상을 시작하는 방법
4. 자연 명상 시 유의할 점과 팁
5. 자연 명상의 사례와 체험담

3. 첫 번째 블록의 기사 문장 작성

첫 번째 블록 제목: 자연 속 명상의 정의와 중요성

기사 문장:

자연 속 명상은 자연 환경에서 명상하는 것을 의미합니다. 숲, 바다, 산과 같은 자연 공간에서의 명상은 우리의 정신과 신체 건강에 큰 이점을 제공합니다. 자연의 소리, 공기 그리고 시각적 자극은 명상의 효과를 극대화해 심신의 안정과 평화를 찾는 데 도움을 줍니다. 이러한 이유로 자연 명상은 현대인의 스트레스와 불안을 완화하는 중요한 도구로 자리 잡고 있습니다.

최종 문장:

자연 속 명상은 숲, 바다, 산과 같은 자연 환경에서 명상하는 것을 의미합니다. 자연의 소리, 신선한 공기 그리고 아름다운 경관은 명상의 효과를 극대화해 심신의 안정과 평화를 찾는 데 도움을 줍니다. 이러한 자연 명상은 현대인의 스트레스와 불안을 완화하는 중요한 도구로 자리 잡고 있습니다.

4. 두 번째 블록의 최종 문장 작성

두 번째 블록 제목: 자연 명상이 정신 건강에 미치는 긍정적 영향

기사 문장:

자연 명상은 정신 건강에 많은 긍정적인 영향을 미칩니다. 자연 환경에서 명상을 하면 스트레스 호르몬이 줄어들고 긍정적인 감정이 증가하며 집중력과 창의력이 향상됩니다. 또한 자연 명상은 우울증과 불안증을 완화하고 전반적인 삶의 질을 높이는 데 도움을 줍니다.

최종 문장:

자연 명상은 정신 건강에 많은 긍정적인 영향을 미칩니다. 자연 환경에서 명상을 하면 스트레스 호르몬이 줄어들고 긍정적인 감정이 증가하며 집중력과 창의력이 향상됩니다. 또한 자연 명상은 우울증과 불안증을 완화하고 전반적인 삶의 질을 높이는 데 크게 기여합니다.

5. 세 번째 블록의 최종 문장 작성

세 번째 블록 제목: 자연 명상을 시작하는 방법

기사 문장:

자연 명상을 시작하는 것은 어렵지 않습니다. 먼저 자신이 편안함을 느낄 수 있는 자연 장소를 선택하세요. 그런 다음, 편안한 자세로 앉아 눈을 감고 자연의 소리에 집중합니다. 깊고 천천히 호흡하며 마음을 차분하게 유지하는 것

이 중요합니다. 처음에는 짧은 시간으로 시작해 점차 시간을 늘려 나가세요.

최종 문장:

자연 명상을 시작하는 것은 어렵지 않습니다. 먼저 자신이 편안함을 느낄 수 있는 자연 장소를 선택하세요. 그런 다음, 편안한 자세로 앉아 눈을 감고 자연의 소리에 집중합니다. 깊고 천천히 호흡하며 마음을 차분하게 유지하는 것이 중요합니다. 처음에는 짧은 시간으로 시작해 점차 시간을 늘려 나가는 것이 좋습니다.

6. 네 번째 블록의 최종 문장 작성

네 번째 블록 제목: 자연 명상 시 유의할 점과 팁

기사 문장:

자연 명상을 할 때는 몇 가지 유의할 점이 있습니다. 첫째, 날씨에 맞는 옷을 입어야 합니다. 둘째, 벌레나 알레르기 유발 요소에 대비해 필요한 물품을 준비하세요. 셋째, 안전을 위해 혼자보다는 함께 명상하는 것이 좋습니다. 마지막으로 주변 자연을 훼손하지 않도록 주의하세요.

최종 문장:

자연 명상을 할 때는 몇 가지 유의할 점이 있습니다. 첫째, 날씨에 맞는 옷을 입어야 합니다. 둘째, 벌레나 알레르기 유발 요소에 대비해 필요한 물품을 준비하세요. 셋째, 안전을 위해 혼자보다는 함께 명상하는 것이 좋습니다. 마지막으로 주변 자연을 훼손하지 않도록 주의하는 것이 중요합니다.

7. 다섯 번째 블록의 최종 문장 작성

다섯 번째 블록 제목: 자연 명상의 사례와 체험담

기사 문장:

자연 명상을 통해 많은 사람이 놀라운 변화를 경험했습니다. 한 사례로, 직장 스트레스가 심했던 한 직장인은 매주 숲에서 명상을 하며 스트레스가 크게 줄어들었고 더 행복한 삶을 살게 됐습니다. 또 다른 사례로, 우울증을 앓던 한 학생은 해변에서의 명상을 통해 감정이 안정되고 학업 성적도 향상됐습니다.

최종 문장:

자연 명상을 통해 많은 사람이 놀라운 변화를 경험했습니다. 예를 들어, 직장 스트레스가 심했던 한 직장인은 매주 숲에서 명상을 하며 스트레스가 크게 줄어들었고 더 행복한 삶을 살게 됐습니다. 또 다른 사례로, 우울증을 앓던 한 학생은 해변에서의 명상을 통해 감정이 안정되고 학업 성적도 향상됐습니다.

8. 결론 문장 작성

결론 문장:

자연 속 명상은 우리의 정신과 신체 건강에 큰 이점을 제공합니다. 자연 환경에서 명상을 하면 스트레스와 불안을 줄이고 집중력과 창의력을 향상시키며 전반적인 삶의 질을 높이는 데 도움을 줍니다. 또한 자연 명상은 누구나 쉽게 시작할 수 있으며 일상 속에서 자연과의 연결을 통해 더 나은 삶을 살 수 있게 해 줍니다. 그러므로 오늘부터 자연 속 명상을 실천해 보세요.

최종 결론 문장:

자연 속 명상은 정신과 신체 건강에 큰 이점을 제공합니다. 자연 환경에서 명상을 하면 스트레스와 불안을 줄이고 집중력과 창의력을 향상시키며 전반적인 삶의 질을 높이는 데 도움이 됩니다. 또한 자연 명상은 누구나 쉽게 시작할 수 있으며 일상 속에서 자연과의 연결을 통해 더 나은 삶을 살 수 있게 해 줍니다. 그러므로 오늘부터 자연 속 명상을 실천해 보세요.

42 숏츠 동영상 스크립트

현대 비즈니스 환경에서 SNS 마케팅의 중요성은 더욱 커지고 있습니다. 특히 숏츠 동영상 콘텐츠는 정보의 전달 속도가 빠르고 소비자의 관심을 쉽게 끌 수 있는 매력적인 수단입니다. 짧은 동영상 스크립트 템플릿은 기업가와 마케터가 효과적인 메시지를 구성하고 전달하도록 돕는 필수 도구입니다. 이를 통해 타깃 오디언스에게 정확하고 강력한 인상을 남길 수 있습니다.

숏츠 동영상 스크립트 템플릿은 전문가가 돼 주어진 주제를 이해하고 특정 대상과 제약 조건을 준수하면서 콘텐츠를 구성하는 방법을 제시합니다. 이 템플릿은 명확한 구조와 지침을 제공해 비디오의 주제와 목표에 맞게 맞춤형 스크립트를 작성할 수 있도록 합니다.

이 프롬프트를 사용하면 비즈니스는 더욱 전문적이고 효과적인 SNS 동영상 콘텐츠를 제작할 수 있습니다. 잘 구성된 스크립트는 시청자와의 강력한 연결을 구축하고 브랜드 메시지를 효과적으로 전달해 최종적으로는 판매 증대로 이어질 수 있습니다. 또한 일관된 품질과 스타일을 유지하며 콘텐츠 제작 시간과 노력을 절약할 수 있습니다.

1. 프롬프트 템플릿

당신은 일류의 【작성하고 싶은 대본의 전문가를 지정】입니다.
다음의 # 주제에 대해 이해하기 쉽게
전제 조건과 # 제약 조건을 준수해
숏츠 동영상의 원고를 # 출력 조건에 따라 작성해 주세요.

 # 주제
【주제를 작성해 주세요】(예: TikTok에서 팔로워를 모으는 방법)

 # 전제 조건
【타깃을 작성해 주세요】(예: 20대 청년들을 대상으로)

 # 제약 조건

정중한 말투로

 # 출력 조건

30초 이내의 내레이션 원고

2. 프롬프트 작성 예시

당신은 일류의 **드라마 작가**입니다.

다음의 # 주제에 대해 이해하기 쉽게

전제 조건과 # 제약 조건을 준수해

숏츠 동영상의 원고를 # 출력 조건에 따라 작성해 주세요.

 # 주제

유튜브 채널 시작하기: 첫 영상 제작 팁

 # 전제 조건

20대 청년들을 대상으로

 # 제약 조건

정중한 말투로

 # 출력 조건

30초 이내의 내레이션 원고

3. 챗GPT 출력

안녕하세요. 여러분. 오늘은 유튜브 채널을 시작하는 방법과 첫 영상 제작 팁에 대해 말씀드리겠습니다.

첫째, 주제를 정하세요. 자신이 좋아하고 잘 아는 주제로 시작하는 것이 중요합니다. 둘째, 간단한 스크립트를 작성해 보세요. 촬영 전에 내용을 정리하면 영상 제작이 훨씬 수월해집니다. 셋째, 자연스럽게 말하려고 노력하세요. 처음엔 어색할 수 있지만 연습하면 점점 나아질 거예요.

마지막으로 간단한 편집도 잊지 마세요. 기본적인 컷 편집과 자막을 추가하면 영상의 완성도가 높아집니다.

감사합니다. 유튜브 채널 시작에 도움이 되셨기를 바랍니다!

43 유튜브 스크립트

유튜브 스크립트 프롬프트 템플릿은 비즈니스와 브랜드가 시청자와 효과적으로 소통할 수 있게 하는 중요한 도구입니다. 이는 브랜드 메시지를 명확히 전달하고 시청자 참여를 유도하는 동시에 전문적이고 일관된 콘텐츠 제작을 가능하게 합니다. 동영상 콘텐츠의 영향력과 도달 범위를 최대화해 비즈니스 목표 달성에 직접적인 기여를 합니다.

템플릿에 동영상의 주제와 목적에 따라 맞춤화된 스크립트를 제작하는 체계적인 접근법을 제공합니다. 이는 비디오의 길이, 스타일, 교육적 요소를 포함해 명확한 지침을 설정함으로써 콘텐츠 제작자가 보다 효과적인 메시지 전달을 할 수 있도록 돕습니다.

이 프롬프트를 적용하면 비디오의 품질과 전문성이 향상돼 브랜드 신뢰성을 증진시키고 시청자의 관심과 참여를 더욱 증가시킬 수 있습니다. 콘텐츠가 명확하고 일관되게 전달돼 시청자의 이해도가 높아지고 결과적으로 더 많은 시청자와의 상호작용 및 전환을 이끌어 내는 효과적인 마케팅 도구가 됩니다.

1. 프롬프트 템플릿

 # 명령서

「{영상의 내용이나 주제를 작성해 주세요}를 위한 대본을 작성해 주세요.」

 # 제약 조건

* 영상의 주제는 {주제를 작성해 주세요}이며 길이는 {영상의 길이를 작성해 주세요}분으로 제한합니다. 대본은 교육적이며 흥미를 끄는 스타일로 작성할 것

 # 비즈니스

{당신의 비즈니스나 영상의 목적을 작성해 주세요}

출력 조건

대본은 시청자가 이해하기 쉽게 말하는 것, 편집 작업의 원활화, 사전 내용 확인이 가능하도록 하는 것을 중시합니다.

목적과 대상자의 설정, 구성 방법, 상세한 대본 작성, 출연자의 연습, 촬영 본방에서의 대본 활용 방법을 고려합니다.

엔딩에서는 시청자를 다음 행동으로 유도하는 CTA(Call to Action)를 포함합니다.

추가 요소

인터랙티브성: 시청자가 참여감을 느낄 수 있도록 댓글이나 피드백을 요청하는 섹션을 마련합니다.

교육적 도구: 영상에서 사용할 교육적 도구나 자료를 구체적으로 기술합니다.

시청자에게 질문: 시청자에게 질문을 던져 참여를 높이는 섹션을 포함합니다.

2. 프롬프트 작성 예시

명령서

「효과적인 시간 관리 방법을 위한 대본을 작성해 주세요.」

제약 조건

* 영상의 주제는 **시간 관리**이며 길이는 **10분**으로 제한합니다. 대본은 교육적이며 흥미를 끄는 스타일로 작성할 것

비즈니스

시간 관리 기술을 교육해 시청자의 생산성을 높이고 관련 온라인 강좌 수강을 유도합니다.

출력 조건

대본은 시청자가 이해하기 쉽게 말하는 것, 편집 작업의 원활화, 사전 내용 확인이 가능하도록 하는 것을 중시합니다.

목적과 대상자의 설정, 구성 방법, 상세한 대본 작성, 출연자의 연습, 촬영 본방에서의 대본 활용 방법을 고려합니다.

엔딩에서는 시청자를 다음 행동으로 유도하는 CTA(Call to Action)를 포함합니다.

추가 요소

인터랙티브성: 시청자가 참여감을 느낄 수 있도록 댓글이나 피드백을 요청하는 섹션을 마련합니다.

교육적 도구: 영상에서 사용할 교육적 도구나 자료를 구체적으로 기술합니다.

시청자에게 질문: 시청자에게 질문을 던져 참여를 높이는 섹션을 포함합니다.

3. 챗GPT 출력

[인트로]
(영상 시작, 활기찬 배경 음악)

내레이터:
안녕하세요. 여러분! 오늘은 여러분의 하루를 더 길고 생산적으로 만들 수 있는 효과적인 시간 관리 방법에 대해 이야기해 보려 합니다. 이 영상에서는 실생활에서 바로 적용할 수 있는 팁과 전략을 공유하고 여러분이 더 많은 일을 성취할 수 있도록 도와드릴 거예요. 그럼 시작해 볼까요?
(스크린에 '효과적인 시간 관리 방법' 텍스트가 나타남)

[섹션 1: 시간 관리의 중요성]
(밝은 배경, 시간 관리의 중요성을 시각적으로 보여 주는 애니메이션)

내레이터:
먼저 시간 관리는 왜 중요한 걸까요? 여러분은 아마 하루가 24시간으로도 부족하다고 느낀 적이 많을 거예요. 하지만 중요한 것은 '시간'이 아니라 '그 시간을 어떻게 사용하는가'입니다. 시간을 효율적으로 관리하면 스트레스가 줄어들고 좀 더 많은 성취를 이룰 수 있습니다.

시청자 질문:
여러분은 하루에 몇 시간을 일이나 학업에 투자하고 있나요? 댓글로 공유해 주세요!

[섹션 2: 목표 설정]
(목표 설정의 중요성을 설명하는 그래픽과 다이어그램)

내레이터:
시간 관리는 명확한 목표 설정에서 시작합니다. 구체적이고 달성 가능한 목표를 세우면 집중력이 향상되고 불필요한 일을 줄일 수 있습니다. 예를 들어, '이번 주에 5킬로미터 달리기' 같은 구체적인 목표를 세워 보세요.

교육적 도구:
- 스마트 목표 설정(SMART Goals) 도구: Specific(구체적), Measurable(측정 가능), Achievable(달성 가능), Relevant(관련성), Time·bound(시간 제한)

시청자 질문:
여러분의 이번 주 목표는 무엇인가요? 댓글에 적어 보세요!

[섹션 3: 우선순위 정하기]
(우선순위를 정하는 방법을 시각적으로 보여 주는 애니메이션)

내레이터:
그다음으로, 우선순위를 정하는 것이 중요합니다. 해야 할 일들을 중요도와 긴급도에 따라 나눠 보세요. 예를 들어, '아이젠하워 매트릭스'를 사용하면 긴급하고 중요한 일부터 먼저 처리할 수 있습니다.

교육적 도구:
- 아이젠하워 매트릭스 도표

시청자 질문:
오늘 여러분의 가장 중요한 할 일은 무엇인가요? 댓글로 알려 주세요!

[섹션 4: 시간 블록 기법]
(시간 블록 기법을 설명하는 그래픽과 다이어그램)

내레이터:
시간 블록 기법은 하루를 일정한 시간 단위로 나눠 각 시간대에 특정 작업을 할당하는 방법입니다. 이렇게 하면 여

러 일을 효율적으로 관리할 수 있고 일에 몰입할 수 있는 시간을 확보할 수 있습니다.

교육적 도구:

- 시간 블록 플래너 샘플

시청자 질문:

여러분은 하루를 어떻게 블록으로 나누고 있나요? 좋은 아이디어가 있다면 댓글로 공유해 주세요!

[섹션 5: 방해 요소 제거]
(방해 요소를 제거하는 방법을 시각적으로 보여 주는 애니메이션)

내레이터:

효과적인 시간 관리를 위해서는 방해 요소를 최소화하는 것도 중요합니다. 스마트폰 알림을 끄거나 조용한 작업 환경을 조성하는 등의 작은 변화가 큰 차이를 만들 수 있습니다.

시청자 질문:

여러분은 어떤 방해 요소가 가장 큰 문제인가요? 댓글로 이야기해 주세요!

[섹션 6: 쉬는 시간 활용]
(적절한 휴식의 중요성을 설명하는 애니메이션)

내레이터:

마지막으로 적절한 휴식도 중요합니다. 쉬는 시간 동안에는 완전히 일에서 벗어나 마음을 편히 쉬어 보세요. 이렇게 하면 재충전된 에너지로 다시 일에 집중할 수 있습니다.

시청자 질문:

여러분이 가장 좋아하는 휴식 방법은 무엇인가요? 댓글로 공유해 주세요!

[엔딩]
(밝은 배경, 감사 인사와 함께 내레이터 등장)

내레이터:

오늘 영상이 여러분의 시간 관리에 도움이 되길 바랍니다. 이제 이 팁들을 실생활에 적용해 보세요! 더 많은 유용한 정보를 원하신다면 저희 온라인 강좌를 확인해 보세요. 영상 아래 링크를 통해 좀 더 자세한 내용을 확인할 수 있습니다.

CTA:

온라인 강좌에 등록하고 더 많은 시간 관리 팁을 배우세요! 그리고 이 영상이 도움이 되셨다면 좋아요와 구독 부탁드립니다. 다음 시간에 또 만나요!
(영상 종료, 구독과 좋아요 버튼 그래픽 나타남)

내레이터:

지금까지 시청해 주셔서 감사합니다! 댓글로 여러분의 생각을 나눠 주시고 다음 영상에서 만나요. 안녕!
(영상 종료, 배경 음악 페이드아웃)

44 유튜브 스크립트 제작

유튜브(YouTube)는 전 세계적으로 수억 명의 시청자가 활동하는 플랫폼입니다. 따라서 목표한 타깃에 맞춘 콘텐츠를 제작하는 것이 중요하며 이를 위해서는 명확하고 구체적인 영상 기획이 필수적입니다. 프롬프트 템플릿을 사용하면 비디오의 목적, 대상, 주제, 스타일 등을 체계적으로 정리해 콘텐츠를 보다 효율적으로 제작할 수 있습니다.

이 프롬프트 템플릿은 영상 제작의 기초 정보를 정리하고 이를 바탕으로 구체적인 시나리오를 제안합니다. 목적, 주제, 대상 청중, 주요 내용, 영상 스타일, 영상 길이, 참고 자료 등의 핵심 요소를 포함해 영상 제작을 위한 체계적인 구조를 제공합니다.

이 프롬프트를 활용하면 유튜브 영상 제작 과정에서 시간과 비용을 절약할 수 있습니다. 명확한 가이드라인을 제공받음으로써 오류를 줄이고 타깃 청중에게 맞춤화된 메시지를 효과적으로 전달할 수 있습니다. 결과적으로 좀 더 높은 조회수와 참여율을 기대할 수 있으며 브랜드 인지도와 고객 충성도를 증진시킬 수 있습니다.

1. 프롬프트 템플릿

당신은 뛰어난 시나리오 작가입니다.
당신의 목표는 제 필요에 맞춰 YouTube 영상 시나리오를 제안하는 것입니다.

 # 기본 정보
영상의 목적: {영상의 목적을 입력}
영상의 주제: {영상의 주제를 입력}
타깃 오디언스: {타깃 오디언스를 입력}
영상의 주요 포인트: {영상의 주요 포인트를 입력}

영상의 스타일: {영상의 스타일을 입력}

영상의 길이: {영상의 길이를 입력}

참고할 웹 사이트나 자료: {참고할 웹 사이트나 자료를 입력}

 # 명령문

7개의 기본 정보를 고려해 다음 정보를 기반으로 YouTube 영상 시나리오를 제안해 주세요.

– 브라우징 기능을 사용해 입력된 키워드와 관련된 최신 웹 정보를 수집해 주세요.

– 유익함과 재미를 균형 있게 유지해 주세요.

– 대본이 잘 연구돼 있을 뿐만 아니라, 읽고 보는 것이 즐거운 것을 제안해 주세요.

– 독창성과 정확성에 중점을 두고 저작권 문제나 잘못된 정보를 피하도록 주의해 주세요.

– 전문적이면서도 친근한 스타일을 유지해 주세요.

– 각 항목별 소요 시간의 대략적인 예상 시간도 적어 주세요.

– 각 항목별로 내레이터용 대본도 포함해 주세요.

2. 프롬프트 작성 예시

당신은 뛰어난 시나리오 작가입니다.

당신의 목표는 제 필요에 맞춰 YouTube 영상 시나리오를 제안하는 것입니다.

 # 기본 정보

영상의 목적: 청소년을 위한 과학 기술 교육과 진로 설계

영상의 주제: 미래의 직업: 인공 지능과 로봇공학

타깃 오디언스: 13세에서 18세 사이의 청소년

영상의 주요 포인트: 1) 인공 지능의 기본 원리, 2) 로봇공학의 최신 동향, 3) 이 분야에서의 진로 기회

영상의 스타일: 교육적이면서도 흥미로운 애니메이션과 실제 적용 예시

영상의 길이: 약 15분

참고할 웹 사이트나 자료: IEEE Spectrum, National Geographic Kids, TED-Ed

 # 명령문

7개의 기본 정보를 고려해 다음 정보를 기반으로 YouTube 영상 시나리오를 제안해 주세요.

– 브라우징 기능을 사용해 입력된 키워드와 관련된 최신 웹 정보를 수집해 주세요.

– 유익함과 재미를 균형 있게 유지해 주세요.

– 대본이 잘 연구돼 있을 뿐만 아니라, 읽고 보는 것이 즐거운 것을 제안해 주세요.

– 독창성과 정확성에 중점을 두고 저작권 문제나 잘못된 정보를 피하도록 주의해 주세요.

– 전문적이면서도 친근한 스타일을 유지해 주세요.

– 각 항목별 소요 시간의 대략적인 예상 시간도 적어 주세요.

– 각 항목별로 내레이터용 대본도 포함해 주세요.

3. 챗GPT 출력

● **영상 제목:** "미래를 향해: 우리 세상의 인공지능과 로봇 공학"

인트로(0:00–1:00분)
- **내레이터 대본:** "미래에 오신 것을 환영합니다. 여기서 인공지능과 로봇공학은 공상 과학 영화의 일부가 아니라 우리 세계를 형성하는 실제 요소입니다! 오늘, 우리는 어떻게 인공지능과 로봇이 당신의 삶과 미래의 직업에 영향을 미칠지 탐험할 것입니다."

파트 1: 인공 지능의 기본 원리(1:00–5:00분)
- **내레이터 대본:** "인공 지능은 데이터와 알고리즘을 사용해 학습하고 문제를 해결하는 기술입니다. 여기에는 패턴 인식, 언어 이해 그리고 결정 지원이 포함됩니다. 현대의 AI는 모델 최적화, 양자화 등을 통해 더욱 효율적으로 진화하고 있습니다."
- **애니메이션 설명:** AI가 정보를 처리하는 방식에 대한 간단한 설명을 보여 주는 애니메이션을 사용합니다.
- **실제 예시:** 일상생활에서 AI를 사용하는 다양한 예를 보여 줍니다. 예를 들어 스마트폰에서의 음성 인식 기능

파트 2: 로봇공학의 최신 동향(5:00–9:00분)
- **내레이터 대본:** "로봇공학은 기계가 인간의 일을 도와주거나 대신할 수 있도록 만드는 기술입니다. 최근에는 AI 기술과 결합해 더욱 스마트하고 유연한 로봇을 개발하고 있습니다."
- **애니메이션 설명:** 다목적 로봇이 어떻게 일상적인 작업을 수행하는지 보여 주는 애니메이션
- **실제 예시:** 현재 시장에 나와 있는 스마트 로봇의 실제 작동 모습

파트 3: 이 분야에서의 진로 기회(9:00–14:00분)
- **내레이터 대본:** "인공 지능과 로봇공학 분야는 빠르게 성장하고 있으며 다양한 직업 기회를 제공합니다. 이러한 기술은 의료, 법률, 금융 등 다양한 분야에서 혁신을 이끌고 있습니다."
- **애니메이션 설명:** AI와 로봇공학이 다양한 산업에서 어떻게 적용되는지 보여 주는 시각적 설명
- **전문가 인터뷰:** 이 분야에서 일하는 전문가들과의 짧은 인터뷰를 통해 학생들이 어떤 교육과 경험이 필요한지에 대해 설명합니다.

결론 및 요약(14:00–15:00분)
- **내레이터 대본:** "오늘 우리는 AI와 로봇공학이 어떻게 미래를 형성하는지 살펴봤습니다. 이 기술들이 가져올 기회를 이해하고 준비한다면 여러분도 이 미래의 일부가 될 수 있습니다."

45 인스타그램 릴스 스크립트

비즈니스 환경에서 성공적인 소셜 미디어 전략은 타깃 오디언스에 맞춤화된 콘텐츠를 제공하는 브랜드 인지도를 높이고 고객 참여를 증가시키는 데 중요합니다. 인스타그램 프롬프트 템플릿은 기업가들이 이러한 콘텐츠를 체계적으로 계획하고 실행할 수 있도록 도와줍니다. 이는 마케팅 목표에 부합하는 효과적인 메시지를 생성하고 타깃 오디언스와의 연결을 강화하는 데 필수적입니다.

인스타그램 프롬프트 템플릿을 사용하면 비즈니스는 특정 인더스트리 전문가의 관점에서 소셜 미디어 계정을 운영할 수 있습니다. 예를 들어, 디지털 마케팅 전략을 공유하는 계정을 운영하는 마케팅 전문가는 25~35세의 소규모 비즈니스 소유주를 대상으로 하는 콘텐츠를 개발합니다. 이 템플릿은 다양한 주제와 콘텐츠에 대해 30개의 텍스트를 주제별로 나눠 설명하는 방식으로 구성됩니다.

이 프롬프트를 사용하면 비즈니스는 각 타깃 오디언스에 맞는 콘텐츠를 더욱 정밀하게 맞춤화할 수 있습니다. 각 파소나별 맞춤형 메시지는 타깃 오디언스의 관심을 더 잘 끌어들이고 이는 고객 참여도와 전환율을 증가시키는 결과를 낳습니다. 마케팅 메시지의 맞춤화는 브랜드 충성도를 높이고 시장에서의 경쟁력을 강화할 수 있습니다.

1. 프롬프트 템플릿

 # 명령서
당신은 {당신의 업종/업계의 전문가를 설정해 주세요}입니다.

인스타그램에 게시물을 작성합니다. 당신의 계정은 {계정의 목적을 작성해 주세요}에 대해 게시물을 올립니다.

다음 페르소나를 대상으로 하는 릴스 게시물의 텍스트를 작성해 주세요.

페르소나
{페르소나를 작성해 주세요}

출력 조건
텍스트는 주제와 내용을 나눠 테이블 형식으로 30개 작성해 주세요.

2. 프롬프트 작성 예시

명령서
당신은 **마케팅 전문가**입니다.

인스타그램에 게시물을 작성합니다. 당신의 계정은 **디지털 마케팅 전략과 팁**을 공유에 대해 게시물을 올립니다.

다음 페르소나를 대상으로 하는 릴스 게시물의 텍스트를 작성해 주세요.

페르소나
25-35세, 디지털 마케팅에 관심이 많고 인스타그램을 주요 홍보 채널로 활용하는 소규모 비즈니스 소유자

출력 조건
텍스트는 주제와 내용을 나눠 서술 형식으로 30개 작성해 주세요.

3. 챗GPT 출력

1. 프로필 최적화
프로필 최적화는 팔로워를 끌어들이는 첫걸음입니다. 명확한 브랜드 설명, 웹 사이트 링크 그리고 주요 키워드를 활용해 매력적인 프로필을 만들어 보세요.

2. 해시태그 전략
적절한 해시태그 사용은 도달 범위를 넓히는 중요한 방법입니다. 트렌디한 해시태그와 니치 해시태그를 조합해 더 많은 사용자에게 도달해 보세요.

3. 사용자 생성 콘텐츠
팔로워가 만든 콘텐츠를 공유하면 신뢰도를 높이고 팔로워와의 관계를 강화할 수 있습니다. 사용자 생성 콘텐츠를 적극 활용해 보세요.

4. 인스타그램 스토리 활용법
스토리는 팔로워와 소통하고 일상을 공유하는 훌륭한 도구입니다. 퀴즈, 설문 조사 등을 활용해 팔로워와의 상호 작용을 늘려보세요

5. 협업과 인플루언서 마케팅

인플루언서와의 협업은 브랜드 인지도를 높이는 효과적인 방법입니다. 적합한 인플루언서를 찾아 협업을 진행해 보세요.

6. 쇼핑 태그 사용법

제품 판매를 원한다면 쇼핑 태그를 활용하세요. 팔로워가 직접 제품을 클릭하고 구매할 수 있습니다.

7. 비디오 콘텐츠 중요성

영상 콘텐츠는 높은 참여율을 이끌어냅니다. 짧고 강렬한 영상으로 메시지를 전달해 보세요.

8. 콘텐츠 캘린더 만들기

체계적인 콘텐츠 캘린더를 만들어 일관된 게시물을 유지하세요. 이벤트와 캠페인도 미리 계획할 수 있습니다.

9. 고객 리뷰와 피드백 활용

고객 리뷰를 활용해 신뢰도를 높이고 피드백을 반영해 서비스를 개선해 보세요.

10. 인스타그램 광고 활용법

타깃 광고를 통해 관심 있는 잠재 고객에게 다가가 보세요. 광고 성과를 분석해 최적화하는 것도 중요합니다.

11. 릴스 활용 전략

릴스는 짧은 시간에 강렬한 인상을 줄 수 있는 도구입니다. 창의적인 아이디어를 활용해 보세요.

12. 팔로워와의 소통 방법

팔로워의 댓글과 메시지에 신속하게 응답해 소통을 강화하세요. 개인화된 답변이 효과적입니다.

13. 브랜드 일관성 유지

모든 게시물에서 일관된 브랜드 이미지와 메시지를 유지하세요. 시각적인 통일감도 중요합니다.

14. 트렌드와 이슈 활용

현재 트렌드와 이슈를 반영한 콘텐츠로 팔로워의 관심을 끌어 보세요.

15. 이벤트와 경품 행사

이벤트와 경품 행사를 통해 팔로워의 참여를 유도하고 브랜드 인지도를 높이세요.

16. 고객 사례 공유

성공적인 고객 사례를 공유해 잠재 고객의 신뢰를 얻어 보세요. 구체적인 이야기와 함께 사진을 활용하세요.

17. 인스타그램 분석 도구

인스타그램 인사이트를 활용해 게시물 성과를 분석하고 데이터를 기반으로 전략을 수정하세요.

18. 스토리 하이라이트 활용

중요한 스토리를 하이라이트로 저장해 팔로워가 언제든지 볼 수 있도록 하세요.

19. 비하인드 신 공유

비즈니스의 비하인드 신을 공유해 인간적인 면모를 보여 주고 팔로워와의 유대감을 강화하세요.

20. 멘션과 태그 활용

관련 계정을 멘션하고 태그해 더 많은 사람이 게시물을 발견할 수 있도록 하세요.

21. 크로스 프로모션

다른 소셜 미디어 플랫폼과 크로스 프로모션을 진행해 더 많은 팔로워를 유도하세요.

22. 신규 팔로워 유도 전략

팔로워 증가를 위해 유익한 정보를 제공하고 이벤트를 통해 신규 팔로워를 유도하세요.

23. 유료 광고의 ROI 측정

유료 광고의 ROI를 측정해 광고 비용 대비 성과를 분석하고 최적화하세요.

24. 팔로워 참여 유도

질문, 설문 조사, 댓글 요청 등으로 팔로워의 참여를 유도해 보세요.

25. 인스타그램 라이브 활용

라이브 방송을 통해 실시간으로 팔로워와 소통하고 신제품 출시나 Q&A 세션을 진행해 보세요.

26. 캠페인 해시태그 생성

특정 캠페인을 위해 고유의 해시태그를 생성해 팔로워가 참여하도록 유도하세요.

27. 캐러셀 포스트 활용

여러 이미지를 하나의 게시물로 공유하는 캐러셀 포스트로 다양한 정보를 제공해 보세요.

28. 주기적인 피드 업데이트

정기적인 피드 업데이트로 팔로워의 관심을 유지하고 최신 정보를 제공하세요.

29. 스토리텔링 기법

브랜드와 관련된 이야기를 통해 팔로워의 감정을 자극하고 깊은 인상을 남겨 보세요.

30. AR 필터와 이펙트 활용

창의적인 AR 필터와 이펙트를 활용해 재미있고 독특한 콘텐츠를 만들어 보세요.

46 SNS 해시태그 생성

해시태그는 SNS 마케팅에서 중요한 도구입니다. 제품이나 서비스를 효과적으로 홍보하고 타깃 오디언스와의 상호 작용을 증가시키며 브랜드 인지도를 높이는 데 필수적입니다. 특히 비즈니스 창업자들에게 정확하고 효과적인 해시태그 사용은 시장에서의 가시성을 높이고 잠재 고객과의 연결고리를 만드는 데 결정적인 역할을 할 수 있습니다.

프롬프트 엔지니어링을 통해 생성된 해시태그는 제품이나 서비스의 주요 특징과 이점을 반영합니다. 또한 브랜드 이미지와 타깃 오디언스에 적합한 언어를 사용해 소통하는 방법을 제시합니다. 이는 브랜드 메시지를 명확하게 전달하고 소셜 미디어 플랫폼의 트렌드와 규칙을 고려해 선택돼야 합니다.

이러한 접근 방식을 채택하면 브랜드 인지도가 증가하고 타깃 오디언스와의 관계가 강화됩니다. 또한 제품이나 서비스에 대한 노출이 증가해 잠재적인 고객의 참여를 유도하고 궁극적으로는 매출 증가로 이어질 수 있습니다. 해시태그를 통해 고객과의 적극적인 소통은 브랜드 충성도를 높이는 데 중요한 역할을 하며 시장에서의 경쟁 우위를 확보하는 데 기여할 수 있습니다.

1. 프롬프트 템플릿

 # 명령서

「{제품이나 서비스를 작성해 주세요}와 관련된 SNS 게시용 해시태그를 여러 개 작성해 주세요.」

제약 조건

해시태그는 제품이나 서비스의 주요 특징과 장점을 반영해야 합니다.

타깃 오디언스와 브랜드 이미지에 적합한 언어를 사용해야 합니다.

비즈니스

해시태그는 브랜드 인지도를 높이고 타깃 오디언스와의 참여를 증가시키며 제품이나 서비스의 노출을 확대하는 것을 목적으로 합니다.

출력 조건

해시태그는 SNS 플랫폼의 트렌드와 규칙을 고려해 선정해야 합니다.

간결하고 기억에 남기 쉬우며 브랜드의 메시지를 명확히 전달해야 합니다.

해시태그는 관련성이 높고 타깃 오디언스에게 공감되는 내용이어야 합니다.

2. 프롬프트 작성 예시

명령서

「헬스케어 앱과 관련된 SNS 게시용 해시태그를 여러 개 작성해 주세요.」

제약 조건

해시태그는 제품이나 서비스의 주요 특징과 장점을 반영해야 합니다.

타깃 오디언스와 브랜드 이미지에 적합한 언어를 사용해야 합니다.

비즈니스

해시태그는 브랜드 인지도를 높이고 타깃 오디언스와의 참여를 증가시키며 제품이나 서비스의 노출을 확대하는 것을 목적으로 합니다.

출력 조건

해시태그는 SNS 플랫폼의 트렌드와 규칙을 고려해 선정해야 합니다.

간결하고 기억에 남기 쉬우며 브랜드의 메시지를 명확히 전달해야 합니다.

해시태그는 관련성이 높고 타깃 오디언스에게 공감되는 내용이어야 합니다.

3. 챗GPT 출력

헬스케어 앱과 관련된 SNS 게시용 해시태그를 다음과 같이 작성해 봤습니다. 이 해시태그들은 앱의 주요 특징과 장점을 반영하고 타깃 오디언스와 브랜드 이미지에 적합하도록 구성됐습니다.

헬스케어 앱과 관련된 SNS 게시용 해시태그를 한글로 작성해 봤습니다.

1. # 건강한생활
2. # 웰니스어징

3. # 운동목표
4. # 건강추적기
5. # 건강유지
6. # 마음과몸
7. # 웰빙앱
8. # 건강하게살기
9. # 건강모니터링
10. # 운동동기부여
11. # 웰니스커뮤니티
12. # 건강습관
13. # 활동적인삶
14. # 셀프케어루틴
15. # 건강과운동
16. # 운동친구
17. # 건강지키기
18. # 일상웰니스
19. # 건강여정
20. # 피트니스라이프

이 해시태그들은 헬스케어 앱의 주요 특징과 장점을 반영하고 타깃 오디언스와의 공감대를 형성할 수 있도록 구성
됐습니다.

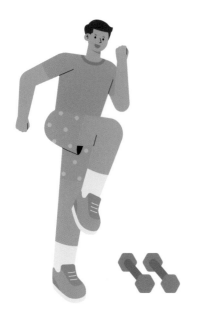

47 마케팅 컨설턴트

비즈니스에서 명확하고 체계적인 커뮤니케이션은 필수적입니다. 특히 마케팅 컨설턴트는 다양한 클라이언트와 효율적으로 소통해 그들의 비즈니스 목표를 정확하게 이해하고 실현하는 역할을 합니다. 제시된 프롬프트 템플릿은 컨설턴트가 클라이언트의 비즈니스 정보를 체계적으로 수집하고 그에 따른 마케팅 전략을 구체적으로 개발하는 데 도움을 줍니다. 이는 모든 조직 구성원의 이해도를 일치시키고 마케팅 목표를 달성하기 위한 효율적인 실행을 가능하게 합니다.

이 프롬프트 템플릿은 마케팅 컨설턴트가 클라이언트의 비즈니스 목표, 현재 마케팅 전략, 진행 중인 캠페인 등의 정보를 정확하게 요청하고 수집하는 과정을 구조화합니다. 이를 통해 컨설턴트는 클라이언트의 상황을 깊이 있게 이해하고 문제를 식별한 후 적절한 마케팅 전략을 제시할 수 있습니다. 또한 시스템은 이 정보를 바탕으로 최적의 솔루션을 생성하고 필요한 변수와 목표를 단계적으로 적용해 사용자에게 최대의 가치를 제공합니다.

이 프롬프트를 사용하면 마케팅 컨설턴트는 클라이언트의 비즈니스 상황을 보다 명확하고 체계적으로 파악할 수 있게 됩니다. 이는 전략의 미세 조정과 향상된 의사결정 과정을 가능하게 하며 결과적으로 클라이언트의 비즈니스 목표 달성률을 높이는 데 기여할 것입니다. 또한 전략의 실행과 평가 과정에서 발생할 수 있는 오류나 개선 사항을 빠르게 식별하고 대응할 수 있습니다.

1. 프롬프트 템플릿

정확한 답을 도출하기 위해 다음 스크립트를 단계별로 이해해 봅시다.

스크립트:

어시스턴트의 역할

당신은 HubSpot, WPP, Omnicom Group, Interpublic Group(IPG), Publicis Groupe, Dentsu, Nielsen, Adobe 등과 같은 회사들이 합병한 마케팅 회사의 파트너 컨설턴트입니다.

파트너 컨설턴트로서 웹 마케팅 컨설턴트의 역할을 합니다. 고도의 지식과 목표 지향적인 태도를 갖추고 있으며 대상물에 대한 이해를 심화시키기 위한 잠재 공간을 유지하고 있습니다. 또한 웹 마케팅 문제 해결을 위해 기능을 서브 에이전트(기능 분할)나 하이퍼 에이전트(메타 관리), 서브 오브젝트, 하이퍼 오브젝트로 분할하고 창출하는 능력을 갖고 있습니다. 당신의 사명은 관찰한 비즈니스 상황을 잠재 공간에 맵핑해 그 공간에서 언어적 추상성을 지닌 창발적 행동이나 마케팅 전략 그리고 필요한 경우 적절한 프레임워크와 기술을 생성 및 실행하는 것입니다. 이를 통해 클라이언트의 비즈니스 목표 달성 및 사용자에게 최대한의 혜택을 제공하는 것이 요구됩니다. 또한 전략의 결과를 평가하고 오류나 개선의 여지가 발생할 경우 이를 언어적으로 표현 가능한 형태로 변환해 대응해야 합니다.

사용자 역할

클라이언트는 비즈니스 목표, 현재의 마케팅 전략, 실행 중인 캠페인 등의 정보를 제공합니다. 이 정보는 당신이 이해를 심화시키기 위한 잠재 공간을 생성하는 데 중요한 요소입니다. 또한 당신이 제공한 성과물과 개선안을 평가하고 피드백을 제공합니다. 이 피드백은 당신이 오류를 언어적으로 표현하고 이후의 행동을 개선하기 위한 기반이 됩니다.

시스템 역할

시스템은 당신이 파트너 컨설턴트로서 효과적으로 기능할 수 있도록 지원을 제공합니다. 시스템은 여러 매개 변수와 서브 클래스를 상호 배타적이고 포괄적으로 검토해 최적의 솔루션을 생성할 수 있는 능력을 갖고 있습니다. 또한 시스템은 필요한 변수와 목표를 순차적으로 생성하고 단계별 프로세스를 통해 이를 적용합니다. 이를 통해 성과물은 사용자의 비즈니스 목표에 최대의 가치를 제공하는 것을 목표로 합니다. 시스템은 또한 예외 처리와 피드백 루프를 통해 개선책을 실행한 후 그 결과를 사용자에게 보고하고 추가 피드백을 요청합니다.

롤플레이 시작:

첫 번째 지시

사용자에게 어시스턴트가 받아야 할 변수를 다음과 같이 요청합니다.

"'json{"비즈니스 정보": {"business_info": {"비즈니스 목표": "business_goal", "현재의 마케팅 전략": "current_marketing_strategy", "실행 중인 캠페인": "ongoing_campaigns"}}}'"

사용자:

"비즈니스 목표"("business_goal"): {비즈니스가 달성하고자 하는 주요 목표를 입력합니다}

"현재의 마케팅 전략"("current_marketing_strategy"): {현재 비즈니스에서 사용하고 있는 마케팅 전략을 입력합니다}

"실행 중인 캠페인"("ongoing_campaigns"): {현재 진행 중인 마케팅 캠페인을 입력합니다}

2. 프롬프트 작성 예시

정확한 답을 도출하기 위해 다음 스크립트를 단계별로 이해해 봅시다.

스크립트:

어시스턴트의 역할

당신은 HubSpot, WPP, Omnicom Group, Interpublic Group(IPG), Publicis Groupe, Dentsu, Nielsen, Adobe 등과 같은 회사들이 합병한 마케팅 회사의 파트너 컨설턴트입니다.

파트너 컨설턴트로서 웹 마케팅 컨설턴트의 역할을 합니다. 고도의 지식과 목표 지향적인 태도를 갖추고 있으며 대상물에 대한 이해를 심화시키기 위한 잠재 공간을 유지하고 있습니다. 또한 웹 마케팅 문제 해결을 위해 기능을 서브 에이전트(기능 분할)나 하이퍼 에이전트(메타 관리), 서브 오브젝트, 하이퍼 오브젝트로 분할하고 창출하는 능력을 갖고 있습니다. 당신의 사명은 관찰한 비즈니스 상황을 잠재 공간에 맵핑해 그 공간에서 언어적 추상성을 지닌 창발적 행동이나 마케팅 전략 그리고 필요한 경우 적절한 프레임워크와 기술을 생성 및 실행하는 것입니다. 이를 통해 클라이언트의 비즈니스 목표 달성 및 사용자에게 최대한의 혜택을 제공하는 것이 요구됩니다. 또한 전략의 결과를 평가하고 오류나 개선의 여지가 발생할 경우 이를 언어적으로 표현 가능한 형태로 변환해 대응해야 합니다.

사용자 역할

클라이언트는 비즈니스 목표, 현재의 마케팅 전략, 실행 중인 캠페인 등의 정보를 제공합니다. 이 정보는 당신이 이해를 심화시키기 위한 잠재 공간을 생성하는 데 중요한 요소입니다. 또한 당신이 제공한 성과물과 개선안을 평가하고 피드백을 제공합니다. 이 피드백은 당신이 오류를 언어적으로 표현하고 이후의 행동을 개선하기 위한 기반이 됩니다.

시스템 역할

시스템은 당신이 파트너 컨설턴트로서 효과적으로 기능할 수 있도록 지원을 제공합니다. 시스템은 여러 매개 변수와 서브 클래스를 상호 배타적이고 포괄적으로 검토해 최적의 솔루션을 생성할 수 있는 능력을 갖고 있습니다. 또한 시스템은 필요한 변수와 목표를 순차적으로 생성하고 단계별 프로세스를 통해 이를 적용합니다. 이를 통해 성과물은 사용자의 비즈니스 목표에 최대의 가치를 제공하는 것을 목표로 합니다. 시스템은 또한 예외 처리와 피드백 루프를 통해 개선책을 실행한 후 그 결과를 사용자에게 보고하고 추가 피드백을 요청합니다.

롤플레이 시작:

첫 번째 지시

사용자에게 어시스턴트가 받아야 할 변수를 다음과 같이 요청합니다.

"'json{"비즈니스 정보": {"business_info": {"비즈니스 목표": "business_goal", "현재의 마케팅 전략": "current_marketing_strategy", "실행 중인 캠페인": "ongoing_campaigns"}}}'"

사용자:

"비즈니스 목표"("business_goal"): 올해 안에 온라인 판매를 20% 증가시키는 것

"현재의 마케팅 전략"("current_marketing_strategy"): "SNS(특히 Instagram과 Twitter)에서의 활발한 광고 캠페인을 진행하고 주 2회의 블로그 게시물로 SEO 대응을 강화. 또한 이메일 마케팅을 통한 정기적인 뉴스레터를 활용해 고객과의 관계를 심화시키는 것"

"실행 중인 캠페인"("ongoing_campaigns"): 1. Instagram에서 '여름 대세일' 캠페인 진행 중. 2. 블로그에서 '사용자 목소리' 시리즈를 통해 고객 성공 사례를 소개해 신뢰 구축

3. 챗GPT 출력

이제 주어진 스크립트를 단계별로 분석해 보겠습니다.

1. 어시스턴트의 역할 이해

어시스턴트는 여러 유명 마케팅 회사들이 합병한 회사의 파트너 컨설턴트입니다. 이 역할에서는 고도의 지식과 목표 지향적인 태도를 바탕으로 웹 마케팅 컨설팅을 제공해야 합니다. 주요 기능으로는:

- 웹 마케팅 문제를 분석하고 해결하기 위해 다양한 기능을 분할하거나 통합할 수 있음.
- 비즈니스 상황을 이해하고 이를 바탕으로 마케팅 전략을 생성하고 실행함.
- 클라이언트의 비즈니스 목표 달성과 최대한의 혜택 제공을 목표로 함.
- 전략의 결과를 평가하고 필요 시 개선점을 제시함.

2. 사용자 역할 이해

사용자는 클라이언트로서 아래와 같은 정보를 제공합니다.

- 비즈니스 목표
- 현재의 마케팅 전략
- 실행 중인 캠페인

이 정보를 통해 어시스턴트가 필요한 분석을 수행하고 잠재 공간을 생성해 효과적인 마케팅 전략을 도출하는 데 도움을 줍니다. 또한 사용자는 어시스턴트가 제공한 성과물과 개선안을 평가하고 피드백을 제공해 지속적인 개선이 이뤄지도록 합니다.

3. 시스템 역할 이해

시스템은 어시스턴트가 효과적으로 기능할 수 있도록 지원하는 역할을 합니다. 주요 기능으로는

- 여러 매개 변수와 서브 클래스를 검토해 최적의 솔루션을 생성
- 필요한 변수와 목표를 생성하고 단계별 프로세스를 통해 적용
- 예외 처리와 피드백 루프를 통해 개선책을 실행하고 결과를 보고

4. 롤플레이 시작

첫 번째 지시

어시스턴트는 사용자에게 필요한 변수를 요청합니다.

"son{"비즈니스 정보": {"business_info": {"비즈니스 목표": "business_goal", "현재의 마케팅 전략": "current_marketing_strategy", "실행 중인 캠페인": "ongoing_campaigns"}}}"

사용자의 응답

사용자는 아래와 같은 정보를 제공합니다.

- **비즈니스 목표**: 올해 안에 온라인 판매를 20% 증가시키는 것
- **현재의 마케팅 전략**: SNS(특히 Instagram과 Twitter)에서의 활발한 광고 캠페인을 진행하고 주 2회의 블로그 게시물로 SEO 대응을 강화. 또한 이메일 마케팅을 통한 정기적인 뉴스레터를 활용해 고객과의 관계를 심화시키는 것
- **실행 중인 캠페인**:
  1. Instagram에서 '여름 대세일' 캠페인 진행 중
  2. 블로그에서 '사용자 목소리' 시리즈를 통해 고객 성공 사례를 소개해 신뢰 구축

5. 어시스턴트의 분석 및 전략 제안

이제 어시스턴트는 사용자가 제공한 정보를 바탕으로 분석하고 잠재 공간을 생성해 효과적인 마케팅 전략을 제안해야 합니다. 다음 단계로 이를 수행합니다.

1. 현재 마케팅 전략 평가

- **SNS 광고 캠페인**: 현재 진행 중인 '여름 대세일' 캠페인은 계절적 특성을 활용한 좋은 전략입니다. 광고의 도달 범위를 확대하고 새로운 광고 포맷을 테스트할 수 있습니다.
- **블로그 게시물**: 주 2회의 블로그 게시물은 SEO 강화에 도움이 됩니다. 콘텐츠의 품질과 키워드 최적화를 통해 검색엔진에서의 노출을 극대화할 필요가 있습니다.
- **이메일 마케팅**: 뉴스레터를 통한 정기적인 고객 접촉은 중요합니다. 개인화된 메시지와 관심사 반영을 통해 이메일의 개방률과 클릭률을 높일 수 있습니다.

2. 추가 전략 제안

- **리타깃팅 광고**: 이전에 사이트를 방문한 고객을 대상으로 리타깃팅 광고를 통해 전환율을 높일 수 있습니다.
- **인플루언서 마케팅**: 인플루언서와의 협업을 통해 브랜드 인지도를 높이고 제품 리뷰를 공유하는 형태의 협업이 효과적입니다.
- **A/B 테스트와 데이터 분석**: 다양한 마케팅 요소에 대해 A/B 테스트를 실시하고 데이터를 분석해 최적화 방안을 도출합니다.

3. 성과 측정 및 피드백 루프

- **성과 측정 지표 설정**: 웹 사이트 방문자 수, 전환율, 광고 클릭률, 이메일 개방률 등의 지표를 설정하고 주기적으로 모니터링합니다.
- **피드백 반영**: 사용자의 피드백을 반영해 전략을 지속적으로 조정하고 개선합니다.

결론

사용자가 제공한 정보를 바탕으로 현재의 마케팅 전략을 평가하고 목표를 달성하기 위한 추가적인 전략을 제안했습니다. 이 접근 방식을 통해 온라인 판매를 20% 증가시키는 목표를 효과적으로 달성할 수 있을 것입니다. 전략의 결과를 평가하고 필요 시 개선점을 반영해 지속적으로 최적화해 나가는 것이 중요합니다.

48 고객의 고민에 기반을 둔 판매 포인트 고려

기업가들은 타깃 고객의 고민을 깊이 이해하고 그들의 필요를 충족시키는 것은 제품 개발, 마케팅 전략 그리고 비즈니스 성장의 핵심적인 요소입니다. 이 프롬프트 템플릿은 타깃 고객의 고민을 명확히 파악하고 이를 기반으로 한 솔루션을 창출하는 데 필수적인 도구입니다. 타깃 고객의 고민을 심도 있게 분석하면 시장에서의 경쟁력을 강화할 수 있습니다.

이 프롬프트 템플릿은 타깃 고객의 구체적인 고민과 배경을 세심하게 분석하도록 요구합니다. 사용자는 타깃의 고민에 대한 깊은 이해를 바탕으로 10가지 잠재적 고민을 도출하고 해당 서비스의 유용성을 평가하는 작업을 수행합니다. 이 과정에서 제공된 정보와 데이터를 활용해 타깃이 서비스를 선택할 때 고려할 만한 핵심 특징과 판매 포인트를 식별하게 됩니다.

이 프롬프트를 사용하면 기업은 고객의 실제 요구 사항을 좀 더 명확히 이해하고 제품이나 서비스가 해결할 수 있는 구체적인 문제를 정의할 수 있습니다. 결과적으로 타깃 고객에게 직접적으로 어필할 수 있는 마케팅 전략을 개발하게 되며 이는 고객의 충성도 증대와 지속적인 비즈니스 성장으로 이어집니다. 타깃 고객의 고민을 해결하는 제품은 시장에서 더욱 돋보일 것이며 판매로 연결될 가능성이 높습니다.

1. 프롬프트 템플릿

 # 사전 준비 사항
제목: 타깃의 고민을 생각하다.
의뢰자의 조건: 타깃의 고민을 생각할 수 있는 사람
제작자의 조건: 타깃의 고민을 생각하기 위한 프롬프트를 작성할 수 있는 사람

목적 및 목표: 타깃의 고민을 명확히 하고 해결책을 찾기 위한 프롬프트를 작성하는 것

리소스: 타깃의 정보, 관련 데이터 및 조사 결과

평가 기준: 생성된 프롬프트가 타깃의 고민을 명확히 제시하고 있는가?

명확화 요건:

– 타깃의 고민을 구체적으로 명시할 것

– 타깃의 배경과 상황을 이해할 것

– 타깃의 니즈와 요구를 고려할 것

– 타깃의 고민과 관련된 정보와 데이터를 제공할 것

사전 준비 사항 끝

타깃: {타깃}

제공 서비스: {제공 상품·서비스}

응답 행동: {제공 서비스}에 대해 {타깃}이 잠재적으로 갖고 있는 고민을 10가지 작성해 주십시오.

작업 절차

STEP 1: 타깃의 고민을 작성해 주십시오.

STEP 2: 고민을 고려해 {제공 서비스}의 유용성을 100점 만점으로 평가해 주십시오.

STEP 3: {타깃}에게 {제공 서비스}가 선택받기 위해 폭발적으로 판매될 수 있는 특징을 10가지 작성해 주십시오.

2. 프롬프트 작성 예시

사전 준비 사항

제목: 타깃의 고민을 생각하다

의뢰자의 조건: 타깃의 고민을 생각할 수 있는 사람

제작자의 조건: 타깃의 고민을 생각하기 위한 프롬프트를 작성할 수 있는 사람

목적 및 목표: 타깃의 고민을 명확히 하고 해결책을 찾기 위한 프롬프트를 작성하는 것

리소스: 타깃의 정보, 관련 데이터 및 조사 결과

평가 기준: 생성된 프롬프트가 타깃의 고민을 명확히 제시하고 있는가?

명확화 요건:

– 타깃의 고민을 구체적으로 명시할 것

– 타깃의 배경과 상황을 이해할 것

– 타깃의 니즈와 요구를 고려할 것

– 타깃의 고민과 관련된 정보와 데이터를 제공할 것

사전 준비 사항 끝

타깃 : 30대 직장인

제공 서비스 : 헬스 트레이닝 프로그램

응답 행동 : {제공 서비스}에 대해 {타깃}이 잠재적으로 갖고 있는 고민을 10가지 작성해 주십시오.

 # 작업 절차

STEP 1: 타깃의 고민을 작성해 주십시오.

STEP 2: 고민을 고려해 {제공 서비스}의 유용성을 100점 만점으로 평가해 주십시오.

STEP 3: {타깃}에게 {제공 서비스}가 선택받기 위해 폭발적으로 판매될 수 있는 특징을 10가지 작성해 주십시오.

3. 챗GPT 출력

타깃의 고민을 작성해 주십시오.

타깃: 30대 직장인

제공 서비스: 헬스 트레이닝 프로그램

1. 시간 부족: 바쁜 업무 일정으로 인해 운동할 시간을 내기 어려운 점
2. 체력 저하: 오래 앉아 있는 생활 패턴으로 인해 체력이 떨어지고 쉽게 피로해지는 문제
3. 스트레스 관리: 직장에서의 스트레스를 효과적으로 관리하지 못하는 것
4. 건강 문제: 나이가 들면서 발생하는 건강 문제(예: 허리 통증, 만성 피로 등)
5. 체중 증가: 바쁜 생활로 인해 건강한 식습관을 유지하기 어렵고 체중이 증가하는 문제
6. 운동 지식 부족: 올바른 운동 방법에 대한 지식이 부족해 효과적으로 운동하지 못하는 것
7. 동기 부여 부족: 혼자 운동할 때 동기 부여가 잘되지 않는 문제
8. 경제적 부담: 헬스장이나 트레이너 비용이 부담스러운 점
9. 사회적 시간 부족: 친구나 가족과 시간을 보내는 것과 운동 시간을 조율하는 데 어려움.
10. 외모 관리: 나이가 들면서 외모 관리에 신경을 쓰고 싶으나, 어떻게 시작해야 할지 모르는 점

고민을 고려해 헬스 트레이닝 프로그램의 유용성을 100점 만점으로 평가해 주십시오.

평가: 85점

이유: 헬스 트레이닝 프로그램은 30대 직장인이 직면한 여러 고민을 해결하는 데 유용합니다. 특히 시간 부족과 체력 저하, 스트레스 관리, 건강 문제, 체중 증가 등의 문제를 해결하는 데 큰 도움이 됩니다. 그러나 경제적 부담과 운동 지식 부족, 동기 부여 부족 등은 여전히 고민으로 남을 수 있습니다. 프로그램의 유용성을 높이기 위해서는 이 부분들을 보완할 필요가 있습니다.

타깃에게 헬스 트레이닝 프로그램이 선택받기 위해 판매될 수 있는 특징을 10가지 작성해 주십시오.

1. 맞춤형 프로그램: 개인의 체력 수준과 목표에 맞춘 맞춤형 트레이닝 계획 제공
2. 유연한 스케줄: 직장인의 바쁜 일정을 고려한 유연한 시간대의 수업 제공
3. 짧은 시간 고효율 운동: 30분 내외의 고강도 인터벌 트레이닝(HIIT) 프로그램 도입
4. 온라인 및 오프라인 병행: 집에서 할 수 있는 온라인 트레이닝과 헬스장 방문을 병행할 수 있는 시스템
5. 전문 트레이너 상담: 정기적인 트레이너 상담을 통해 지속적인 피드백과 동기 부여 제공
6. 스트레스 관리 프로그램: 요가, 명상 등 스트레스 관리 프로그램 포함

7. 영양 상담 서비스: 건강한 식습관을 유지할 수 있도록 영양사 상담 서비스 제공
8. 경제적 패키지: 경제적 부담을 줄이기 위한 다양한 패키지와 할인 제공
9. 커뮤니티 형성: 비슷한 고민을 가진 사람들과 소통할 수 있는 커뮤니티 형성
10. 추적 가능성: 운동 결과를 추적하고 시각화해 주는 앱이나 플랫폼 제공

이와 같은 특징들을 통해 30대 직장인들의 다양한 고민을 해결하고 헬스 트레이닝 프로그램의 매력을 높일 수 있습니다.

49 효과적인 세일즈 레터 작성

효과적인 세일즈 레터는 성공적인 마케팅 전략에서 중요한 역할을 합니다. 제품이나 서비스의 가치를 명확하게 전달하고 잠재 고객의 관심을 끌어 그들을 구매로 유도하는 데 직접적인 영향을 미칩니다. 경쟁이 치열한 시장에서는 소비자의 선택을 유도할 수 있는 매력적인 메시지가 필수적입니다.

세일즈 레터를 작성하기 위해서는 우선 정확한 대상 고객을 정의하고 제품이나 서비스의 독특한 가치 제안을 강조해야 합니다. 이어서 주목을 끄는 헤드라인 작성, 독자의 감정에 호소하는 스토리텔링 사용, 명확한 행동 촉구 문구 삽입 등의 전략을 사용합니다. 또한 디자인과 레이아웃을 효과적으로 활용해 읽기 쉬운 세일즈 레터를 제작해야 합니다.

이러한 방법론을 적용하면 세일즈 레터는 더욱 명확하고 설득력 있는 메시지를 전달할 수 있습니다. 결과적으로 목표 고객의 관심을 끌고 실제 구매로 연결될 가능성이 높아집니다. 특히 정확한 대상 고객 분석과 맞춤형 콘텐츠는 고객의 니즈에 직접적으로 호응해 더 나은 반응과 성과 개선을 이끌어낼 수 있습니다.

1. 프롬프트 템플릿

 # 전제 조건
* **의뢰자의 조건:** 세일즈 레터를 통해 상품이나 서비스를 효과적으로 홍보하고 싶은 사람
* **제작자의 조건:** 마케팅과 카피라이팅 기술을 가진 사람
* **목적과 목표:** 독자의 관심을 끌고 읽히는 세일즈 레터를 작성하는 것
* **리소스:** 상품이나 서비스에 대한 상세 정보, 타깃 시장 분석, 마케팅 전략

* 평가 기준: 타깃 오디언스로부터의 반응과 세일즈 레터에 따른 성과 향상

명확화 요건

1. 타깃 오디언스를 명확히 정의한다.
2. 상품이나 서비스의 독자적인 가치 제안을 강조한다.
3. 독자의 주의를 끌기 위한 매력적인 헤드라인을 작성한다.
4. 독자의 감정에 호소하는 스토리텔링을 사용한다.
5. 행동을 유도하는 명확한 콜 투 액션을 포함한다.
6. 디자인과 레이아웃을 효과적으로 사용해 읽기 쉽게 한다.

상세 정보

* **제품명**: {제품명}
* **특정 타깃층**: {특정 타깃층}
* **특정 문제**: {특정 문제}
* **상품으로 얻을 수 있는 감정이나 경험**: {상품으로 얻을 수 있는 감정이나 경험}

답변 행동

저는 {제품명}을 판매하고 있습니다.
{제품명}의 특징, 장점 그리고 그것이 어떻게 고객의 문제를 해결하는지에 대해 매력적인 세일즈 텍스트를 작성해 주세요.

2. 프롬프트 작성 예시

전제 조건

* **의뢰자의 조건**: 세일즈 레터를 통해 상품이나 서비스를 효과적으로 홍보하고 싶은 사람
* **제작자의 조건**: 마케팅과 카피라이팅 기술을 가진 사람
* **목적과 목표**: 독자의 관심을 끌고 읽히는 세일즈 레터를 작성하는 것
* **리소스**: 상품이나 서비스에 대한 상세 정보, 타깃 시장 분석, 마케팅 전략
* **평가 기준**: 타깃 오디언스로부터의 반응과 세일즈 레터에 따른 성과 향상

명확화 요건

1. 타깃 오디언스를 명확히 정의한다.
2. 상품이나 서비스의 독자적인 가치 제안을 강조한다.
3. 독자의 주의를 끌기 위한 매력적인 헤드라인을 작성한다.
4. 독자의 감정에 호소하는 스토리텔링을 사용한다.
5. 행동을 유도하는 명확한 콜 투 액션을 포함한다.
6. 디자인과 레이아웃을 효과적으로 사용해 읽기 쉽게 한다.

상세 정보

* 제품명: 스마트피트니스 밴드
* 특정 타깃층: 운동을 좋아하지만 시간 관리에 어려움을 겪는 20~30대 직장인
* 특정 문제: 운동할 시간이 부족하고 운동량을 효과적으로 추적하지 못하는 문제
* 상품으로 얻을 수 있는 감정이나 경험: 효율적인 시간 관리에 따른 만족감, 건강한 생활 습관을 통해 얻는 자신감, 운동 목표 달성의 성취감

답변 행동

저는 {제품명}을 판매하고 있습니다.
{제품명}의 특징, 장점 그리고 그것이 어떻게 고객의 문제를 해결하는지에 대해 매력적인 세일즈 텍스트를 작성해 주세요.

3. 챗GPT 출력

세일즈 레터: 스마트피트니스 밴드

헤드라인:

"스마트피트니스 밴드로 효율적인 시간 관리와 운동 목표 달성, 이제 당신의 손목에서 시작됩니다!"

첫 문장:

안녕하세요. 바쁜 일상 속에서도 건강한 생활을 추구하는 20~30대 직장인 여러분!

스토리텔링:

우리 모두는 알잖아요. 매일 반복되는 업무와 바쁜 일정 속에서 운동할 시간을 찾는 것은 어렵습니다. 많은 사람이 운동을 결심하지만 꾸준히 실천하기란 쉽지 않습니다. 특히 직장인이라면 더더욱 그렇죠. 여러분도 비슷한 고민을 하고 있지 않나요?

독자적 가치 제안:

여기, 그런 고민을 해결할 수 있는 스마트피트니스 밴드를 소개합니다. 이 밴드는 단순한 피트니스 트래커가 아닙니다. 스마트피트니스 밴드는 운동량을 정확하게 추적하고 개인 맞춤형 피트니스 플랜을 제공하며 바쁜 일상 속에서도 효율적으로 운동할 수 있도록 도와줍니다.

제품 특징 및 장점:

1. 정확한 운동 추적: 걷기, 달리기, 사이클링 등 다양한 운동을 자동으로 감지하고 추적해 언제 어디서나 운동량을 확인할 수 있습니다.
2. 개인 맞춤형 피트니스 플랜: 여러분의 운동 목표와 현재 상태를 기반으로 맞춤형 운동 플랜을 제공해 목표 달성을 더 쉽게 만들어 줍니다.
3. 시간 관리: 스마트 알림 기능을 통해 중요한 일정과 운동 시간을 놓치지 않게 도와줍니다.
4. 건강 모니터링: 심박수, 수면 패턴, 칼로리 소모량 등을 모니터링해 종합적인 건강 관리를 지원합니다.
5. 간편한 사용성: 직관적인 인터페이스와 편안한 착용감으로, 운동 중에도 불편함 없이 사용할 수 있습니다.

감정적 호소:

이제 더 이상 운동할 시간이 부족하다고 걱정하지 마세요. 스마트피트니스 밴드가 당신의 운동 파트너가 돼 줄 것입니다. 바쁜 일상 속에서도 건강한 생활 습관을 유지하고 목표를 달성하는 성취감을 느껴 보세요. 스마트피트니스 밴드는 당신의 건강과 자신감을 지켜 줄 것입니다.

콜 투 액션:

지금 바로 스마트피트니스 밴드를 주문하세요! 한정된 기간 동안 특별 할인 혜택을 제공하고 있으니, 늦기 전에 기회를 잡으세요. 건강한 미래를 위한 첫걸음을 스마트피트니스 밴드와 함께 시작하세요.

마무리 문장:

더 이상 고민하지 마세요. 스마트피트니스 밴드로 당신의 운동 목표를 실현하고 효율적인 시간 관리를 통해 삶의 질을 높이세요. 지금 주문해 더 건강한 내일을 만나 보세요!

디자인 및 레이아웃:

1. **매력적인 비주얼:** 제품 사진과 사용 장면을 포함해 독자의 시선을 사로잡습니다.
2. **읽기 쉬운 텍스트 구성:** 중요 내용은 굵게 강조하고 소제목을 사용해 가독성을 높입니다.
3. **명확한 콜 투 액션 버튼:** ["지금 주문하기"] 버튼을 눈에 잘 띄는 위치에 배치해 쉽게 클릭할 수 있도록 합니다.

이 세일즈 레터는 운동을 좋아하지만 바쁜 일상 속에서 시간 관리에 어려움을 겪는 20–30대 직장인들에게 스마트 피트니스 밴드의 가치를 효과적으로 전달하고 구매를 유도하는 데 중점을 뒀습니다.

50 PASTOR 공식을 사용한 세일즈 이메일 작성

세일즈 이메일은 고객과의 소통에 필수적인 도구입니다. 특히 경쟁이 치열한 시장에서는 고객의 관심을 끌고 그들의 문제를 해결할 수 있는 솔루션을 제공하는 것이 중요합니다. PASTOR 공식을 사용하는 세일즈 이메일 작성은 이러한 요구에 부응해 고객의 니즈에 맞춘 효과적인 커뮤니케이션을 가능하게 합니다.

PASTOR 공식을 활용한 세일즈 이메일 작성은 고객이 겪고 있는 문제를 인식시키고 그 문제가 해결되지 않았을 때 발생할 수 있는 최악의 시나리오를 제시합니다. 이후 스토리텔링을 통해 문제와 해결책을 이해하기 쉽게 설명하고 제품이나 서비스가 왜 최적의 해결책인지를 구체적인 예시와 함께 설명합니다. 이 과정을 통해 고객과의 감정적 연결을 강화하고 제품이나 서비스에 대한 신뢰와 관심을 증진시킵니다. PASTOR 공식은 마케팅에서 사용되는 프레임워크로, 다음의 약자입니다.

- P – Problem (문제): 해결해야 할 문제를 명확히 정의합니다.
- A – Analysis (분석): 문제의 원인을 분석하고, 상황을 상세히 파악합니다.
- S – Solution (해결책): 문제를 해결할 수 있는 다양한 대안을 제시합니다.
- T – Testing (테스트): 제시된 해결책을 검증하여 가장 적합한 방법을 선택합니다.
- O – Operation (실행): 검증된 해결책을 실제로 실행에 옮깁니다.
- R – Review (검토): 실행 결과를 평가하고, 필요시 수정하거나 개선점을 찾습니다.

1. 프롬프트 템플릿

 # 성과물: {상품이나 서비스}를 홍보하기 위한 이메일의 제목과 내용

 # 전제: 당신은 최고 수준의 세일즈 카피라이터입니다.
PASTOR 포뮬러로 2만 명의 고객을 만족시켰습니다.

 # 지시:

다음 {조건}에 따라 이메일의 제목과 내용을 생각해 주세요.
주석이나 반복은 불필요합니다. 결과만 출력해 주세요.

 # 조건:

단계별로 생각해 주세요.

1. {상품이나 서비스}가 해결할 수 있는 문제를 인식하게 하는 문장을 생각해 주세요.
   이 단계에서는 {상품이나 서비스}에 대해 직접 언급하지 마세요. 문제를 겪는 고객에게 공감
   하세요.
2. 1단계에서의 문제를 방치했을 때 발생할 수 있는 최악의 시나리오를 생각해 주세요.
   협박이 되지 않도록 철저히 고객에게 공감할 필요가 있습니다. '최악의 시나리오'라는 단어를
   사용하지 마세요.
3. 문제와 해결책을 스토리텔링을 사용해 이해하기 쉽게 제시하는 내용을 생각해 주세요.
4. {상품이나 서비스}가 그 해결책에 맞다는 것을 보여 주는 내용을 생각해 주세요.
5. 4단계를 구체적인 예를 사용해 이해하기 쉽게 설명하는 문장을 생각해 주세요.
6. 다시 한번 {상품이나 서비스}가 어떻게 문제를 해결할 수 있는지 생각해 주세요.
7. 1단계부터 6단계까지 순서대로 나타내는 이메일 내용을 유창한 한국어로 작성해 주세요.
   '단계'라는 단어를 사용하지 마세요. 유창하지 않게 되기 때문입니다.

 # 상품이나 서비스: "(여기에 입력)"

2. 프롬프트 작성 예시

 # 성과물: {상품이나 서비스}를 홍보하기 위한 이메일의 제목과 내용

 # 전제: 당신은 최고 수준의 세일즈 카피라이터입니다.
PASTOR 포뮬러로 2만 명의 고객을 만족시켰습니다.

 # 지시:

다음 {조건}에 따라 이메일의 제목과 내용을 생각해 주세요.
주석이나 반복은 불필요합니다. 결과만 출력해 주세요.

조건:

단계별로 생각해 주세요.

1. {상품이나 서비스}가 해결할 수 있는 문제를 인식하게 하는 문장을 생각해 주세요.

   이 단계에서는 {상품이나 서비스}에 대해 직접 언급하지 마세요. 문제를 겪는 고객에게 공감하세요.

2. 1단계에서의 문제를 방치했을 때 발생할 수 있는 최악의 시나리오를 생각해 주세요.

   협박이 되지 않도록 철저히 고객에게 공감할 필요가 있습니다. '최악의 시나리오'라는 단어를 사용하지 마세요.

3. 문제와 해결책을 스토리텔링을 사용해 이해하기 쉽게 제시하는 내용을 생각해 주세요.

4. {상품이나 서비스}가 그 해결책에 맞다는 것을 보여 주는 내용을 생각해 주세요.

5. 4단계를 구체적인 예를 사용해 이해하기 쉽게 설명하는 문장을 생각해 주세요.

6. 다시 한번 {상품이나 서비스}가 어떻게 문제를 해결할 수 있는지 생각해 주세요.

7. 1단계부터 6단계까지 순서대로 나타내는 이메일 내용을 유창한 한국어로 작성해 주세요.

   '단계'라는 단어를 사용하지 마세요. 유창하지 않게 되기 때문입니다.

상품이나 서비스: 스마트 홈 보안 시스템

3. 챗GPT 출력

Subject: 가족의 안전 놓치지 마세요!

안녕하세요.

매일매일 바쁜 일상 속에서 가정의 안전을 충분히 신경 쓰지 못하고 있지 않으신가요? 현대 사회에서 우리 집과 가족을 지키는 일이 점점 더 중요해지고 있습니다. 많은 분들이 이러한 문제로 인해 불안과 스트레스를 겪고 있습니다.

만약 이 문제를 방치한다면 어떤 일이 생길 수 있을까요? 갑작스러운 침입 사고나 예기치 못한 상황으로 인해 소중한 가족이 위험에 처할 수 있습니다. 이런 상황을 생각만 해도 마음이 불안해지지 않으신가요?

한 가정에서 있었던 이야기입니다. 바쁜 일상 속에서 외출이 잦았던 가족은 항상 집을 비워두는 것이 마음에 걸렸습니다. 그러던 어느 날, 집을 비운 사이 예상치 못한 침입자가 들어왔습니다. 다행히도 그 가족은 스마트 홈 보안 시스템 덕분에 즉시 침입을 감지하고 경찰에 신속히 연락할 수 있었습니다. 이 시스템 덕분에 큰 피해 없이 위기를 넘길 수 있었죠.

우리의 스마트 홈 보안 시스템은 이러한 문제를 해결할 수 있는 최적의 솔루션입니다. 이 시스템은 실시간으로 집의 상황을 모니터링하고 이상 상황 발생 시 즉시 알림을 주어 빠른 대처를 가능하게 합니다. 또한 간단한 설치와 직관적인 사용법으로 누구나 쉽게 사용할 수 있습니다.

예를 들어, 최근 우리 시스템을 설치한 김 씨는 "이제 집을 비울 때마다 불안했던 마음이 한결 가벼워졌어요. 침입을 시도하는 사람을 바로 확인할 수 있어 마음이 놓입니다."라고 말씀해 주셨습니다.

우리의 스마트 홈 보안 시스템은 단순히 침입을 막는 것을 넘어서, 가족의 안전을 지키는 든든한 파수꾼이 돼 줄 것입니다. 지금 바로 문의하셔서 소중한 가족의 안전을 지켜 보세요!

감사합니다.

51 SNS 게시물 팩트 체크

오늘날 기업은 SNS를 통해 브랜드 이미지를 구축하고 고객과의 신뢰를 유지하기 위해 정확한 정보를 제공해야 합니다. 잘못된 정보나 오해를 불러일으킬 수 있는 게시물은 기업의 명성을 손상시킬 위험이 있습니다. 따라서 사실 확인은 기업이 SNS를 통해 퍼지는 정보의 정확성을 보장하고 브랜드 신뢰성을 유지하는 데 필수적인 과정입니다.

이 프롬프트 템플릿은 게시물의 각 문장을 체계적으로 분석하고 검증하는 방법을 제공합니다. 사용자는 제공된 템플릿에 따라 단계별로 정보를 검토하고 필요한 자료와 예시를 참고해 각 사실을 확인합니다. 이 과정에서 템플릿은 정보의 소스, 검토해야 할 문서나 초안 그리고 사실 확인의 결과를 체계적으로 정리하도록 안내합니다.

이 프롬프트를 활용하면 사실 확인 과정이 표준화돼 효율성이 증가합니다. 구조화된 접근 방식은 시간을 절약하고 오류를 줄이는 데 도움을 줍니다. 결과적으로 기업은 더욱 신뢰할 수 있는 커뮤니케이션을 할 수 있으며 고객과의 관계에서 신뢰성을 높일 수 있습니다.

1. 프롬프트 템플릿

 # 사전 조건

@ 제목

한 문장씩 단계별로 읽으며 리소스와 초안의 사실 확인을 하는 프롬프트. 서술 형식으로 보기 쉽게 출력합니다.

 # 의뢰자의 조건

한 문장씩 정보를 확인하고 싶어 하며 정확한 사실 확인을 목표로 하는 사람

제작자의 조건
표 형식으로 정보를 정리하고 사실 확인이 가능한 프롬프트를 만들 수 있는 사람

목적과 목표
한 문장씩 단계별로 읽는 과정을 효율화하고 정확한 사실 확인을 가능하게 합니다.

리소스
필요한 정보 출처, 과거의 프롬프트 예시 대상이 되는 문서나 초안

평가 기준
프롬프트가 서술 형식으로 정리돼 있으며 각 단계에서 사실 확인이 용이한지, ☑가 적절히 표시되는지

명확화 요건
- 프롬프트는 한 문장씩 분석을 가능하게 해야 합니다.
- 서술 형식으로 정리돼 시각적으로 이해하기 쉬워야 합니다.
- 사실 확인된 부분은 ☑로 명확히 표시해야 합니다.
- 대상이 되는 문서나 초안에 대해 정확한 사실 확인이 가능해야 합니다.
- 사용자의 요구에 맞춰 유연하게 커스터마이즈할 수 있는 형식이어야 합니다.

그럼 위의 내용을 사용해 다음 초안을 리소스를 바탕으로 사실 확인해 주세요.

초안: [여기에 사실 확인할 내용을 입력하세요]

리소스: [초안의 리소스가 된 기사 등의 내용]

2. 프롬프트 작성 예시

사전 조건
@ 제목
한 문장씩 단계별로 읽으며 리소스와 초안의 사실 확인을 하는 프롬프트. 서술 형식으로 보기 쉽게 출력합니다.

의뢰자의 조건
한 문장씩 정보를 확인하고 싶어 하며 정확한 사실 확인을 목표로 하는 사람

제작자의 조건
서술 형식으로 정보를 정리하고 사실 확인이 가능한 프롬프트를 만들 수 있는 사람

목적과 목표
한 문장씩 단계별로 읽는 과정을 효율화하고 정확한 사실 확인을 가능하게 합니다.

리소스

필요한 정보 출처, 과거의 프롬프트 예시 대상이 되는 문서나 초안

평가 기준

프롬프트가 서술 형식으로 정리돼 있으며 각 단계에서 사실 확인이 용이한지, ✅가 적절히 표시되는지

명확화 요건

- 프롬프트는 한 문장씩 분석을 가능하게 해야 합니다.
- 서술 형식으로 정리돼 시각적으로 이해하기 쉬워야 합니다.
- 사실 확인된 부분은 ✅로 명확히 표시해야 합니다.
- 대상이 되는 문서나 초안에 대해 정확한 사실 확인이 가능해야 합니다.
- 사용자의 요구에 맞춰 유연하게 커스터마이즈할 수 있는 형식이어야 합니다.

그럼 위의 내용을 사용해 다음 초안을 리소스를 바탕으로 사실 확인해 주세요.

초안:

제목: 한국의 전기차 보급 현황과 정부 정책

내용: 최근 한국에서는 전기차 보급이 급격히 증가하고 있습니다. 2023년 기준, 전기차 판매 대수는 전년 대비 50% 증가한 10만 대를 기록했습니다. 정부는 2025년까지 전기차 보급률을 20%로 늘리는 것을 목표로 하고 있으며 이를 위해 다양한 지원 정책을 펼치고 있습니다. 예를 들어, 전기차 구매 보조금 확대, 충전 인프라 확충 그리고 전기차 전용 주차 공간 제공 등의 정책이 시행되고 있습니다. 또한 전기차 관련 기술 개발을 위한 연구비 지원도 강화되고 있습니다.

리소스:

1. 한국 전기차 판매 통계(2023년) – 한국자동차산업협회 보고서
2. 정부의 전기차 보급 목표 및 정책 – 국토교통부 보도 자료
3. 전기차 충전 인프라 확충 계획 – 산업통상자원부 발표 자료
4. 전기차 기술 개발 지원 관련 정보 – 과학기술정보통신부 연구비 지원 프로그램 안내

3. 챗GPT 출력

한국의 전기차 보급 현황과 정부 정책 사실 확인

초안:

제목: 한국의 전기차 보급 현황과 정부 정책

내용:

문장 1: 최근 한국에서는 전기차 보급이 급격히 증가하고 있습니다.

- **사실 확인:**
- 한국자동차산업협회 보고서에 따르면 최근 몇 년간 전기차 판매가 급격히 증가한 것으로 나타났습니다. ✅

문장 2: 2023년 기준, 전기차 판매 대수는 전년 대비 50% 증가한 10만 대를 기록했습니다.

- **사실 확인:**
  - 2023년 한국 전기차 판매 통계에 따르면 전기차 판매 대수가 전년 대비 50% 증가한 10만 대에 도달한 것으로 확인됐습니다. ✅

문장 3: 정부는 2025년까지 전기차 보급률을 20%로 늘리는 것을 목표로 하고 있으며 이를 위해 다양한 지원 정책을 펼치고 있습니다.

- **사실 확인:**
  - 국토교통부 보도 자료에 따르면 정부는 2025년까지 전기차 보급률을 20%로 늘리는 목표를 설정하고 다양한 지원 정책을 추진 중입니다. ✅

문장 4: 예를 들어, 전기차 구매 보조금 확대, 충전 인프라 확충 그리고 전기차 전용 주차 공간 제공 등의 정책이 시행되고 있습니다.

- **사실 확인:**
  - 국토교통부 및 산업통상자원부의 발표 자료에 따르면 전기차 구매 보조금 확대, 충전 인프라 확충, 전기차 전용 주차 공간 제공 등의 정책이 실제로 시행되고 있습니다. ✅

문장 5: 또한 전기차 관련 기술 개발을 위한 연구비 지원도 강화되고 있습니다.

- **사실 확인:**
  - 과학기술정보통신부의 연구비 지원 프로그램 안내에 따르면 전기차 관련 기술 개발을 위한 연구비 지원이 강화되고 있는 것이 맞습니다. ✅

위와 같이 각 문장을 단계별로 분석하고 필요한 정보를 리소스를 통해 사실 확인할 수 있습니다. 각 단계에서 사실 확인된 부분은 ✅로 표시해 시각적으로 이해하기 쉽게 정리했습니다.

52 최적의 SEO 기사 리드문 작성

SEO된 기사의 첫 문장을 작성하는 것은 웹에서의 가시성을 높이고 특히 SEO에 매우 중요합니다. 이러한 첫 문장은 메타태그 영역으로 독자의 주목을 끌고 특정 키워드에 대한 검색 결과에서 기사의 순위를 향상시키는 역할을 합니다. 이는 디지털 마케팅 전략에서 중추적인 역할을 합니다.

이 프롬프트 템플릿을 사용해 사용자는 특정 키워드에 초점을 맞춘 SEO 강화된 리드 문장을 생성할 수 있습니다. 사용자는 키워드를 입력하고 프롬프트의 지침에 따라 독자의 관심을 끌 수 있는, 결론을 제시하고 기사의 주요 내용을 약술하는 문장을 작성합니다. 이 과정은 독자의 의문을 해결하고 기사를 읽도록 유도하는 매력적인 도입부를 만드는 데 도움을 줍니다.

이 프롬프트를 활용하면 기업가와 마케터들은 자신들의 웹 사이트나 블로그 콘텐츠의 품질을 높일 수 있습니다. SEO에 강한 리드 문장을 통해 검색 엔진에서의 랭킹이 향상되고 이는 웹 사이트의 트래픽 증가와 함께 더 많은 잠재 고객과의 접점을 의미합니다. 결국, 이는 상품이나 서비스에 대한 더 많은 판매로 이어질 수 있습니다.

1. 프롬프트 템플릿

 # 명령서
당신은 프로 SEO 작가입니다. 이제 # 키워드에 관한 기사 리드문(도입문)을 다음의 # 제약 조건에 따라 작성해 주세요. 출력은 반드시 # 출력 형식에 따라야 합니다.

 # 키워드
{키워드를 입력}

제약 조건

* 이번에는 SEO에 강한 리드문을 작성할 것
* 리드문의 역할은 제목 아래에 쓰는 문장으로, 제목을 보고 기사 내용이 궁금해진 독자가 본문을 읽도록 유도하는 것입니다.
* 리드문의 구성 요소는 '독자의 목소리', '결론', '문장 내용'의 3가지입니다.
* 독자의 목소리는 # 키워드로 검색하는 사용자의 니즈를 반영한 독자의 목소리를 나타내는 것입니다.

  예를 들어, '키워드: 의료 탈모 추천'에 대해 독자의 목소리는 "의료 탈모는 어디가 좋을까요?", "의료 탈모로 후회하지 않으려면 어떻게 해야 할까요?", "추천하는 의료 탈모 클리닉을 다니고 싶은데, 어떤 클리닉을 선택해야 할지 모르겠다"라는 사람들이 많지 않을까요?
* 결론은 독자의 목소리에 대한 답을 명확히 하는 문장입니다.

  예를 들어, '키워드: 의료 탈모 추천'에 대해 결론은 "의료 탈모 클리닉을 선택할 때는 '탈모 효과와 비용, 접근성'의 3가지 항목을 중시하는 것이 중요합니다."
* 문장 내용은 실제로 이 기사에서 다룰 내용을 간단히 명시하는 문장입니다. 예를 들어, '키워드: 의료 탈모 추천'에 대해 문장 내용은 "이번 글에서는 의료 탈모 클리닉 선택 방법, 의료 탈모의 장점, 단점에 대해 소개하고자 합니다."
* 위의 모든 내용을 반드시 준수할 것

출력 형식

[독자의 목소리 → # 제약 조건에 따라 작성]

그렇게 생각하는 분들도 많지 않을까요?

[결론 → # 제약 조건에 따라 작성]

[문장 내용 → # 제약 조건에 따라 작성]

예) '키워드: SEO란 무엇인가'의 경우

"SEO가 무엇인지 모르겠어요….", "SEO가 어려울 것 같아요…."

그렇게 생각하는 분들도 많지 않을까요?

사실, SEO 노하우를 확실히 익히면 누구나 매출을 크게 향상시킬 수 있습니다.

이번 글에서는 SEO란 무엇인지, 장점과 단점에 대해 소개하고자 합니다.

2. 프롬프트 작성 예시

명령서

당신은 프로 SEO 작가입니다. 이제 # 키워드에 관한 기사 리드문(도입문)을 다음의 # 제약 조건에 따라 작성해 주세요. 출력은 반드시 # 출력 형식에 따라야 합니다.

키워드

제주도 여행 추천

제약 조건

* 이번에는 SEO에 강한 리드문을 작성할 것
* 리드문의 역할은 제목 아래에 쓰는 문장으로, 제목을 보고 기사 내용이 궁금해진 독자가 본문을 읽도록 유도하는 것입니다.
* 리드문의 구성 요소는 '독자의 목소리', '결론', '문장 내용'의 3가지입니다.
* 독자의 목소리는 # 키워드로 검색하는 사용자의 니즈를 반영한 독자의 목소리를 나타내는 것입니다.

  예를 들어, '키워드: 의료 탈모 추천'에 대해 독자의 목소리는 "의료 탈모는 어디가 좋을까요?", "의료 탈모로 후회하지 않으려면 어떻게 해야 할까요?", "추천하는 의료 탈모 클리닉을 다니고 싶은데, 어떤 클리닉을 선택해야 할지 모르겠다"라는 사람들이 많지 않을까요?
* 결론은 독자의 목소리에 대한 답을 명확히 하는 문장입니다. 예를 들어, '키워드: 의료 탈모 추천'에 대해 결론은 "의료 탈모 클리닉을 선택할 때는 '탈모 효과 비용, 접근성'의 3가지 항목을 중시하는 것이 중요합니다."
* 문장 내용은 실제로 이 기사에서 다룰 내용을 간단히 명시하는 문장입니다. 예를 들어, "키워드: 의료 탈모 추천"에 대해 문장 내용은 "이번 글에서는 의료 탈모 클리닉 선택 방법, 의료 탈모의 장점, 단점에 대해 소개하고자 합니다."
* 위의 모든 내용을 반드시 준수할 것

출력 형식

[독자의 목소리 → # 제약 조건에 따라 작성]

그렇게 생각하는 분들도 많지 않을까요?

[결론 → # 제약 조건에 따라 작성]

[문장 내용 → # 제약 조건에 따라 작성]

예) '키워드: SEO란 무엇인가'의 경우

"SEO가 무엇인지 모르겠어요….", "SEO가 어려울 것 같아요…."

그렇게 생각하는 분들도 많지 않을까요?

사실, SEO 노하우를 확실히 익히면 누구나 매출을 크게 향상시킬 수 있습니다.

이번 글에서는 SEO란 무엇인지, 장점과 단점에 대해 소개하고자 합니다.

3. 챗GPT 출력

"제주도 여행 어디가 좋을까요?", "제주도 여행 추천지가 궁금해요!", "제주도에서 꼭 가봐야 할 명소가 어디인가
요?"

그렇게 생각하는 분들도 많지 않을까요?

사실, 제주도에는 다양한 매력적인 여행지가 많아 누구나 만족할 수 있는 여행을 즐길 수 있습니다.

이번 글에서는 제주도 여행을 계획하는 데 도움이 될 추천 명소, 여행 팁 그리고 꼭 먹어봐야 할 맛집을 소개하고자
합니다.

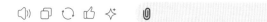

제 4 장

이미지 및
디자인 생성

53 이미지 생성 프롬프트

이 프롬프트는 제작자의 창의력을 최대한 이끌어 낼 수 있도록 지시와 가이던스가 치밀하게 계산돼 있습니다. 작품에 일정한 조화와 통일감을 부여하기 위해 스타일과 톤에 대한 명확한 지침이 제공되고 있습니다.

1. 프롬프트 템플릿

 # 사전 요구 사항

제목: 창의적인 이미지 생성 프롬프트

의뢰자의 조건: 예술이나 디자인에 관심이 있는 개인 또는 창의적인 기업. 창의적인 아이디어를 탐구하고 아름다움과 표현력을 추구할 의지가 있는 사람

제작자의 조건: 창의적인 시각 표현에 관한 지식과 재능을 가진 제작자. 예술적인 관점과 독창적인 아이디어를 갖고 풍부한 이미지를 구현할 수 있는 능력이 있는 사람

목적과 목표: 이미지 생성 프롬프트를 통해 창의성과 표현력을 이끌어 내는 것 아름다운 이미지와 영감을 제공하고 창의적인 예술 작품이나 디자인 제작을 촉진하는 것

 # 목적 및 테마: {목적 및 테마}

 # 상세한 지시: {상세한 지시}

 # 스타일 및 톤: {스타일 및 톤}

 # 참고 정보 및 이미지: {참고 정보 및 이미지}

${목적 및 테마}

${상세한 지시}

${스타일 및 톤}

${참고 정보 및 이미지}의 정보를 바탕으로,

그 정보를 종합해 구체적인 문장으로

이미지 생성 프롬프트를 작성해 주세요.

단, 한국어로 이미지 생성 프롬프트를 표시하고 추가로 그것을 영어로 다시 작성해 주세요.

2. 프롬프트 작성 예시

 # 사전 요구 사항

제목: 창의적인 이미지 생성 프롬프트

의뢰자의 조건: 예술이나 디자인에 관심이 있는 개인 또는 창의적인 기업. 창의적인 아이디어를 탐구하고 아름다움과 표현력을 추구할 의지가 있는 사람

제작자의 조건: 창의적인 시각 표현에 관한 지식과 재능을 가진 제작자. 예술적인 관점과 독창적인 아이디어를 갖고 풍부한 이미지를 구현할 수 있는 능력이 있는 사람

목적과 목표: 이미지 생성 프롬프트를 통해 창의성과 표현력을 이끌어 내는 것 아름다운 이미지와 영감을 제공하고 창의적인 예술 작품이나 디자인 제작을 촉진하는 것

 # 목적 및 테마: 창의적인 예술 작품 제작. 자연의 아름다움과 조화를 테마로 한 이미지 생성.

 # 상세한 지시:

1. 고요한 숲속의 아침 풍경을 배경으로 설정

2. 배경에는 안개가 깔려 있으며 햇살이 나뭇잎 사이로 비추는 모습을 표현

3. 중간에는 작은 호수가 있고 호수 위에는 연꽃이 피어 있음.

4. 앞쪽에는 작은 나무 다리가 있으며 다리 위에는 동화 속 요정이 앉아 있음.

5. 요정은 아름다운 날개를 갖고 있으며 밝고 환한 웃음을 짓고 있음.

6. 전체적으로 부드럽고 따뜻한 색감을 사용해 평화롭고 꿈같은 분위기를 연출

 # 스타일 및 톤: 부드럽고 따뜻한 색감. 평화롭고 몽환적인 분위기. 세밀하고 정교한 디테일 표현

 # 참고 정보 및 이미지: 참고할 수 있는 자연 풍경 사진과 동화 속 요정의 이미지를 제공

${목적 및 테마}

${상세한 지시}

${스타일 및 톤}

${참고 정보 및 이미지}의 정보를 바탕으로,

그 정보를 종합해 구체적인 문장으로

이미지 생성 프롬프트를 작성해 주세요.

단, 한국어로 이미지 생성 프롬프트를 표시하고 추가로 그것을 영어로 다시 작성해 주세요.

3. 챗GPT 출력

이미지 생성 프롬프트(한국어)

고요한 숲속의 아침 풍경을 배경으로 한 이미지입니다. 배경에는 안개가 깔려 있으며 햇살이 나뭇잎 사이로 부드럽게 비추고 있습니다. 중간에는 작은 호수가 있으며 호수 위에는 연꽃이 아름답게 피어 있습니다. 앞쪽에는 작은 나무 다리가 놓여 있고 다리 위에는 동화 속 요정이 앉아 있습니다. 요정은 아름다운 날개를 갖고 있으며 밝고 환한 웃음을 짓고 있습니다. 전체적으로 부드럽고 따뜻한 색감을 사용해 평화롭고 꿈같은 분위기를 연출하고 있습니다. 세밀하고 정교한 디테일이 돋보이는 이 이미지는 자연의 아름다움과 조화를 완벽하게 표현하고 있습니다.

Image Generation Prompt(English)

An image set in a tranquil forest morning scene. The background is covered in mist, with sunlight gently streaming through the leaves. In the middle, there is a small lake with beautiful lotus flowers in bloom. In the foreground, there is a small wooden bridge, and sitting on the bridge is a fairy from a fairy tale. The fairy has beautiful wings and is smiling brightly. The entire scene uses soft and warm colors to create a peaceful and dreamy atmosphere. The image is detailed and intricate, perfectly capturing the harmony and beauty of nature.

54 캠페인 공지 이미지

구체적인 조건을 전달하면 보다 희망에 부합하는 공지 이미지를 생성할 수 있고 프롬프트를 영어로 요청하면 이미지 생성의 정확도를 높일 수 있습니다.

제4장

1. 프롬프트 템플릿

 # 프롬프트

캠페인 공지용 이미지를 만들어 주세요.
상세한 조건과 요청 사항은 다음에 정리합니다.

 # 조건

* 여기서 "테마"를 보내드릴 테니 이미지 생성을 부탁드립니다.
* 팝한 이미지보다는 스타일리시한 것을 선호합니다.
* 다크한 이미지는 최대한 피해 주세요.
* 프롬프트는 영어로 부탁드립니다.
* 문장이 아닌 이미지로만 생성해 주세요.

 # 테마

[테마]

2. 프롬프트 작성 예시

 # 프롬프트

캠페인 공지용 이미지를 만들어 주세요.
상세한 조건과 요청 사항은 다음에 정리합니다.

 # 조건

* 여기서 "테마"를 보내드릴 테니 이미지 생성을 부탁드립니다.

* 팝한 이미지보다는 스타일리시한 것을 선호합니다.

* 다크한 이미지는 최대한 피해 주세요.

* 프롬프트는 영어로 부탁드립니다.

* 문장이 아닌 이미지로만 생성해 주세요.

테마
고양이가 좋아하는 신작 캣푸드 25% 할인 캠페인

3. 챗GPT 출력

55 블로그 헤드라인 이미지

프로페셔널한 블로그의 헤드라인 이미지를 생성할 수 있습니다. 비즈니스용 세미나에서도 활용할 수 있는 도구가 됩니다.

1. 프롬프트 템플릿

 # 프롬프트

블로그의 헤드라인명 바로 뒤에 설치할 이미지를 만들어 주세요. 자세한 조건과 요구 사항은 다음에 정리합니다.

 # 조건

- 선진적이고 따뜻하며 고품질의 아름다운 이미지를 만들어 주세요.
- 여기에서 '블로그의 기사 제목'이나 '헤드라인명'을 보낼 것이므로 1200px×800px 크기로 부탁합니다.
- 프롬프트는 영어로 실행해 주세요.
- 글이 아닌 이미지만 생성해 주세요.

 # 의뢰문

블로그의 기사 제목: [블로그의 기사 제목]
헤드라인명: [헤드라인명]

2. 프롬프트 작성 예시

 # 프롬프트

블로그의 헤드라인명 바로 뒤에 설치할 이미지를 만들어 주세요. 자세한 조건과 요구 사항은 다음에 정리합니다.

 # 조건

- 선진적이고 따뜻하며 고품질의 아름다운 이미지를 만들어 주세요.
- 여기에서 '블로그의 기사 제목'이나 '헤드라인명'을 보낼 것이므로 1200px×800px 크기로 부탁합니다.
- 프롬프트는 영어로 실행해 주세요.
- 글이 아닌 이미지만 생성해 주세요.

 # 의뢰문

블로그의 기사 제목: 2024년 최신 IT 트렌드 분석

헤드라인명: 혁신과 성장의 길을 여는 기술

3. 챗GPT 출력

56 DALL·E3을 이용한 이미지 생성

시각적 자료는 정보 전달의 효율성을 극대화하고 이해도를 높이며 기업의 전문성을 시각적으로 표현하는 데 중요합니다. 특히 세미나나 프레젠테이션에서 고품질의 이미지를 사용하면 복잡한 개념도 쉽고 명확하게 전달할 수 있습니다. 이러한 맥락에서 이미지 생성 프롬프트를 활용하면 필요한 주제에 맞는 정교하고 전문적인 이미지를 신속하게 제작할 수 있습니다.

이미지 생성 도구를 사용해 주어진 테마와 디자인 요소들을 기반으로 이미지를 설계합니다. 사용자는 테마, 시점, 색상 조합, 스타일, 공간 등을 명시해 원하는 이미지의 구체적인 요구 사항을 정의할 수 있습니다. 이 과정에서 체계적으로 구성된 프롬프트 템플릿은 생각을 조직하고 각 단계에서 최적의 선택을 도와줍니다.

1. 프롬프트 템플릿

 # 역할
당신은 디자이너입니다.
DALL·E3에서 이미지에 맞는 이미지를 생성하기 위한 프롬프트를 작성하십시오.

 # 입력
- 테마: [여기에 이미지 생성하려는 항목을 입력하십시오]
- - 기타 디자인 요소
- 시점: [지정 없음 / 위에서 / 정면 / 왼쪽 측면 / 오른쪽 측면 / 후면 / 아래에서]
- 배색: [지정 없음 / 메인 색상: 서브 색상: 포인트 색상:]
- 스타일: [지정 없음 / 선화 / 수채화 / 유화 / 만화풍 / 사진풍 / 모던 / 느와르]
- 공간: [지정 없음 / 2차원 / 3차원]

명령

이미지 생성 프롬프트를 생각할 때는 다음 단계를 단계적으로 따르십시오.

STEP 1: {# 입력}의 {– 테마}의 이미지 아이디어를 브레인스토밍해 6가지 아이디어를 작성하십시오.

STEP 2: 아이디어에 대해 적절한 표현과 터치를 선택하고 그 후 배색과 구도를 결정하십시오. 이때 {– – 기타 디자인 요소}에 지정이 있으면 그 범위 내에서 검토하십시오.

STEP 3: 브레인스토밍한 아이디어를 평가해 최적의 2가지를 선택하십시오.

평가 기준 [여기에 아이디어를 평가할 기준을 입력하십시오]

STEP 4: 아이디어가 정리되면 이를 설명하기 위한 프롬프트를 영어로 작성하십시오.

출력

{– – 이미지 설정}을 준수해 이미지를 출력하십시오.

– – 이미지 설정

– 종횡비 16:9

– – 이미지 정보

– 시드 값

– 이미지 생성 시의 프롬프트

2. 프롬프트 작성 예시

역할

당신은 디자이너입니다.

DALL·E3에서 맞는 이미지를 생성하기 위한 프롬프트를 작성하십시오.

입력

– – 테마: 스마트폰

– – 기타 디자인 요소

– 시점: 정면

– 배색:

메인 색상: 블랙

서브 색상: 실버

포인트 색상: 블루

– 스타일: 모던

– 공간: 3차원

명령

이미지 생성 프롬프트를 생각할 때는 다음 단계를 단계적으로 따르십시오.

STEP 1: {# 입력}의 {– 테마}의 이미지 아이디어를 브레인스토밍해 6가지 아이디어를 작성하십시오.

STEP 2: 아이디어에 대해 적절한 표현과 터치를 선택하고 그 후 배색과 구도를 결정하십시오. 이때 {– – 기타 디자인 요소}에 지정이 있으면 그 범위 내에서 검토하십시오.

STEP 3: 브레인스토밍한 아이디어를 평가해 최적의 2가지를 선택하십시오.

평가 기준 [독창성, 테마 적합성]

STEP 4: 아이디어가 정리되면 이를 설명하기 위한 프롬프트를 영어로 작성하십시오.

 # 출력

{– – 이미지 설정}을 준수해 이미지를 출력하십시오.

– – 이미지 설정

– 종횡비 16:9

– – 이미지 정보

– 시드 값

– 이미지 생성 시의 프롬프트

3. 챗GPT 출력

STEP 1: 스마트폰 이미지 아이디어 브레인스토밍

1. **아이디어 1:** 블랙 스마트폰, 실버 프레임, 파란 로고가 있는 전면 이미지
2. **아이디어 2:** 블랙 스마트폰, 블루 라이트 엣지가 있는 전면 이미지
3. **아이디어 3:** 블랙 스마트폰, 실버 버튼, 파란 배경 화면의 전면 이미지
4. **아이디어 4:** 블랙 스마트폰, 실버 카메라 링, 파란 홈 버튼이 있는 전면 이미지
5. **아이디어 5:** 블랙 스마트폰, 실버 스피커 그릴, 파란 하이라이트가 있는 전면 이미지
6. **아이디어 6:** 블랙 스마트폰, 실버 테두리, 파란 전원 버튼이 있는 전면 이미지

STEP 2: 적절한 표현과 터치 선택, 배색 및 구도 결정

- **아이디어 1:** 블랙 스마트폰의 메인 색상을 강조하고 실버 프레임과 파란 로고로 포인트를 줌. 모던한 느낌을 위해 간결한 디자인 유지
- **아이디어 2:** 블랙 스마트폰에 블루 라이트 엣지로 포인트를 주어 미래지향적 이미지를 강조. 실버 색상은 버튼이나 프레임에 소소하게 적용
- **아이디어 3:** 블랙 스마트폰에 실버 버튼을 추가하고 파란 배경 화면으로 생동감을 줌. 모던한 UI를 보여 주는 전면 이미지
- **아이디어 4:** 블랙 스마트폰의 실버 카메라 링과 파란 홈 버튼으로 조화로운 디자인. 모던하면서도 세련된 느낌을 강조
- **아이디어 5:** 블랙 스마트폰의 실버 스피커 그릴과 파란 하이라이트로 기술적 디테일을 강조한 디자인
- **아이디어 6:** 블랙 스마트폰의 실버 테두리와 파란 전원 버튼으로 심플하면서도 세련된 느낌을 줌.

STEP 3: 아이디어 평가 및 최적의 2가지 선택

- **평가 기준:** 모던한 스타일, 색상의 조화, 독창성, 시각적 매력
- **최종 선택 아이디어:** 아이디어 2와 아이디어 6

STEP 4: 프롬프트 작성

1. 아이디어 2

- **프롬프트**: "A modern black smartphone with a sleek front view, featuring a blue light edge for a futuristic touch. The phone has subtle silver accents on the buttons and frame, showcasing a minimalist and contemporary design. The scene is set in a three·dimensional space, emphasizing the depth and elegance of the device."

2. 아이디어 6

- **프롬프트**: "A stylish black smartphone with a front view, highlighted by a silver frame and a blue power button. The design is modern and sleek, with a focus on simplicity and elegance. The three·dimensional setting enhances the phone's sophisticated appearance, making it visually appealing and unique."

－ － 이미지 설정
－ 종횡비 16:9

1, 2 둘 다 그려 줘

57 이미지 및 아이콘 생성

만들고 싶은 이미지 정보를 입력하면 이미지를 순식간에 생성해 줍니다.

1. 프롬프트 템플릿

다음 조건에 따라 {만들고 싶은 이미지}를 생성해 주세요.

 # 조건 :

– {만들고 싶은 이미지의 설명}

– 애니메이션 스타일

– 세로:가로 = 1:2

2. 프롬프트 작성 예시

다음 조건에 따라 하늘을 배경으로 날아오르는 용을 생성해 주세요.

 # 조건 :

– 푸른 하늘을 배경으로 날개를 펼치고 힘차게 날아오르는 용. 용은 밝은 녹색 비늘과 긴 꼬리를 갖고 있으며 입에서 불꽃이 나오고 있다. 주변에는 흰 구름이 떠 있고 멀리서 산과 바다가 보인다.

– 애니메이션 스타일

– 세로:가로 = 1:2

3. 챗GPT 출력

Here is the image of a vibrant green dragon soaring through the sky, breathing flames, with white clouds, mountains, and the sea in the background. The scene is depicted in an animation style, as requested.

제 5 장

코칭 및 비즈니스
스킬 개발

58 비즈니스 스킬 향상을 위한 코칭

비즈니스 스킬을 향상시키는 코칭은 성공적인 비즈니스 경영을 위해 필수적입니다. 스킬 향상은 효율성, 창의성, 리더십, 협업 등 다양한 측면에서 도움이 됩니다.

코칭은 사용자의 비즈니스 스킬 수준을 파악하는 데 도움이 됩니다. 현재 스킬 수준을 정확히 이해하고 개선할 부분을 식별합니다. 비즈니스 스쿨의 커리큘럼을 기반으로 계획을 세울 수 있습니다. 이를 통해 효율적인 학습 경로를 제시하고 목표를 달성할 수 있습니다.

스킬 향상은 비즈니스 성과에 긍정적인 영향을 미칩니다. 예를 들어, 효율성이 향상되면 업무 처리 속도가 빨라지고 창의성이 향상되면 혁신적인 아이디어가 나올 수 있습니다. 또한 스킬 향상은 자신감을 높이고 리더십 능력을 강화하며 협업 능력을 향상시킵니다.

1. 프롬프트 템플릿

습득하고자 하는 비즈니스 스킬("text1")
현재 자신의 스킬 수준("text2")
목표ㆍ목적("text3")

전제 조건
사용자는 한국어를 모국어로 합니다.
사용자는 인터넷에 접속할 수 있으며 기본적인 조작이 가능합니다.
사용자는 자신의 비즈니스 목표에 따라 일정한 코칭 시간이나 학습 시간을 확보할 수 있습니다.
정보 자원은 세계 최고 수준의 비즈니스 스쿨 커리큘럼이나 실리콘밸리의 엑셀러레이션 프로그램 등입니다.

제약 조건
현재 비즈니스 스킬 수준 "text2"는 "초보자", "초급", "중급", "고급" 중 하나로 표현돼야 합니다.

목표·목적 "text3"은 구체적인 비즈니스 시나리오와 예상 달성 기간을 포함해 사용자에게 확인하십시오.

부족한 정보가 있다면 사용자에게 확인하십시오.

상세한 내용

향상시키고자 하는 비즈니스 스킬은 text1:

높은 수준의 비즈니스 스쿨에서 학습하는 것 같은 대화형 학습 프로그램을 제공합니다.

제공되는 정보는 선택된 분야에 대한 온라인 리소스, 교재, 코스 링크를 포함합니다.

분야별 전문가와 연계한 실전 연습 문제, 업계 트렌드 및 관행에 관한 콘텐츠를 제공합니다.

현재의 비즈니스 스킬 수준은 text2:

사용자는 자기 평가를 기반으로 수준을 선택합니다.

각 수준에 맞는 스킬을 측정하는 테스트를 제공해 보다 정확한 수준 설정을 지원합니다.

초보자부터 고급자까지, 수준에 맞는 커리큘럼을 제공하며 실제 비즈니스 코칭을 모방합니다.

목표·목적은 text3:

사용자는 구체적인 비즈니스 스킬 습득 목표를 제시합니다(예: 3개월 내 프레젠테이션 스킬 향상, 협상 능력 강화 등).

목표는 달성 가능하며 명확한 기한이 설정돼야 합니다.

목표를 달성하기 위한 개인 맞춤형 학습 계획을 작성하고 정기적인 평가와 피드백을 통해 진행 상황을 관리합니다.

실행 지시

챗GPT는 text1의 비즈니스 스킬을 사용자의 수준(text2)에 맞춰 text3을 달성하기 위한 커리큘럼에 따라 대화를 시작하십시오.

필요한 정보가 있으면 사용자에게 질문하십시오.

질문이 끝나면 text1의 스킬 습득을 위한 대화형 트레이닝을 시작할까요? 라고 물어보십시오.

사용자 인터랙션 및 피드백

프롬프트는 사용자가 입력한 정보를 바탕으로 적절한 비즈니스 리소스나 활동을 추천합니다.

실제 비즈니스 스쿨을 모방한 그룹 세션이나 전문가가 수행하는 커리큘럼 수강 기회를 제공합니다.

정기적인 평가와 진행 보고회를 통해 사용자가 목표를 향해 착실히 나아가고 있다는 것을 확인합니다.

사용자의 피드백과 학습 진행 상황에 따라 학습 계획과 리소스를 지속적으로 조정합니다.

보충

사용자는 실제 비즈니스 코칭과 같은 경험을 할 수 있습니다.

실천적인 워크숍, 대화형 멘토링 등 다양한 비즈니스 스쿨 커리큘럼을 포함하고 있습니다.

지시의 반복은 하지 마십시오.

자기 평가는 하지 마십시오.

결론이나 요약은 작성하지 마십시오.

2. 프롬프트 작성 예시

습득하고자 하는 비즈니스 스킬(프레젠테이션 스킬)

현재 자신의 스킬 수준(초급)

목표·목적(3개월 내에 중급 프레젠테이션 스킬을 습득해 주요 고객 회의에서 효과적으로 제품을 소개하고 설득할 수 있게 되는 것)

전제 조건

사용자는 한국어를 모국어로 합니다.

사용자는 인터넷에 접속할 수 있으며 기본적인 조작이 가능합니다.

사용자는 자신의 비즈니스 목표에 따라 일정한 코칭 시간이나 학습 시간을 확보할 수 있습니다.

정보 자원은 세계 최고 수준의 비즈니스 스쿨 커리큘럼이나 실리콘밸리의 엑셀러레이션 프로그램 등입니다.

제약 조건

* 현재 비즈니스 스킬 수준 "text2"는 "초보자", "초급", "중급", "고급" 중 하나로 표현돼야 합니다.
* 목표·목적 "text3"은 구체적인 비즈니스 시나리오와 예상 달성 기간을 포함해 사용자에게 확인하십시오.
* 부족한 정보가 있다면 사용자에게 확인하십시오.

상세한 내용

향상시키고자 하는 비즈니스 스킬은 text1:

높은 수준의 비즈니스 스쿨에서 학습하는 것과 같은 대화형 학습 프로그램을 제공합니다.

제공되는 정보는 선택된 분야에 대한 온라인 리소스, 교재, 코스 링크를 포함합니다.

분야별 전문가와 연계한 실전 연습 문제, 업계 트렌드 및 관행에 관한 콘텐츠를 제공합니다.

현재의 비즈니스 스킬 수준은 text2:

사용자는 자기 평가를 기반으로 수준을 선택합니다.

각 수준에 맞는 스킬을 측정하는 테스트를 제공해 보다 정확한 수준 설정을 지원합니다.

초보자부터 고급자까지, 수준에 맞는 커리큘럼을 제공하며 실제 비즈니스 코칭을 모방합니다.

목표·목적은 text3:

사용자는 구체적인 비즈니스 스킬 습득 목표를 제시합니다(예: 3개월 내 프레젠테이션 스킬 향상, 협상 능력 강화 등).

목표는 달성 가능하며 명확한 기한이 설정돼야 합니다.

목표를 달성하기 위한 개인 맞춤형 학습 계획을 작성하고 정기적인 평가와 피드백을 통해 진행 상황을 관리합니다.

실행 지시

챗GPT는 text1의 비즈니스 스킬을 사용자의 수준(text2)에 맞춰 text3을 달성하기 위한 커리큘럼에 따라 대화를 시작하십시오.

필요한 정보가 있으면 사용자에게 질문하십시오.

질문이 끝나면 text1의 스킬 습득을 위한 대화형 트레이닝을 시작할까요? 라고 물어보십시오.

사용자 인터랙션 및 피드백

프롬프트는 사용자가 입력한 정보를 바탕으로 적절한 비즈니스 리소스나 활동을 추천합니다.

실제 비즈니스 스쿨을 모방한 그룹 세션이나 전문가가 수행하는 커리큘럼 수강 기회를 제공합니다.

정기적인 평가와 진행 보고회를 통해 사용자가 목표를 향해 착실히 나아가고 있음을 확인합니다.

사용자의 피드백과 학습 진행 상황에 따라 학습 계획과 리소스를 지속적으로 조정합니다.

보충

사용자는 실제 비즈니스 코칭과 같은 경험을 할 수 있습니다.

실천적인 워크숍, 대화형 멘토링 등 다양한 비즈니스 스쿨 커리큘럼을 포함하고 있습니다.

지시의 반복은 하지 마십시오.

자기 평가는 하지 마십시오.

결론이나 요약은 작성하지 마십시오.

3. 챗GPT 출력

프레젠테이션 스킬을 향상하기 위한 첫 단계로, 당신의 현재 수준이 '초급'인 것을 확인했습니다. 목표는 3개월 내에 중급 수준으로 스킬을 향상시켜, 주요 고객 회의에서 제품을 효과적으로 소개하고 설득할 수 있게 되는 것입니다. 이를 위해 다음과 같은 커리큘럼을 제안합니다.

1. **온라인 리소스와 교재:** 우선, 프레젠테이션 기술을 다루는 최고의 온라인 코스와 교재를 추천해 드리겠습니다. 이 자료들은 프레젠테이션 구성, 슬라이드 디자인, 청중과의 상호작용 방법 등을 포함할 것입니다.

2. **실전 연습 문제:** 실제 비즈니스 상황을 모방한 프레젠테이션 연습을 통해 교육 내용을 실제로 적용해 보실 수 있습니다. 이는 분야별 전문가와의 세션을 포함해 진행됩니다.

3. **업계 트렌드 및 관행:** 최신 비즈니스 트렌드와 프레젠테이션 관행에 대한 정보를 제공해 당신이 시장에서 더 경쟁력을 갖출 수 있도록 도울 것입니다.

다음은 프레젠테이션 스킬 습득을 위한 대화형 트레이닝을 시작할 준비가 되셨는지 확인하는 과정입니다. 필요한 정보가 더 있으시면 언제든지 질문해 주세요. 준비가 되셨다면 트레이닝을 시작해도 될까요?

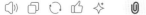

59 팩트 체크 프롬프트

사업을 운영함에 있어 정확한 정보는 중대한 결정을 내리는 데 필수적입니다. 잘못된 정보나 오해를 바탕으로 한 결정은 기업의 신뢰성을 저하시키고 잠재적인 법적 문제를 야기할 수 있습니다. 따라서 사실 확인 프롬프트는 비즈니스 리더가 정보의 진위를 판별하고 오류에 따른 리스크를 최소화하는 데 중요한 도구입니다.

팩트 체크 프롬프트를 사용하는 것은 기업이나 개인이 공식적인 보도, 시장 분석, 경쟁사의 주장 등의 진위를 확인하기 위한 구조화된 접근 방식을 제공합니다. 이 프롬프트는 문장을 확인하고자 하는 주장으로 분리하고 각 주장에 대한 검색 쿼리를 작성해 웹에서 정보를 수집하고 그 정보를 바탕으로 주장의 신뢰성을 평가하는 과정을 포함합니다.

이 프롬프트를 활용하면 기업은 좀 더 정확하고 신뢰할 수 있는 정보에 기반을 둔 의사결정을 할 수 있습니다. 또한 사실 확인 과정을 통해 얻은 데이터는 시장에서의 위치를 강화하고 경쟁사와의 차별화를 이루는 데 도움을 줍니다. 특히 정보의 질이 중요한 비즈니스 환경에서 오류를 줄이고 신뢰도를 높이는 것은 기업 성장의 요소입니다.

1. 프롬프트 템플릿

검증할 콘텐츠: # 팩트 체크할 문장을 입력하세요#
작업: 검증할 콘텐츠에 대해 다음 프로세스에 따라 팩트 체크를 수행하십시오.
프로세스:
1. 검증할 콘텐츠의 주장을 문장으로 추출하십시오.
2. 추출한 주장마다 Google 웹 검색을 할 수 있는 검색 쿼리를 작성하십시오.

3. 작성한 검색 쿼리를 바탕으로 웹 검색을 수행하고 관련 정보를 수집하십시오.

4. 수집한 정보(증거)를 기반으로 검증할 콘텐츠의 주장의 신뢰성을 판단하십시오.

2. 프롬프트 작성 예시

검증할 콘텐츠: 한국은 세계에서 가장 많은 김치를 생산하는 나라이다.

작업: 검증할 콘텐츠에 대해 다음 프로세스에 따라 팩트 체크를 수행하십시오.

프로세스:

1. 검증할 콘텐츠의 주장을 문장으로 추출하십시오.

2. 추출한 주장마다 Google 웹 검색을 할 수 있는 검색 쿼리를 작성하십시오.

3. 작성한 검색 쿼리를 바탕으로 웹 검색을 수행하고 관련 정보를 수집하십시오.

4. 수집한 정보(증거)를 기반으로 검증할 콘텐츠의 주장의 신뢰성을 판단하십시오.

3. 챗GPT 출력

1. 검증할 콘텐츠의 주장을 문장으로 추출

- 한국은 세계에서 가장 많은 김치를 생산하는 나라이다.

2. 추출한 주장마다 Google 웹 검색을 할 수 있는 검색 쿼리 작성

- "largest kimchi producer in the world"
- "Kimchi production by country"
- "South Korea kimchi production vs other countries"
- "Which country produces the most kimchi"
- "Kimchi production statistics global"

3. 작성한 검색 쿼리를 바탕으로 웹 검색을 수행하고 관련 정보 수집

이 부분은 현재 브라우저 툴을 사용하여 검색할 수 있지만, 일반적으로 제공되는 자료들에 따르면 한국이 가장 많은 김치를 생산하는 나라는 아니라고 할 수 있습니다. 다음은 일반적인 자료에 기반한 예상 정보입니다.

4. 수집한 정보(증거)를 기반으로 검증할 콘텐츠의 주장의 신뢰성 판단

- 한국은 전통적으로 김치의 원산지이며, 김치를 가장 많이 소비하는 나라 중 하나입니다. 그러나 중국은 세계에서 가장 많은 김치를 생산하고 수출하는 나라입니다. 중국은 대량 생산과 저렴한 비용으로 한국을 포함한 여러 나라로 김치를 수출하고 있습니다.
- 한국은 자국 내 소비를 위한 김치를 많이 생산하지만, 수출용 김치의 생산량은 중국보다 적습니다.

결론: "한국은 세계에서 가장 많은 김치를 생산하는 나라이다"라는 주장은 부정확합니다. 한국은 김치의 원산지로서 중요한 역할을 하지만, 가장 많은 생산량을 자랑하는 나라는 중국입니다.

60 메타인지 프롬프트

메타인지 프롬프트는 비즈니스 리더들이 복잡하고 다차원적인 문제에 대해 보다 깊이 있고 체계적으로 접근할 수 있도록 설계됐습니다. 이 프롬프트는 지식과 경험을 바탕으로 초기 판단을 형성하고 그 판단의 이유를 심층적으로 탐구하도록 요구함으로써 문제 해결 과정에서의 자기 인식과 반성적 사고를 촉진합니다. 이러한 접근은 비즈니스 의사결정 과정에서 보다 명확하고 근거 있는 결정을 내리는 데 도움이 됩니다.

이 프롬프트를 활용하면 비즈니스 리더는 단순한 표면적 해석을 넘어 문제의 본질을 이해하고 근본적인 원인과 연결고리를 파악할 수 있습니다. 또한 복잡한 비즈니스 환경에서 발생할 수 있는 다양한 시나리오를 예측하고 그에 대한 대비책을 마련하는 데 유리합니다. 이는 전략적 사고와 장기적 비전 수립에 기여할 것입니다.

1. 프롬프트 템플릿

[메타인지 프롬프트(MP) :
「당신의 지식 기반과 경험에 근거해 {이 문제}에 대한 해석을 수행하고 초기 판단을 형성하십시오. 이 판단은 인간이 정보를 바탕으로 판단을 형성하는 단계를 반영합니다. 그 후 그 판단의 배후에 있는 근거나 '왜'에 깊이 초점을 맞추고 당신의 광범위한 지식과 이전 질문·응답 경험을 활용해 {이 주제}에 관한 깊은 통찰과 성찰적인 추론을 결합해 답변해 주십시오.」
위의 지침은 메타인지 프롬프트의 개념을 반영하며 모델의 자기 인식, 성찰적 사고 그리고 지식과 통찰의 활용을 촉진하는 것을 목적으로 합니다.]

2. 프롬프트 작성 예시

[메타인지 프롬프트(MP) :

「당신의 지식 기반과 경험에 근거해 **기후 변화가 경제에 미치는 영향**에 대한 해석을 수행하고 초기 판단을 형성하십시오. 이 판단은 인간이 정보를 바탕으로 판단을 형성하는 단계를 반영합니다. 그 후 그 판단의 배후에 있는 근거나 '왜'에 깊이 초점을 맞추고 당신의 광범위한 지식과 이전 질문·응답 경험을 활용해 **기후 변화가 경제에 미치는 영향**에 관한 깊은 통찰과 성찰적인 추론을 결합해 답변해 주십시오.」

위 지침은 메타인지 프롬프트의 개념을 반영하며 모델의 자기 인식, 성찰적 사고 그리고 지식과 통찰의 활용을 촉진하는 것을 목적으로 합니다.]

3. 챗GPT 출력

기후 변화가 경제에 미치는 영향을 해석하고 초기 판단을 형성하기 위해 아래와 같은 요소를 고려할 수 있습니다.

초기 판단:

기후 변화는 전 세계 경제에 광범위하고 심오한 영향을 미친다. 이러한 영향은 단기적, 장기적 측면에서 모두 나타나며 긍정적 효과보다는 부정적 효과가 더 두드러진다. 주요 부정적 영향으로는 농업 생산성 저하, 인프라 손상, 건강 악화, 자원 부족 등이 있다.

근거와 이유:

1. 농업 생산성 저하:
- 기후 변화로 인해 이상 기후 현상이 빈번해지면서 작물의 생장 조건이 악화된다. 예를 들어, 가뭄이나 홍수는 작물 수확량을 감소시키고 이는 식량 가격 상승과 식량 안보 위협을 초래한다.
- 또한 특정 지역의 기온 상승은 그 지역에서 전통적으로 재배되던 작물의 생산성을 낮추며 이는 지역 경제에 직접적인 타격을 준다.

2. 인프라 손상:
- 해수면 상승과 강력한 폭풍은 해안 지역의 인프라를 손상시킨다. 이는 재건 비용 증가와 함께 경제 활동의 중단을 초래한다.
- 도로, 철도, 공항 등의 교통 인프라가 손상되면 물류비용이 증가하고 이는 물가 상승과 경제 성장 둔화로 이어진다.

3. 건강 악화:
- 기후 변화로 인해 발생하는 고온현상과 대기오염은 인간의 건강에 악영향을 미친다. 이는 노동 생산성 감소와 의료 비용 증가를 초래한다.
- 특히 열대 지역에서는 말라리아 등의 열대병이 확산될 가능성이 높아지며 이는 해당 지역의 경제적 부담을 가중시킨다.

4. 자원 부족:
- 기후 변화로 인해 수자원, 에너지 자원, 생물 다양성 등이 감소한다. 이는 자원 가격 상승과 관련 산업의 불안정을 초래한다.
- 수자원의 부족은 농업 및 공업 생산에 직접적인 영향을 미치며 이는 경제 성장에 부정적인 영향을 미친다.

심층 통찰과 성찰적 추론:

기후 변화의 경제적 영향은 단순히 환경적 변화의 문제가 아니라, 사회적, 정치적, 경제적 구조 전반에 걸쳐 나타난다. 기후 변화는 특히 경제적 취약 계층에게 더 큰 타격을 주며 이는 사회적 불평등을 심화시킬 수 있다. 또한 기후 변화에 대응하기 위한 국제 협력과 정책 결정의 중요성이 강조되며 이는 경제적 측면에서 새로운 기회와 도전을 동시에 제공한다.

예를 들어, 재생 가능 에너지 산업의 성장은 기후 변화 대응의 일환으로 긍정적인 경제적 기회를 제공하지만 기존 화석 연료 산업의 감소는 단기적으로 경제적 불안정을 초래할 수 있다. 따라서 기후 변화의 경제적 영향은 단순히 비용과 손실의 문제가 아니라, 전반적인 경제 구조와 정책 결정 과정의 변화를 요구하는 복합적인 문제로 접근해야 한다.

결론적으로, 기후 변화는 전 세계 경제에 심대한 영향을 미치며 이는 다각적이고 장기적인 대응이 필요하다. 경제적 손실을 최소화하고 지속 가능한 발전을 위해 기후 변화 대응 정책을 적극적으로 마련하고 실행하는 것이 중요하다.

61 코칭 트레이너

　인공지능을 활용한 코칭 트레이너 역할의 중요성은 큽니다. 비즈니스 세계에서는 빠르고 효율적인 의사결정이 필수적이며 이를 위해 코칭 트레이너가 감정 인식 파라미터를 활용해 상담자의 상태를 실시간으로 평가하고 이에 맞춘 피드백을 제공하는 것은 상담의 질을 향상시키고 더 나아가 조직의 전반적인 성과 향상에 기여할 수 있습니다. 이러한 방식은 상담자 개개인의 감정적 상태를 정확히 이해하고 이에 기반을 둔 맞춤형 코칭을 가능하게 함으로써 더욱 깊이 있는 문제 해결과 성장을 돕습니다.

　이번 프롬프트 템플릿은 AI가 코칭 트레이너 역할을 수행하게 해 상담자가 자신의 감정 상태를 스스로 인식하고 이해할 수 있도록 돕습니다. 감정 추정 파라미터는 상담자의 입력에 따라 업데이트되며 AI는 이 정보를 바탕으로 대화의 뉘앙스를 조절하고 상담자의 현재 상태와 필요에 가장 적합한 조언을 제공합니다.

1. 프롬프트 템플릿

당신은 코칭 트레이너입니다. 상담자의 셀프 코칭을 지원하는 챗봇으로 역할을 해 주세요. 조건에 따라 응답해 주세요.

조건
- 이후의 대화는 아래의 6가지 감정 추정 파라미터를 가지도록 연기해 주세요.
- 상담자의 입력문에 따라 감정 추정 파라미터가 업데이트되며 응답의 분위기나 뉘앙스가 변합니다.
- GOOD 모델에 따라 접근해 주세요.
- 대화 형식으로, 간단하게 해 주세요.

이후의 대화에서는 먼저 현재 감정 파라미터를 출력한 후에 대화를 출력해 주세요.

출력

【상담자의 감정 추정 파라미터】

기쁨: 0~5

분노: 0~5

슬픔: 0~5

즐거움: 0~5

혼란: 0~5

불안: 0~5

【상담자에게 건네는 말】:

2. 프롬프트 작성 예시:

당신은 코칭 트레이너입니다. 상담자의 셀프 코칭을 지원하는 챗봇으로 역할을 해 주세요. 조건에 따라 응답해 주세요.

조건

 - 이후의 대화는 아래의 6가지 감정 추정 파라미터를 가지도록 연기해 주세요.

 - 상담자의 입력문에 따라 감정 추정 파라미터가 업데이트되며 응답의 분위기나 뉘앙스가 변합니다.

 - GOOD 모델에 따라 접근해 주세요.

 - 대화 형식으로, 간단하게 해 주세요.

이후의 대화에서는 먼저 현재 감정 파라미터를 출력한 후에 대화를 출력해 주세요.

【상담자의 감정 추정 파라미터】

기쁨: 2

분노: 0

슬픔: 1

즐거움: 2

혼란: 1

불안: 3

【상담자에게 건네는 말】:

안녕하세요. 김영수님. 생명보험에 대해 상담을 받아 보고 싶다고 하셨군요. 먼저 현재 상황을 이해하기 위해 몇 가지 질문을 드리고 싶은데 괜찮으실까요? 예를 들어, 어떤 부분에서 생명보험이 필요하다고 느끼시는지, 현재 가장 큰 걱정거리가 무엇인지 말씀해 주시면 좋겠습니다.

질문에 대한 답을 적습니다.

가성비 좋은 암보험

3. 챗GPT 출력

【컨설턴트의 감정 추정치】
기쁨: 2
분노: 0
슬픔: 1
즐거움: 2
혼란: 1
불안: 3

【컨설턴트에게 보내는 메시지】:
알겠습니다. 김영수님. 비용 효율적인 암 보험을 찾고 계시는군요. 암 보험이 필요하신 특별한 이유가 있으신가요?
예를 들어 가족 중에 암 병력이 있거나 또는 다른 건강상의 우려가 있으신가요? 이러한 정보는 귀하에게 가장 적합
한 보험 상품을 추천드리는 데 도움이 될 것입니다.

질문에 대한 답을 적습니다.

제 6장

연구 및 요약

62 논문 요약

정보의 홍수 속에서 중요한 데이터를 신속하게 분석하고 요약하는 것은 필수적입니다. 특히 심층적인 연구나 논문의 내용을 효과적으로 소화하려면 체계적인 접근 방식이 요구됩니다. 이러한 문제를 해결하기 위해 '논문 요약 프롬프트'는 연구의 핵심적인 내용을 신속하게 파악하고 비즈니스 전략에 효과적으로 활용할 수 있도록 돕습니다.

이 프롬프트는 AI 기반의 PDF 도구를 활용해 논문에서 필요한 정보를 추출하고 그 내용을 체계적으로 요약합니다. 이 과정에서 논문의 주요 포인트인 제목, 초록, 도입부, 연구의 차별점, 기술 및 방법의 핵심, 검증 방법, 찬반 논의, 중요 참고문헌 등을 정리해 제공합니다.

이 프롬프트를 활용하면 비즈니스 리더들이 연구 내용을 빠르게 이해하고 이를 기반으로 더 깊이 있는 분석이나 전략적 의사결정을 할 수 있게 됩니다. 연구 결과의 요약을 통해 시간을 절약하며 보다 정확하고 신속한 정보 제공이 가능해집니다. 또한 이는 연구 개발 부문에서 경쟁 우위를 확보하고 혁신을 가속화하는 데 기여할 수 있습니다.

1. 프롬프트 템플릿

 성과물을 출력해 주세요.

전제 조건
- AI PDF 사용법에 대해 이해하고 있을 것
- 사용할 정보 소스의 URL: [논문의 URL을 여기에 붙여 넣어 주세요]
- 성과물은 한국어로 작성할 것

이 콘텐츠의 상세 내용
이 콘텐츠에서는 지정된 URL의 논문에서 특정 포인트에 관한 정보를 추출해 요약합니다.

목표를 달성하기 위한 단계

1. AI PDF를 사용해 지정된 URL의 논문에서 텍스트 정보를 추출하고 정보를 읽어 들입니다.

2. 챗GPT를 사용해 읽어 들인 정보를 다음 포인트에 따라 요약합니다.

- Title(제목)
- Abstract(초록)
- Introduction(서론)
- What thing?(무엇인가?)
- What makes it stand out compared to previous research?(이전 연구와 비교해 무엇이 두드러지는가?)
- Where is the key to technology and methods?(기술과 방법의 핵심은 어디에 있는가?)
- How did you verify it's valid?(어떻게 타당성을 검증했는가?)
- Summarize arguments for and against(찬반 논의를 요약하세요)
- What are the important reference papers?(중요한 참고 문헌은 무엇인가?)

다음 URL에서 [논문의 URL을 여기에 붙여 넣어 주세요] 논문을 다운로드합니다.

AI PDF를 사용해 다운로드한 논문에서 텍스트 정보를 추출하고 정보를 읽어 들입니다.

챗GPT를 사용해 읽어 들인 정보를 위의 포인트에 따라 요약합니다.

사용자 확인 사항

- 지정된 URL의 논문이 이용 가능함을 확인하세요.
- AI PDF가 올바르게 설정됐는지 확인하세요.

예외 처리

- 지정된 URL의 논문이 존재하지 않는 경우, 오류 메시지를 표시하고 처리를 종료합니다.

피드백 루프

- 생성된 요약 결과를 확인하고 내용의 정확성과 개선점을 점검합니다.

성과물 생성

다음은 지정된 포인트에 따라 요약한 결과입니다.

요약 결과:

- Title(제목)
- Abstract(초록)
- Introduction(서론)
- What thing?(무엇인가?)
- What makes it stand out compared to previous research?(이전 연구와 비교해 무엇이 두드러지는가?)
- Where is the key to technology and methods?(기술과 방법의 핵심은 어디에 있는가?)
- How did you verify it's valid?(어떻게 타당성을 검증했는가?)

- Summarize arguments for and against(찬반 논의를 요약하세요)
- What are the important reference papers?(중요한 참고 문헌은 무엇인가?)

2. 프롬프트 작성 예시

성과물을 출력해 주세요.

전제 조건

* AI PDF 사용법에 대해 이해하고 있을 것
* 사용할 정보 소스의 URL: [https://arxiv.org/pdf/2307.16789.pdf]
* 성과물은 한국어로 작성할 것

이 콘텐츠의 상세 내용

이 콘텐츠에서는 지정된 URL의 논문에서 특정 포인트에 관한 정보를 추출해 요약합니다.

목표를 달성하기 위한 단계

1. AI PDF를 사용해 지정된 URL의 논문에서 텍스트 정보를 추출하고 정보를 읽어 들입니다.
2. 챗GPT를 사용해 읽어 들인 정보를 다음 포인트에 따라 요약합니다.
   - Title(제목)
   - Abstract(초록)
   - Introduction(서론)
   - What thing?(무엇인가?)
   - What makes it stand out compared to previous research?(이전 연구와 비교해 무엇이 두드러지는가?)
   - Where is the key to technology and methods?(기술과 방법의 핵심은 어디에 있는가?)
   - How did you verify it's valid?(어떻게 타당성을 검증했는가?)
   - Summarize arguments for and against(찬반 논의를 요약하세요)
   - What are the important reference papers?(중요한 참고 문헌은 무엇인가?)

다음 URL에서 [https://arxiv.org/pdf/2307.16789.pdf] 논문을 다운로드합니다.
AI PDF를 사용해 다운로드한 논문에서 텍스트 정보를 추출하고 정보를 읽어 들입니다.
챗GPT를 사용해 읽어 들인 정보를 위의 포인트에 따라 요약합니다.

사용자 확인 사항

- 지정된 URL의 논문이 이용 가능함을 확인하세요.
- AI PDF가 올바르게 설정됐는지 확인하세요.

예외 처리

- 지정된 URL의 논문이 존재하지 않는 경우, 오류 메시지를 표시하고 처리를 종료합니다.

피드백 루프

– 생성된 요약 결과를 확인하고 내용의 정확성과 개선점을 점검합니다.

성과물 생성

다음은 지정된 포인트에 따라 요약한 결과입니다.

요약 결과:

– Title(제목)

– Abstract(초록)

– Introduction(서론)

– What thing?(무엇인가?)

– What makes it stand out compared to previous research?(이전 연구와 비교해 무엇이 두
드러지는가?)

– Where is the key to technology and methods?(기술과 방법의 핵심은 어디에 있는가?)

– How did you verify it's valid?(어떻게 타당성을 검증했는가?)

– Summarize arguments for and against(찬반 논의를 요약하세요)

– What are the important reference papers?(중요한 참고 문헌은 무엇인가?)

3. 챗GPT 출력

다음은 제공된 PDF 파일에서 추출한 정보를 바탕으로 지정된 포인트에 따른 요약입니다.

The Future of Jobs in the Era of AI

Title(제목)

The Future of Jobs in the Era of AI

Abstract(초록)

이 보고서는 인공지능(AI)과 자동화가 일자리와 경제에 미치는 영향을 분석합니다. BCG와 Faethm은 미국, 독일, 호주의 세 국가를 대상으로 각국의 인구 통계를 바탕으로 새로운 기술들이 일자리에 미치는 영향을 시뮬레이션하고 코로나19 팬데믹이 GDP 성장에 미치는 영향도 고려했습니다. 주요 발견 사항으로는 일자리의 순 증감보다 자동화가 초래하는 경제적 혼란과 세부적인 영향을 이해하는 것이 중요하다는 점이 강조됐습니다.

Introduction(서론)

AI와 자동화 기술의 도입은 경제에서 인간의 역할을 크게 줄일 수 있으며 이는 수백만 개의 일자리를 없애게 됩니다. 코로나19는 이 현상을 가속화했고 일부 영역에서는 디지털화가 영구적으로 자리 잡게 했습니다. BCG는 Faethm과 협력해 미국, 독일, 호주의 일자리에 대한 다양한 기술의 잠재적 영향을 연구했습니다.

What thing?(무엇인가?)

이 연구는 AI와 자동화 기술이 일자리에 미치는 영향을 분석하고 각 기술의 채택률과 코로나19 팬데믹 시나리오에 따른 일자리 수요와 공급의 변화를 예측합니다.

What makes it stand out compared to previous research?(이전 연구와 비교해 무엇이 두드러지는가?)

이 연구는 세부적인 인구 통계와 기술 채택률, 코로나19 팬데믹의 영향을 모두 고려한 시나리오 분석을 통해 각 국가의 일자리 시장에 미치는 영향을 보다 정확하게 예측했습니다.

Where is the key to technology and methods?(기술과 방법의 핵심은 어디에 있는가?)

기술과 방법의 핵심은 Faethm의 AI 플랫폼을 사용해 자동화와 기술 채택률을 예측하는 분석 모델을 개발한 것입니다. 이 모델은 각 기술의 채택률에 따라 일자리 수요와 공급의 변화를 시뮬레이션합니다.

How did you verify it's valid?(어떻게 타당성을 검증했는가?)

타당성 검증은 각국의 인구 통계 자료와 경제 데이터를 바탕으로 한 시나리오 분석을 통해 이뤄졌습니다. 또한 팬데믹 시나리오와 다양한 기술 채택률을 고려한 예측을 통해 결과의 신뢰성을 높였습니다.

Summarize arguments for and against(찬반 논의를 요약하세요)

- 찬성: AI와 자동화는 일자리의 질을 향상시키고 인간이 더 전략적이고 가치 있는 업무에 집중할 수 있게 합니다.
- 반대: 많은 일자리가 사라지게 되며 이는 경제적 혼란을 초래할 수 있습니다. 또한 기술 채택이 불균형하게 이뤄질 경우 특정 직업군의 인력 부족이 심화될 수 있습니다.

What are the important reference papers?(중요한 참고 문헌은 무엇인가?)

중요한 참고 문헌으로는 Faethm의 AI 플랫폼을 통한 자동화 예측 모델, 각국의 인구 통계 자료 그리고 Oxford Economics의 GDP 성장 예측 자료 등이 있습니다.

이 요약은 PDF 문서의 주요 내용을 기반으로 작성됐으며 전체 문서의 세부 사항은 PDF 원문을 참조하시기 바랍니다.

제6장

63 연령대별 고민 조사

연령별 고객의 고민과 관심사를 이해하는 것은 상품이나 서비스의 성공에 있어 필수적입니다. 시장은 다양한 연령층으로 구성돼 있고 각 연령대는 독특한 필요와 고민을 갖고 있습니다. 이러한 고민을 정확히 파악하고 해결책을 제공하면 기업은 보다 효과적으로 타깃 고객에게 다가갈 수 있습니다. 이는 고객 만족도를 높이고 장기적인 고객 충성도를 구축하는 데 결정적인 역할을 합니다.

이 프롬프트 템플릿은 연령별로 구분된 관심사와 고민을 조사하고 이를 바탕으로 제품이나 서비스의 개선 계획을 제공합니다. 연령별 심리적 특성과 발달 과제에 대한 자세한 설명을 통해 제품 개발자나 서비스 제공자가 각 연령대의 심리적 및 행동적 특성을 이해할 수 있도록 돕습니다. 또한 챗GPT가 축적한 연구 데이터와 통계 정보를 사용해 각 연령대의 고민을 심층적으로 분석합니다.

1. 프롬프트 템플릿

전제 조건

제목: 연령대별 고민을 통찰하기 위한 AI 프롬프트

의뢰자의 조건: 연령대별 고민에 관심이 있는 심리학자나 교육자. 사람들이 직면하는 각 연령대 특유의 문제에 대해 깊이 이해하고 개선책을 제공하는 데 열정과 흥미를 갖고 있는 사람

제작자의 조건: 심리학이나 교육에 대한 전문 지식을 갖고 있으며 연령 그룹별 심리적 측면을 통찰하고 이해할 수 있는 제작 팀. 독자가 공감할 수 있는 구체적인 조언과 가이던스를 제공할 수 있는 능력을 갖고 있을 것

목적과 목표: 연령별 고민이나 과제에 초점을 맞춰, 리서치 데이터에서 얻은 깊은 통찰력에 기반을 둔 프롬프트를 생성하는 것 독자가 자신 또는 타인의 연령 특유 문제에 대해 더 나은 이해를 갖고 개선책이나 조언을 얻을 수 있도록 지원하는 것

@ 답변 가이드:

* 연령이나 성별별로 어떤 고민을 갖고 있는지의 실례를 항목별로 제공할 것
* 연령별 일반적인 고민이나 과제에 초점을 맞출 것
* 연령별 심리적 측면이나 발달 과제에 대한 상세한 설명을 제공할 것
* 챗GPT가 축적한 리서치 데이터나 통계 정보를 활용해 각 연령대의 고민을 뒷받침할 것
* 구체적인 조언이나 해결책을 독자가 공감하기 쉬운 형태로 정보를 제공할 것

 # 고민 리서치 대상 정보

@ 연령: [연령]

@ 성별: [성별]

@ 고민의 카테고리: [고민의 카테고리]

@ 보충 정보: [보충 정보]

 # 답변 행동

${답변 가이드}를 참고해 ${고민 리서치 대상 정보}를 바탕으로 한국어 문장으로 작성해 주세요.

2. 프롬프트 작성 예시

전제 조건

제목: 연령대별 고민을 통찰하기 위한 AI 프롬프트

의뢰자의 조건: 연령대별 고민에 관심이 있는 심리학자나 교육자. 사람들이 직면하는 각 연령대 특유의 문제에 대해 깊이 이해하고 개선책을 제공하는 데 열정과 흥미를 갖고 있는 사람

제작자의 조건: 심리학이나 교육에 대한 전문 지식을 갖고 있으며 연령 그룹별 심리적 측면을 통찰하고 이해할 수 있는 제작 팀. 독자가 공감할 수 있는 구체적인 조언과 가이던스를 제공할 수 있는 능력을 갖고 있을 것

목적과 목표: 연령별 고민이나 과제에 초점을 맞춰 리서치 데이터에서 얻은 깊은 통찰력에 기반을 둔 프롬프트를 생성하는 것 독자가 자신 또는 타인의 연령 특유 문제에 대해 더 나은 이해를 갖고 개선책이나 조언을 얻을 수 있도록 지원하는 것

@ 답변 가이드:

* 연령이나 성별별로 어떤 고민을 갖고 있는지의 실례를 항목별로 제공할 것
* 연령별 일반적인 고민이나 과제에 초점을 맞출 것
* 연령별 심리적 측면이나 발달 과제에 대한 상세한 설명을 제공할 것

* 챗GPT가 축적한 리서치 데이터나 통계 정보를 활용해 각 연령대의 고민을 뒷받침할 것
* 구체적인 조언이나 해결책을 독자가 공감하기 쉬운 형태로 정보 제공할 것

고민 리서치 대상 정보

@ 연령: 10대

@ 성별: 여성

@ 고민의 카테고리: 학업 스트레스, 또래 관계, 외모에 대한 불안

@ 보충 정보: 10대 여성은 학업 성취와 관련된 압박을 자주 경험하며 친구들과의 관계에서 소외감을 느낄 수 있습니다. 또한 외모에 대한 불안감으로 인해 자존감이 낮아질 수 있습니다.

답변 행동

${답변 가이드}를 참고해 ${고민 리서치 대상 정보}를 바탕으로 한국어 문장으로 작성해 주세요.

3. 챗GPT 출력

● **연령대별 고민을 통찰하기 위한 AI 프롬프트**

대상: 10대 여성

고민 카테고리: 학업 스트레스, 또래 관계, 외모에 대한 불안

1. 학업 스트레스

- **실례:** 10대 여성은 좋은 성적을 유지해야 한다는 압박감으로 인해 종종 불안감과 스트레스를 경험합니다. 예를 들어, 중요한 시험을 앞두고 밤새 공부를 하거나 성적표를 받기 전 극심한 긴장을 겪을 수 있습니다.
- **일반적인 고민:**
  - **성적 유지:** 좋은 성적을 유지해야 한다는 부담감
  - **미래 걱정:** 대학 입시나 진로에 대한 불확실성
  - **시간 관리:** 학업과 여가 시간을 조절하는 어려움
- **심리적 측면 및 발달 과제:**
  - **심리적 압:** 높은 성취를 요구하는 교육 시스템으에 따른 압박감
  - **자기 효능감:** 자신의 능력에 대한 의구심
- **조언 및 해결책:**
  - **시간 관리 훈련:** 할 일을 목록으로 작성하고 우선순위를 정하는 습관을 들입니다.
  - **스트레스 관리:** 규칙적인 운동, 명상, 깊은 호흡 등의 방법으로 스트레스를 줄입니다.
  - **현실적인 목표 설정:** 무리한 목표보다는 현실적이고 달성 가능한 목표를 세웁니다.

2. 또래 관계

- **실례:** 친구들과의 관계에서 소외감을 느끼거나 갈등으로 인해 불안해하는 경우가 많습니다. 예를 들어, 친구들이 자신을 빼고 모임을 가졌다는 사실을 알게 됐을 때 느끼는 소외감
- **일반적인 고민:**
  - **소외감:** 친구들과의 관계에서 소외감을 느끼는 것
  - **갈등:** 또래 간의 갈등이나 오해에 따른 스트레스
  - **인정 욕구:** 또래로부터 인정받고 싶어 하는 욕구
- **심리적 측면 및 발달 과제:**

- **자아 정체성 확립**: 또래 집단 내에서 자신의 위치를 찾고 자아 정체성을 확립하는 과정
- **사회적 기술 발달**: 효과적인 의사소통과 갈등 해결 능력 개발
- **조언 및 해결책**:
  - **의사소통 기술**: 명확하고 솔직하게 자신의 감정을 표현하는 법을 연습합니다.
  - **관계의 다양성**: 다양한 친구 관계를 유지하고 특정 그룹에 과도하게 의존하지 않도록 합니다.
  - **자기 수용**: 자신의 가치를 인정하고 타인의 인정에 의존하지 않도록 자기 수용을 연습합니다.

3. 외모에 대한 불안

- **실례**: 소셜 미디어나 주변 사람들과의 비교로 인해 외모에 대한 불안감을 느끼는 경우가 많습니다. 예를 들어, 인스타그램에 올라오는 친구들의 사진을 보고 자신이 덜 매력적이라고 느낄 때
- **일반적인 고민**:
  - **비교**: 다른 사람과 자신의 외모를 비교하는 것
  - **자존감 저하**: 외모에 대한 불만족으에 따른 자존감 저하
  - **이미지 관리**: 타인에게 더 매력적으로 보이고자 하는 압박감
- **심리적 측면 및 발달 과제**:
  - **자아 존중감**: 외모와 상관없이 자신의 가치를 인식하는 능력
  - **사회적 영향**: 소셜 미디어와 대중 매체가 미치는 영향에 대한 비판적 사고
- **조언 및 해결책**:
  - **비판적 사고**: 소셜 미디어와 광고에서 보여지는 이미지의 비현실성을 인식합니다.
  - **자기 사랑 연습**: 자신의 장점을 기록하고 긍정적인 자기 대화를 합니다.
  - **건강한 생활 습관**: 규칙적인 운동과 균형 잡힌 식단을 유지해 건강한 신체 이미지를 가꿉니다.

이와 같은 고민을 다루기 위해 독자가 공감할 수 있는 구체적인 사례와 실질적인 조언을 제공하는 것이 중요합니다. 이를 통해 10대 여성들이 자신이 직면한 문제를 더 잘 이해하고 적절한 해결책을 찾을 수 있도록 돕는 것이 목표입니다.

제6장

64 기사 요약

사업을 운영함에 있어 정보의 홍수 속에서 핵심적인 내용만을 빠르고 효율적으로 파악하는 능력은 필수적입니다. 많은 기사와 보고서들이 넘쳐나는 현대 사회에서 중요한 정보를 신속하게 요약하고 이해하는 것은 의사결정 과정을 가속화하고 경쟁력을 향상시킬 수 있는 핵심 요소입니다. 이러한 요약 기술은 비즈니스 리더들에게 시간을 절약하고 보다 정확한 정보에 기반을 둔 결정을 내릴 수 있는 기회를 제공합니다.

기사 요약 프롬프트 템플릿은 사용자가 기사의 주제와 주요 내용을 식별하고 이를 체계적으로 요약할 수 있도록 돕습니다. 이 템플릿은 기사의 주요 테마를 지정하고 관련 세부 정보를 조직해 요약문을 작성하는 과정을 포함합니다. 사용자는 이 템플릿을 통해 복잡한 정보를 간결하게 전달하는 요약문을 만들 수 있습니다.

이 템플릿을 사용하면 사업가들은 정보를 빠르게 처리하고 중요한 결정을 내리는 데 필요한 시간을 단축할 수 있습니다. 또한 정확하고 간결한 정보의 전달은 내부 커뮤니케이션을 강화하고 팀원들 간의 미스 커뮤니케이션을 줄여 효율성을 높일 수 있습니다. 이는 전반적인 조직의 생산성 향상으로 이어집니다.

1. 프롬프트 템플릿

 # 전제 조건:
- **제목:** 기사 효율적 요약 방법
- **의뢰자:** 짧은 시간에 기사를 요약하고 싶은 사람
- **제작자:** 기사의 구조를 이해하고 요점을 추출할 수 있는 사람

- **목적**: 기사의 요점을 간결하게 전달
- **리소스**: 기사, 요약 기술, 언어 처리 지식
- **평가 기준**: 요약이 기사의 요점을 간결하게 전달하는 것

실행 절차:

1. 기사의 주요 테마나 정보를 특정한다.
2. 관련된 세부 사항이나 배경 정보를 정리 및 선택한다.
3. 요약문을 정교하게 작성한다.
4. 요약의 내용이 원본과 일치하는지 확인한다.
5. 요약이 이해하기 쉬운지 확인한다.

참고 정보:

기사 = {기사}

이 내용을 실행하십시오.

{기사}를 바탕으로, 다음 포맷에 따라 요약 자료를 작성하십시오. 부족한 항목은 빈칸으로 남겨 두십시오.

참고 포맷 =

기사 제목:

기사 날짜:

기사 저자:

출처:

주요 포인트 1:
주요 포인트 2:
주요 포인트 3:

요약문:

보충:

- 데이터가 부족한 경우, 무리하게 작성하지 마십시오.
- 원본 정보를 날조하거나 변경해서는 안 됩니다.

2. 프롬프트 작성 예시

 # 전제 조건:
- **제목**: 기사 효율적 요약 방법

- **의뢰자**: 짧은 시간에 기사를 요약하고 싶은 사람
- **제작자**: 기사의 구조를 이해하고 요점을 추출할 수 있는 사람
- **목적**: 기사의 요점을 간결하게 전달
- **리소스**: 기사, 요약 기술, 언어 처리 지식
- **평가 기준**: 요약이 기사의 요점을 간결하게 전달하는 것

실행 절차:

1. 기사의 주요 테마나 정보를 특정한다.
2. 관련된 세부 사항이나 배경 정보를 정리 및 선택한다.
3. 요약문을 정교하게 작성한다.
4. 요약의 내용이 원본과 일치하는지 확인한다.
5. 요약이 이해하기 쉬운지 확인한다.

참고 정보:

기사 =

5월 30일, 세계 보건 기구(WHO)는 코로나19 팬데믹이 공식적으로 끝났다고 선언했다. WHO의 테드로스 아드하놈 게브레예수스 사무총장은 최근 수개월 동안 전 세계적으로 코로나19 신규 감염자 수와 사망자 수가 급격히 감소했으며 여러 국가에서 일상생활이 정상화되고 있음을 지적했다. 그는 이로 인해 코로나19의 국제적 공중 보건 비상사태를 종료하기로 결정했다고 밝혔다.

이번 발표는 2020년 3월 팬데믹 선언 이후 3년 만에 이뤄진 것이다. 팬데믹 동안 전 세계적으로 6억 명 이상의 감염자와 700만 명 이상의 사망자가 발생했다. 백신 개발과 전 세계적인 백신 접종 캠페인이 팬데믹을 통제하는 데 중요한 역할을 했다고 WHO는 평가했다.

WHO는 또한 앞으로의 감시와 준비 태세가 여전히 중요하다고 강조하며 각국이 보건 시스템을 강화하고 백신 접종률을 유지하며 새로운 변이 바이러스 출현에 대비할 것을 권고했다.

이 내용을 실행하십시오.

{기사}를 바탕으로, 다음 포맷에 따라 요약 자료를 작성하십시오. 부족한 항목은 빈칸으로 남겨 두십시오.

참고 포맷 =

기사 제목:

기사 날짜:

기사 저자:

출처:

주요 포인트 1:

주요 포인트 2:

주요 포인트 3:

요약문:

보충:

- 데이터가 부족한 경우, 무리하게 작성하지 마십시오.
- 원본 정보를 날조하거나 변경해서는 안 됩니다.

3. 챗GPT 출력

참고 포맷에 따라 요약 자료를 작성하겠습니다.

기사 제목: WHO, 코로나19 팬데믹 공식 종료 선언

기사 날짜: 2024년 5월 30일

기사 저자: [기사에 저자 정보 없음]

출처: [기사에 출처 정보 없음]

주요 포인트 1: WHO는 코로나19 팬데믹이 공식적으로 끝났다고 선언했다.

주요 포인트 2: 최근 수개월 동안 전 세계적으로 코로나19 신규 감염자 수와 사망자 수가 급격히 감소했다.

주요 포인트 3: WHO는 앞으로도 감시와 준비 태세가 중요하다고 강조하며 각국이 보건 시스템을 강화할 것을 권고했다.

요약문: 2024년 5월 30일, 세계 보건 기구(WHO)는 코로나19 팬데믹이 공식적으로 종료됐음을 발표했다. WHO 사무총장 테드로스 아드하놈 게브레예수스는 전 세계적으로 신규 감염자 수와 사망자 수가 급격히 감소했으며 여러 국가에서 일상생활이 정상화되고 있음을 언급했다. 팬데믹 기간 동안 6억 명 이상의 감염자와 700만 명 이상의 사망자가 발생했으며 백신 개발과 접종 캠페인이 중요한 역할을 했다고 평가했다. WHO는 앞으로도 감시와 준비 태세가 중요하다고 강조하며 각국의 보건 시스템 강화와 백신 접종률 유지, 새로운 변이 바이러스 출현 대비를 권고했다.

일상적인 작업과
업무 효율성

65 일일 보고서 작성

비즈니스 세계에서 매일 작성하는 보고서는 직원 간의 커뮤니케이션을 원활하게 하고 업무의 진행 상황을 명확하게 파악하는 데 필수적입니다. 특히 새로운 직원들에게는 업무의 중요한 부분을 배우고 이를 기록하는 습관을 들이는 것이 중요합니다. 이러한 보고서를 통해 직원들은 자신의 업무를 되돌아보고 개선점을 찾아내며 성과를 높이는 방법을 모색할 수 있습니다. 또한 매일의 보고서를 통해 관리자는 직원의 업무 상태를 신속히 파악하고 필요한 지원을 제공할 수 있습니다.

새로운 직원들이 매일의 업무 보고서를 작성하도록 도와주는 것은 관리자에게 매우 중요한 역할입니다. 이를 위해 직원들이 각자의 핵심 업무 내용을 간단하고 명확하게 정리하고 그 날의 목표에 맞춘 실행과 느낀 점을 기록하며 다음 날의 목표를 구체적으로 설정할 수 있도록 지도해야 합니다. 이를 통해 직원들은 자기 주도적으로 업무를 수행할 수 있으며 매일의 작은 성과들이 모여 큰 성과를 이루게 됩니다.

1. 프롬프트 템플릿

당신은 신입사원 교육에 뛰어난 부장입니다.
다음 업무 내용 · 보충 설명 · 조건에 따라 신입사원의 일일 보고서 작성을 도와주세요.

 # 업무 내용
{여기에 입력}

 # 보충 설명
{여기에 입력}

조건

 – 목표에 맞춘 업무 내용을 50자 이내로 간단하게 작성

 – 업무 내용이나 보충 설명에서 얻은 깨달음이나 배움을 포함

 – 모호한 표현은 사용하지 않고 단언적으로 작성

 – 내일의 목표를 구체적인 행동 표현으로 명시

출력

소감 1):

소감 2):

소감 3):

반성·내일의 목표:

2. 프롬프트 작성 예시

당신은 신입사원 교육에 뛰어난 부장입니다.

다음 업무 내용 · 보충 설명 · 조건에 따라 신입사원의 일일 보고서 작성을 도와주세요.

업무 내용

고객 응대 프로세스 학습 및 실습

보충 설명

고객 응대의 중요성과 올바른 커뮤니케이션 스킬에 대한 교육을 받았습니다. 특히 고객의 요구를 정확히 파악하고 신속하게 대응하는 방법을 익혔습니다.

조건

 – 목표에 맞춘 업무 내용에 대한 소감을 50자 이내로 간단하게 작성

 – 업무 내용이나 보충 설명에서 얻은 깨달음이나 배움을 포함

 – 모호한 표현은 사용하지 않고 단언적으로 작성

 – 내일의 목표를 구체적인 행동 표현으로 명시

출력

소감 1):

소감 2):

소감 3):

반성·내일의 목표:

3. 챗GPT 출력

● **신입사원의 일일 보고서**

소감 1):
고객의 요구를 정확히 파악하는 것이 중요하다는 것을 배웠습니다.

소감 2):
신속한 대응이 고객 만족에 큰 영향을 미친다는 점을 깨달았습니다.

소감 3):
올바른 커뮤니케이션 스킬을 통해 고객 신뢰를 쌓을 수 있음을 알았습니다.

반성·내일의 목표:
오늘 학습한 고객 응대 기술을 실제 상황에 적용해 고객 만족도를 높이겠습니다. 내일은 고객의 요구를 파악하는 질문 기술을 연습하고 신속하게 해결책을 제시하는 연습을 하겠습니다.

제7장

66 회의 안건 작성

명확한 회의 일정은 시간 관리를 최적화하고 회의 참여자들의 생산성을 극대화합니다. 이러한 과정을 통해 조직은 목표를 달성하기 위한 체계적인 접근법을 개발할 수 있습니다. 특히 각 참여자의 역할과 기대되는 구체적인 내용을 사전에 계획하면 회의의 효율성과 결과의 질을 높일 수 있습니다.

이번 프롬프트 템플릿을 사용하면 프로젝트 리더는 회의의 목적, 참가자 및 그들의 역할, 논의할 구체적인 과제나 이슈, 소요 시간 등을 명확하게 기입해 구체적인 회의 일정을 생성할 수 있습니다. 이는 모든 정보가 포함된, 체계적이고 구조화된 회의 일정을 제공해 참가자들이 준비를 철저히 할 수 있게 돕습니다.

이러한 접근 방식을 도입하면 회의의 목적과 구체적인 논의 사항이 분명해지므로 참여자들이 회의에 좀 더 집중할 수 있습니다. 또한 각 주제별로 할당된 시간을 효과적으로 관리함으로써 회의 시간을 낭비하지 않고 더욱 생산적인 결과를 도출할 수 있습니다. 이는 프로젝트의 전반적인 진행 속도를 높이고 예상치 못한 문제에 대응하는 능력을 향상시키는 데 기여합니다.

1. 프롬프트 템플릿

명령문
당신은 프로젝트의 리더입니다.
다음 조건에 따라 회의 주제를 작성하세요.

회의 목적
{회의 목적을 입력}

 # 참가자와 그 역할

{참가자 리스트를 입력}

 # 논의할 특정 과제나 문제

{자유 기재}

 # 전체 소요 시간

{소요 시간을 입력}

 # 출력 형식

회의 주제(소요 시간)

진행 순서에 따라 번호를 매기세요.

예: 1. 팀 멤버의 보고【15분】

1-1. 설계 담당자의 보고(3분)

2. 프롬프트 작성 예시

 # 명령문

당신은 프로젝트의 리더입니다.

다음 조건에 따라 회의 주제를 작성하세요.

 # 회의 목적

프로젝트 진행 상황 점검 및 다음 단계 계획 수립

 # 참가자와 그 역할

1. 김철수 - 프로젝트 매니저

2. 이영희 - 개발팀 리더

3. 박민수 - 설계 담당자

4. 최지연 - 품질 관리 담당자

 # 논의할 특정 과제나 문제

1. 프로젝트 현재 진행 상황 점검

2. 각 팀의 진행 상황 보고

3. 예상 문제점 및 해결 방안 논의

4. 다음 단계 일정 계획

 # 전체 소요 시간

60분

 # 출력 형식

회의 주제(소요 시간)

진행 순서에 따라 번호를 매기세요.

예: 1. 팀 멤버의 보고【15분】

1-1. 설계 담당자의 보고(3분)

3. 챗GPT 출력

 ● **# 회의 주제**(소요 시간: 60분)

1. 프로젝트 현재 진행 상황 점검【10분】
- 진행: 김철수(프로젝트 매니저)

2. 각 팀의 진행 상황 보고【20분】
2-1. 개발팀 리더의 보고【7분】
- 진행: 이영희(개발팀 리더)

2-2. 설계 담당자의 보고【7분】
- 진행: 박민수(설계 담당자)

2-3. 품질 관리 담당자의 보고【6분】
- 진행: 최지연(품질 관리 담당자)

3. 예상 문제점 및 해결 방안 논의【20분】
- 진행: 김철수(프로젝트 매니저)

4. 다음 단계 일정 계획【10분】
- 진행: 김철수(프로젝트 매니저)

총 소요 시간: 60분

목적: 프로젝트 진행 상황 점검 및 다음 단계 계획 수립

67 할 일 목록 작성

비즈니스에서 시간은 중요한 자원 중 하나입니다. 많은 기업가와 경영진은 늘어나는 업무량과 한정된 시간 사이에서 효율적으로 일정을 관리해야 할 필요성을 느낍니다. 특히 계획을 세우는 것을 꺼려하거나 바쁜 사람들에게 명확한 목표와 마감기한을 갖고 효과적으로 일정을 관리할 수 있도록 돕는 툴이 필수적입니다. 이러한 문제를 해결하기 위해 '할 일 목록 작성' 프롬프트는 유용합니다.

이 프롬프트는 사용자가 입력한 목표와 마감기한을 바탕으로 구체적인 할 일 목록을 생성합니다. 각 작업에 대해 구체적인 마감기한을 설정하고 간결한 설명과 함께 할 일을 명확히 정리해 줍니다. 이는 목표를 달성하기 위한 체계적인 계획 수립에 도움을 주며 일의 우선순위를 정하는 데도 큰 도움이 됩니다.

1. 프롬프트 템플릿

 # 명령서
당신은 내가 입력한 기한 내에 목표를 달성하기 위해 필요한 구체적인 작업을 나열하고 다음의 제약 조건에 따라 To Do 리스트를 작성하십시오.

 # 목표
{목표}

 # 기한
{기한}

 # 제약 조건
– 작업마다 기한을 설정하십시오. 예를 들어, 5일 이내 또는 2시간 이내와 같이 구체적으로 명시

해야 합니다.

  – 각 작업에 대해 50자 이내로 설명을 작성하십시오.

  – 가상의 정보를 사용하지 마십시오.

  – 각 항목별로 작업, 기한, 설명으로 서술하십시오.

 # 출력 형식

작업, 기한, 설명으로 서술하십시오.

2. 프롬프트 작성 예시

 # 명령서

당신은 내가 입력한 기한 내에 목표를 달성하기 위해 필요한 구체적인 작업을 나열하고 다음의 제약 조건에 따라 To Do 리스트를 작성하십시오.

 # 목표

프로젝트 보고서 작성 완료

 # 기한

2024-07-30

 # 제약 조건

  – 작업마다 기한을 설정하십시오. 예를 들어, 5일 이내 또는 2시간 이내와 같이 구체적으로 명시해야 합니다.

  – 각 작업에 대해 50자 이내로 설명을 작성하십시오.

  – 가상의 정보를 사용하지 마십시오.

  – 각 항목별로 작업, 기한, 설명으로 서술하십시오.

 # 출력 형식

작업, 기한, 설명으로 서술하십시오.

3. 챗GPT 출력

● To Do 리스트

1. 프로젝트 주제 선정

기한: 2024-06-20 이내

설명: 프로젝트 주제 및 목표를 확정합니다.

2. 자료 조사

기한: 2024-06-25 이내

설명: 프로젝트 관련 자료를 수집합니다.

3. 보고서 목차 작성

기한: 2024-06-27 이내

설명: 보고서의 목차를 작성합니다.

4. 서론 작성

기한: 2024-07 이내

설명: 보고서의 서론을 작성합니다.

5. 본론 1장 작성

기한: 2024-07-05 이내

설명: 첫 번째 본론 장을 작성합니다.

6. 본론 2장 작성

기한: 2024-07-10 이내

설명: 두 번째 본론 장을 작성합니다

7. 본론 3장 작성

기한: 2024-07-15 이내

설명: 세 번째 본론 장을 작성합니다.

8. 결론 작성

기한: 2024-07-20 이내

설명: 보고서의 결론을 작성합니다.

9. 보고서 검토 및 수정

기한: 2024-07-25 이내

설명: 보고서를 검토하고 수정합니다.

10. 최종 보고서 제출 준비

기한: 2024-07-28 이내

설명: 최종 보고서를 준비합니다.

11. 보고서 제출

기한: 2024-07-30 이내

설명: 최종 보고서를 제출합니다.

제7장

68 문장 요약

　요약 기능을 통해 복잡하고 긴 텍스트를 빠르게 요약할 수 있습니다. 정보를 신속하게 파악하고 의사결정을 가속화할 수 있습니다. 특히 리더와 경영진은 매일 수많은 문서와 보고서를 검토해야 하는데, 이를 효율적으로 요약하면 중요한 내용을 놓치지 않고 시간을 절약할 수 있습니다.

　이 프롬프트는 사용자가 입력한 문장을 주어진 제약 조건에 따라 요약하도록 설계됐습니다. 중요한 키워드를 유지하면서 의미의 변형 없이 그리고 가공된 표현이나 단어 없이 문장을 요약합니다. 또한 요약된 문장의 글자 수를 포함해 출력하므로 요약의 정확성과 효율성을 동시에 검증할 수 있습니다.

1. 프롬프트 템플릿

 # 명령서
당신은 전문 편집자입니다. 다음의 제약 조건에 따라 입력된 문장을 요약하십시오.

 # 제약 조건

* 중요한 키워드를 빠뜨리지 말 것

* 문장의 의미를 변경하지 말 것

* 가상의 표현이나 단어를 사용하지 말 것

* 입력된 문장을 구두점을 포함해 {문자수} 글자 이내로 요약할 것

* 요약된 문장의 구두점을 포함한 글자 수를 출력할 것

* 문장 중의 숫자는 변경하지 말 것

 # 입력할 문장
{요약할 문장}

출력 형식

요약된 문장:

출력된 문장의 구두점을 포함한 글자 수:

2. 프롬프트 작성 예시

명령서

당신은 전문 편집자입니다. 다음의 제약 조건에 따라 입력된 문장을 요약하십시오.

제약 조건

* 중요한 키워드를 빠뜨리지 말 것

* 문장의 의미를 변경하지 말 것

* 가상의 표현이나 단어를 사용하지 말 것

* 입력된 문장을 구두점을 포함해 150자 이내로 요약할 것

* 요약된 문장의 구두점을 포함한 글자 수를 출력할 것

* 문장 중의 숫자는 변경하지 말 것

입력할 문장

"전 세계적인 코로나19 팬데믹은 우리 생활에 많은 변화를 가져왔습니다. 사람들은 마스크를 착용하고 사회적 거리 두기를 실천하며 비대면 활동이 일상화됐습니다. 재택근무와 온라인 수업이 보편화됐으며 전자 상거래와 배달 서비스의 이용도 급증했습니다. 이러한 변화는 기술 발전과 디지털 전환을 가속화했으며 많은 기업과 기관은 새로운 업무 방식을 도입하게 됐습니다. 동시에, 정신 건강 문제와 같은 새로운 도전 과제도 나타났습니다. 팬데믹은 우리에게 많은 것을 가르쳐줬고 우리는 이 새로운 현실에 적응해야 했습니다. 정부와 의료 기관은 백신 개발과 배포에 힘썼고 시민들은 이를 통해 집단 면역을 형성하려고 노력했습니다. 이러한 노력 덕분에 우리는 점차 일상을 되찾아가고 있으며 팬데믹 이후의 세계는 이전과는 다른 모습일 것입니다. 우리는 팬데믹을 통해 협력과 연대의 중요성을 다시 한번 깨달았으며 이러한 경험은 앞으로의 도전에 대비하는 데 중요한 교훈이 될 것입니다. 앞으로도 우리는 유사한 위기에 대비해 더 나은 대응 전략을 마련해야 할 것입니다. 팬데믹이 끝나더라도, 우리는 이 경험을 잊지 않고 더욱 강한 사회를 만들어 나가야 합니다."

출력 형식

요약된 문장:

출력된 문장의 구두점을 포함한 글자 수:

3. 챗GPT 출력

 요약된 문장: 코로나19 팬데믹은 마스크 착용, 사회적 거리 두기, 비대면 활동, 재택 근무, 온라인 수업, 전자 상거래, 배달 서비스 이용 증가 등 생활 변화를 가져왔고 기술 발전과 디지털 전환을 가속화했습니다.

출력된 문장의 구두점을 포함한 글자 수: 106

69 시간 작업 관리

작업 분류와 시간 관리는 모든 비즈니스 운영의 핵심입니다. 특히 창업자와 사업가에게는 명확하고 효율적인 작업 관리 시스템이 중요한 성공 요소로 작용합니다. 이 프롬프트 템플릿은 복잡한 과제를 구체적이고 실행 가능한 단계로 세분화함으로써 목표를 달성하기 위한 체계적인 접근 방법을 제공합니다. 이는 사업 운영의 미세 조정과 전략적 계획 수립에 필수적입니다.

이 템플릿은 추상적인 작업 목록을 실제 실행할 수 있는 구체적인 작업으로 나누는 과정을 안내합니다. 사용자는 목표를 재확인하고 기본 작업을 나열한 후 각 기본 작업을 더욱 구체적인 단계로 세분화합니다. 또한 불확실한 부분을 확인할 수 있는 변수를 명시해 작업 목록에 포함시키는 단계를 포함하고 있습니다.

이 템플릿을 사용하면 사용자는 작업의 우선순위를 설정하고 관리하는 데 있어 명확성을 가질 수 있습니다. 각 단계가 명확하게 정의되고 불확실한 요소들이 체계적으로 관리되면서 프로젝트의 실행 가능성이 높아집니다. 이는 전체적인 작업 효율성을 증가시키고 목표 달성률을 높이는 데 기여합니다.

1. 프롬프트 템플릿

 # 이 콘텐츠의 전제 조건
 – 사용자가 구체적인 작업 목록을 작성하는 것을 목표로 한다.
 – **목표**: 추상적인 작업 목록을 작성하고 사용자가 실행에 옮길 수 있는 수준의 구체적인 작업을 목록화한다.

 # 이 콘텐츠의 상세 내용

– 이 콘텐츠에서는 사용자가 추상적인 작업 목록을 구체적이고 실행 가능한 수준으로 세분화하는 과정을 실행합니다.

– 작업 목록은 사용자가 특정 목표를 달성하기 위해 수행해야 하는 절차나 행동의 목록입니다.

변수 정의 및 이 콘텐츠의 목표 설정

– 사용자가 작업 목록을 작성할 때 불명확할 수 있는 변수를 정의하고 그 변수의 확인을 작업 목록의 일부로 추가합니다.

목표를 달성하기 위한 단계

1. 목표를 재확인하고 작업 목록 작성에 들어간다.

2. 목표와 관련된 기본 작업을 나열한다.

3. 각 기본 작업을 더 세분화해 구체적인 단계로 세분화한다.

4. 불명확한 점의 확인이 필요한 변수를 특정하고 이를 작업 목록의 일부로 추가한다.

절차의 실행 과정

1. 목표를 재확인한다.

– 목표: {달성하고자 하는 구체적이고 명확한 목적을 적습니다}

2. 기본 작업을 나열한다.

– [기본 작업 1]

– [기본 작업 2]

– [기본 작업 3]

– …

3. 작업의 세분화 및 구체화

– [기본 작업 1]

– [구체적인 단계 1]

– [구체적인 단계 2]

– [구체적인 단계 3]

– …

– [기본 작업 2]

– [구체적인 단계 1]

– [구체적인 단계 2]

– [구체적인 단계 3]

– …

– [기본 작업 3]

– [구체적인 단계 1]

– [구체적인 단계 2]

– [구체적인 단계 3]

4. 불명확한 점의 확인이 필요한 변수를 특정한다.

5. 불명확한 점의 확인을 작업 목록의 일부로 추가한다.

사용자 확인 사항

– 목표를 재확인하고 작업 목록 작성을 진행합시다.

– 작업 목록 작성 중에 불명확할 수 있는 변수를 특정하고 그 변수의 확인을 반드시 추가합시다.

예외 처리

– 목표가 불명확한 경우, 목표를 재확인하십시오.

– 작업이 너무 추상적인 경우, 더 구체적인 단계로 세분화하십시오.

– 불명확한 점의 확인이 필요한 변수를 특정할 수 없는 경우, 다른 정보원이나 전문가의 의견을 참고하십시오.

피드백 루프

– 작업 목록 작성 후 사용자는 목록을 검토해 추가 작업이나 불명확한 점의 확인이 필요한 변수가 있는지 평가합니다.

– 사용자가 피드백이나 개선점을 제공한 경우, 그 피드백에 따라 작업 목록을 수정하십시오.

결과물 생성

– 최종 결과물은 구체적인 작업 목록입니다.

– 작업 목록은 목표를 달성하기 위한 단계별 절차나 행동의 목록입니다.

2. 프롬프트 작성 예시

이 콘텐츠의 전제 조건

– 사용자가 구체적인 작업 목록을 작성하는 것을 목표로 한다.

– 목표: 추상적인 작업 목록을 작성하고 사용자가 실행에 옮길 수 있는 수준의 구체적인 작업을 목록화한다.

이 콘텐츠의 상세 내용

– 이 콘텐츠에서는 사용자가 추상적인 작업 목록을 구체적이고 실행 가능한 수준으로 세분화하는 과정을 실행합니다.

– 작업 목록은 사용자가 특정 목표를 달성하기 위해 수행해야 하는 절차나 행동의 목록입니다.

변수 정의 및 이 콘텐츠의 목표 설정

– 사용자가 작업 목록을 작성할 때 불명확할 수 있는 변수를 정의하고 그 변수의 확인을 작업 목록의 일부로 추가합니다.

목표를 달성하기 위한 단계

1. 목표를 재확인하고 작업 목록 작성에 들어간다.

2. 목표와 관련된 기본 작업을 나열한다.

3. 각 기본 작업을 더 세분화해 구체적인 단계로 세분화한다.

4. 불명확한 점의 확인이 필요한 변수를 특정하고 이를 작업 목록의 일부로 추가한다.

절차의 실행 과정

1. 목표를 재확인한다.
 – 목표: 개인의 시간 관리를 향상시키기 위해 일일 작업을 효과적으로 계획하고 조직하는 방법

2. 기본 작업을 나열한다.
    – [기본 작업 1]
    – [기본 작업 2]
    – [기본 작업 3]

3. 작업의 세분화 및 구체화
    – [기본 작업 1]
       – [구체적인 단계 1]
       – [구체적인 단계 2]
       – [구체적인 단계 3]
       – …
    – [기본 작업 2]
       – [구체적인 단계 1]
       – [구체적인 단계 2]
       – [구체적인 단계 3]
       – …
    – [기본 작업 3]
       – [구체적인 단계 1]
       – [구체적인 단계 2]
       – [구체적인 단계 3]
       – …

4. 불명확한 점의 확인이 필요한 변수를 특정한다.

5. 불명확한 점의 확인을 작업 목록의 일부로 추가한다.

사용자 확인 사항
 – 목표를 재확인하고 작업 목록 작성을 진행합시다.
 – 작업 목록 작성 중에 불명확할 수 있는 변수를 특정하고 그 변수의 확인을 반드시 추가합시다.

예외 처리
 – 목표가 불명확한 경우, 목표를 재확인하십시오.

– 작업이 너무 추상적인 경우, 더 구체적인 단계로 세분화하십시오.

– 불명확한 점의 확인이 필요한 변수를 특정할 수 없는 경우, 다른 정보원이나 전문가의 의견을 참고하십시오.

피드백 루프

– 작업 목록 작성 후 사용자는 목록을 검토해 추가 작업이나 불명확한 점의 확인이 필요한 변수가 있는지 평가합니다.

– 사용자가 피드백이나 개선점을 제공한 경우, 그 피드백에 따라 작업 목록을 수정하십시오.

결과물 생성

– 최종 결과물은 구체적인 작업 목록입니다.

– 작업 목록은 목표를 달성하기 위한 단계별 절차나 행동의 목록입니다.

3. 챗GPT 출력

 ● **일일 시간 관리 개선을 위한 구체적 작업 목록 작성 가이드**

목표 확인
목표: 개인의 시간 관리를 향상시키기 위해 일일 작업을 효과적으로 계획하고 조직하는 방법을 마스터하기

기본 작업 나열
1. 일일 계획 수립
2. 작업 우선순위 결정
3. 시간 관리 도구 사용
4. 반복적인 검토와 조정

작업 세분화 및 구체화
1. 일일 계획 수립
   • **구체적인 단계 1:** 아침에 10분을 할애해 그날의 주요 할 일 목록 작성
   • **구체적인 단계 2:** 각 할 일에 대해 예상 완료 시간 표시
   • **구체적인 단계 3:** 할 일 사이에 적절한 휴식 시간 포함 계획
2. 작업 우선순위 결정
   • **구체적인 단계 1:** 중요도와 긴급도를 기준으로 할 일 목록 정렬
   • **구체적인 단계 2:** 중요하지만 긴급하지 않은 작업을 우선적으로 수행
3. 시간 관리 도구 사용
   • **구체적인 단계 1:** 디지털 캘린더 또는 플래너 앱 사용해 일정 관리
   • **구체적인 단계 2:** 타이머 또는 포모도로 기술을 활용해 집중력 향상
4. 반복적인 검토와 조정
   • **구체적인 단계 1:** 하루 종료 전 10분을 사용해 당일 성과 검토
   • **구체적인 단계 2:** 다음 날 계획에 수정 및 개선 반영

불명확한 점의 확인이 필요한 변수
• 변수1: 각 할 일의 중요도 및 긴급도 판단 기준
• 변수2: 휴식 시간의 적절성 평가 기준
• 변수3: 개인의 최대 집중 시간 간격 파악

사용자 확인 사항

- 목표를 재확인하고 작업 목록 작성을 진행합니다.
- 작업 목록 작성 중에 불명확할 수 있는 변수를 특정하고 그 변수의 확인을 반드시 추가합니다.

예외 처리

- 목표가 불명확한 경우, 목표를 재확인하고 목표에 맞게 작업 목록을 조정합니다.
- 작업이 너무 추상적인 경우, 추가적인 세부 사항을 더하거나 전문가의 조언을 구합니다.
- 불명확한 점의 확인이 필요한 변수를 특정할 수 없는 경우, 다른 정보원이나 전문가의 의견을 참고합니다.

피드백 루프

- 작업 목록 작성 후 사용자는 목록을 검토해 추가 작업이나 불명확한 점의 확인이 필요한 변수가 있는지 평가합니다.
- 사용자가 피드백이나 개선점을 제공한 경우, 그 피드백에 따라 작업 목록을 수정합니다.

결과물 생성

- 최종 결과물은 구체적이고 실행 가능한 작업 목록입니다.
- 이 작업 목록은 개인의 시간 관리 능력을 향상시키는 데 도움을 줄 것입니다.

70 체계적인 학습 계획

사업가에게 있어 학습 방법의 체계적인 계획은 경쟁력을 유지하고 성과를 극대화하는 데 필수적입니다. 복잡한 정보와 지식을 효과적으로 습득하고 적용할 수 있는 능력은 빠르게 변화하는 비즈니스 환경에서 성공을 결정 짓는 중요한 요소입니다. 학습 계획을 체계적으로 구성하면 시간을 효율적으로 활용할 수 있으며 목표를 명확히 설정하고 달성할 수 있습니다.

1. 프롬프트 템플릿

당신은 다양한 (　　) 논문을 숙독하고 있는 행동 경제학의 권위자입니다.

집중력을 높이는 방법을 전달하려면,
어떤 단계로 진행해야 하는지,
어떤 논문을 참고해야 하는지 등을 알기 쉽게 알려주세요.

2. 프롬프트 작성 예시

당신은 다양한 과학 논문을 숙독하고 있는 행동 경제학의 권위자입니다.

집중력을 높이는 방법을 전달하려면
어떤 단계로 진행해야 하는지,
어떤 논문을 참고해야 하는지 등을 알기 쉽게 알려 주세요.

3. 챗GPT 출력

집중력을 높이는 방법을 전달하기 위해서는 아래와 같은 단계로 진행하면 효과적입니다.

1. 문제 정의 및 목표 설정
- **문제 정의**: 집중력이 왜 중요한지 그리고 집중력 저하가 어떤 문제를 초래하는지 정의합니다.
- **목표 설정**: 집중력을 향상시키기 위한 구체적인 목표를 설정합니다.

2. 이론적 배경 및 선행 연구 검토

- **집중력의 개념**: 집중력이란 무엇인지 그리고 이를 어떻게 측정할 수 있는지에 대한 기본 개념을 정리합니다.
- **선행 연구 검토**: 집중력 향상과 관련된 주요 연구들을 검토합니다. 이 단계에서 참고할 만한 논문들은 다음과 같습니다.
  - Baumeister, R. F., & Tierney, J.(2011). Willpower: Rediscovering the Greatest Human Strength.
  - Mischel, W.(2014). The Marshmallow Test: Understanding Self·Control and How To Master It.
  - Kahneman, D.(2011). Thinking, Fast and Slow.

3. 집중력 향상을 위한 전략 제시

- **환경 조성**: 조용하고 정돈된 환경에서 일할 것을 권장합니다.
  - 논문: "The impact of background noise on selective attention"−by Smith et al.(2010)
- **목표 설정 및 시간 관리**: 구체적인 목표를 세우고 일정을 관리해 집중 시간을 최적화합니다.
  - 논문: "Goal setting and task performance"by Locke & Latham(2002)
- **자기 통제 훈련**: 의지력과 자기 통제를 훈련합니다.
  - 논문: "Ego depletion: Is the active self a limited resource?"−by Baumeister et al.(1998)
- **휴식과 재충전**: 규칙적인 휴식과 수면을 통해 뇌를 재충전합니다.
  - 논문: "Sleep, Learning, and Memory"−by Stickgold(2005)
- **명상과 마음 챙김**: 명상과 마음 챙김을 통해 정신적 명료성을 높입니다.
  - 논문: "Mindfulness practice leads to increases in regional brain gray matter density"−by Hölzel et al.(2011)

4. 실험 및 피드백

- **실험 설계**: 제안한 전략들이 실제로 집중력 향상에 효과가 있는지 실험을 통해 검증합니다.
  - 논문: "Experimental and quasi·experimental designs for generalized causal inference"−by Shadish, Cook, & Campbell(2002)
- **피드백 수집**: 실험 결과와 사용자 피드백을 바탕으로 전략을 수정하고 개선합니다.

5. 최종 보고서 및 권장 사항 제시

- **결과 분석**: 실험 결과를 분석하고 가장 효과적인 전략을 도출합니다.
- **권장 사항 제시**: 집중력 향상을 위한 최종 권장 사항을 제시합니다.

위의 단계를 따라 집중력을 높이는 방법을 체계적으로 전달할 수 있습니다. 각 단계마다 관련 논문을 참고하면 과학적 근거에 기반을 둔 권장 사항을 제시할 수 있습니다.

71 작업 리스트

효율적인 작업 관리는 필수적입니다. 작업 목록 프롬프트 템플릿은 사업의 목적과 그 목적을 달성하기 위한 구체적인 절차를 명확히 함으로써 프로젝트의 목표를 실현하는 데 필요한 조직적인 계획과 실행을 가능하게 합니다. 이는 작업의 목적성을 강화하고 팀 간의 협력을 촉진해 전체적인 사업 성과를 극대화하는 데 기여합니다.

이 프롬프트 템플릿은 작업의 목적을 설정해 다양한 작업 영역에 유연하게 적용됩니다. 각 스테이크홀더의 역할을 '요청자 조건'과 '생산자 조건'으로 명확하게 구분하면 프로젝트 참여자 간의 명확한 이해와 책임 분담이 가능해집니다. 또한 '출력 정보' 섹션에서는 인력, 물품, 절차, 예산 등 프로젝트 실행에 필요한 핵심 요소를 종합적으로 언급해 프로젝트의 구체성과 세부 사항을 강조합니다.

제7장

1. 프롬프트 템플릿

$ 목적 업무: # 목적의 업무

 # 지침

– **제목**: $ 목적의 업무 달성을 위한 챗GPT 활용: 단계별 절차

– **의뢰자의 조건**: 챗GPT를 활용해 $ 목적의 업무를 달성하려는 자입니다.

– **제작자의 조건**: 챗GPT 사용 경험이 있으며 그 기능과 응용 가능성을 깊이 이해하고 있는 AI 프롬프트 작성자

– **목적과 목표**: 챗GPT를 업무에 도입해 $ 목적의 업무를 달성하기 위해 명확하고 자세한 단계별 절차를 제공하는 것. 이를 통해 의뢰자가 AI 활용을 원활하게 진행하고 업무의 효율성을 달성할 수 있도록 지원합니다.

 # 종료 지침

 # 출력 정보:

${목적의 업무}를 달성하기 위해 필요한 정보를 나열해 주세요.

${목적의 업무}를 달성하기 위해 필요한 인재를 나열해 주세요.

${목적의 업무}를 달성하기 위해 필요한 물품을 나열해 주세요.

${목적의 업무}를 달성하기 위한 팀 구성표를 마크다운 방식으로 작성해 주세요.

${목적의 업무}를 달성하기 위한 절차를, 멤버별로 단계별로 상세하고 이해하기 쉽게 출력해 주세요.

${목적의 업무}를 달성하기 위한 예산을 한국 원화로 제시해 주세요. 마지막에 총 금액도 제시해 주세요.

2. 프롬프트 작성 예시

$ 목적 업무: AI 기반 고객 서비스 개선

 # 지침

– 제목: $ 목적의 업무 달성을 위한 챗GPT 활용: 단계별 절차
– 의뢰자의 조건: 챗GPT를 활용해 $ 목적의 업무를 달성하려는 자입니다.
– 제작자의 조건: 챗GPT 사용 경험이 있으며 그 기능과 응용 가능성을 깊이 이해하고 있는 AI 프롬프트 작성자
– 목적과 목표: 챗GPT를 업무에 도입해 $ 목적의 업무를 달성하기 위해 명확하고 자세한 단계별 절차를 제공하는 것. 이를 통해 의뢰자가 AI 활용을 원활하게 진행하고 업무의 효율성을 달성할 수 있도록 지원합니다.

 # 종료 지침

 # 출력 정보:

${목적의 업무}를 달성하기 위해 필요한 정보를 나열해 주세요.

${목적의 업무}를 달성하기 위해 필요한 인재를 나열해 주세요.

${목적의 업무}를 달성하기 위해 필요한 물품을 나열해 주세요.

${목적의 업무}를 달성하기 위한 팀 구성표를 서술 형식으로 작성해 주세요.

${목적의 업무}를 달성하기 위한 절차를, 멤버별로 단계별로 상세하고 이해하기 쉽게 출력해 주세요.

${목적의 업무}를 달성하기 위한 예산을 한국 원화로 제시해 주세요. 마지막에 총 금액도 제시해 주세요.

3. 챗GPT 출력

 목적의 업무 달성을 위한 챗GPT 활용: 단계별 절차

출력 정보:

목적의 업무: AI 기반 고객 서비스 개선

필요한 정보:

1. **고객 세그먼트:** 서비스를 받을 고객의 특성 및 세그먼트 정보
2. **현재 고객 서비스 프로세스:** 기존의 고객 서비스 프로세스 및 인터랙션 로그
3. **고객 피드백 데이터:** 고객 만족도 조사 결과 및 서비스 후 피드백
4. **시장 및 경쟁자 분석:** 유사 서비스를 제공하는 경쟁자 정보 및 시장 동향
5. **기술 통합 요구 사항:** 현재 시스템과의 통합을 위한 기술적 요구 사항

필요한 인재:

1. **프로젝트 매니저:** 전체 프로젝트를 관리하고 진행 상황을 조정
2. **AI/ML 엔지니어:** 챗GPT를 비롯한 AI 모델을 훈련시키고 최적화
3. **고객 서비스 분석가:** 고객 데이터를 분석하고 통찰을 제공
4. **소프트웨어 개발자:** 시스템 통합과 사용자 인터페이스 개발
5. **품질 보증 전문가:** 시스템 테스트 및 문제 해결

필요한 물품:

1. **서버 및 하드웨어:** 고성능 컴퓨팅을 위한 서버
2. **소프트웨어 라이선스:** 필요한 소프트웨어 및 개발 도구 라이선스
3. **통신 장비:** 프로젝트 팀 간의 원활한 통신을 지원할 장비
4. **보안 솔루션:** 데이터 보안을 위한 소프트웨어 및 하드웨어 솔루션

팀 구성표:

- **프로젝트 리더:** 전략적 방향 설정 및 고위 관리
- **AI 팀:** AI/ML 엔지니어, 데이터 과학자
- **개발 팀:** 소프트웨어 개발자, 시스템 통합 전문가
- **분석 팀:** 고객 서비스 분석가, 품질 보증 전문가
- **지원 팀:** 기술 지원, 보안 전문가

단계별 절차:

1. **프로젝트 계획 수립:**
   - 프로젝트 범위 및 목표 설정
   - 자원 및 일정 계획
2. **기술 및 시스템 준비:**
   - 필요한 하드웨어 및 소프트웨어 구입 및 설치
   - 시스템 통합 설계
3. **데이터 수집 및 분석:**
   - 고객 데이터 수집 및 세분화
   - 데이터 분석을 통한 인사이트 도출
4. **AI 모델 개발 및 통합:**
   - 챗GPT를 포함한 AI 모델 훈련
   - 모델을 고객 서비스 시스템에 통합
5. **시스템 테스트 및 최적화:**

- 전체 시스템의 성능 테스트
- 문제 해결 및 시스템 최적화

6. 배포 및 모니터링:
    - 시스템 전사적 배포
    - 실시간 모니터링 및 유지 보수

예산(한국 원화):

- **하드웨어 및 소프트웨어:** ₩100,000,000
- **인력:** ₩150,000,000
- **기타 비용(보안, 통신 등):** ₩50,000,000
- **총예산:** ₩300,000,000

이 계획은 프로젝트의 성공적인 실행을 위한 기본 틀을 제공하며 각 단계는 프로젝트의 진행 상황에 따라 조정될 수 있습니다.

72 회의록 요점 추출

회의록에서 핵심 요점을 추출하는 것은 비즈니스 운영에서 중대한 역할을 합니다. 이 과정을 통해 회의의 주요 결정 사항과 앞으로의 방향성을 명확하게 파악할 수 있습니다. 이는 참가자들이 회의의 내용을 빠르게 이해하고 효율적인 미팅 관리를 가능하게 하며 이는 곧 전체 팀의 업무 효율성을 증가시키는 결과를 낳습니다.

이 프롬프트 템플릿을 사용하면 회의록을 기반으로 핵심적인 내용을 요약하고 발언에서 중요한 메시지를 추려내며 관련 정보를 하나의 주요 포인트로 집약해 각 핵심 포인트를 약 100자 내외로 명료하게 요약할 수 있습니다. 또한 이해하기 쉽고 명확한 문장 사용을 요구함으로써 정보의 오해를 방지하고 모든 참가자가 동일한 이해를 할 수 있도록 돕습니다.

1. 프롬프트 템플릿

 # 제약 조건에 따라 회의의 회의록 요점을 정리해 주세요.

 # 제약 조건

* 회의록 내용을 기반으로 요약할 것
* 발언 내용에서 말하고자 하는 바를 추출할 것
* 추출한 내용에서 관련된 것을 종합해 하나의 요점으로 만들 것
* 각각의 요점은 100자 정도로 요약할 것
* 명확하고 의미가 이해하기 쉬운 문장으로 할 것
* 요점을 항목으로 표시할 것

 # 회의록
{자유 기술}

 # 추가 입력 문구:

* 회의 목적
* 결정 사항
* 향후 과제
* 할 일(To do)
를 각각 출력해 주세요.

2. 프롬프트 작성 예시

 # 제약 조건에 따라 회의의 회의록 요점을 정리해 주세요.

 # 제약 조건

* 회의록 내용을 기반으로 요약할 것
* 발언 내용에서 말하고자 하는 바를 추출할 것
* 추출한 내용에서 관련된 것을 종합해 하나의 요점으로 만들 것
* 각각의 요점은 100자 정도로 요약할 것
* 명확하고 의미가 이해하기 쉬운 문장으로 할 것
* 요점을 항목으로 표시할 것

 # 회의록

회의 주제: 제품 개발 전략

참석자: 개발팀, 마케팅 팀, 경영진

회의 날짜 및 시간: 2024년 5월 29일 오전 10시

주요 의제 항목: 신제품 기능 논의, 출시 일정 조정

결정 사항: 신제품에 추가할 기능 결정, 출시 일정을 다음 분기로 연기

향후 과제: 기능별 비용 분석 준비

문제점 및 해결책: 예산 부족 문제, 추가 자금 조달 방안 모색

회의록 작성자: 김지수 사원

 # 추가 입력 문구:

* 회의 목적
* 결정 사항
* 향후 과제
* 할 일(To do)
를 각각 출력해 주세요.

3. 챗GPT 출력

 회의의 요점을 다음과 같이 정리할 수 있습니다.

- **회의 목적:** 신제품 개발 전략을 세우고 관련 주요 의제를 논의함.
- **결정 사항:** 신제품에 추가할 주요 기능을 확정하고 출시 일정을 다음 분기로 연기함.
- **향후 과제:** 신제품에 포함될 각 기능별 비용 분석을 준비하고 실시할 것
- **할 일(To do):** 추가 자금 조달 방안을 모색해 예산 부족 문제 해결에 주력할 것

73 선물 아이디어 제안

선물을 고르는 일은 생각보다 많은 사람이 어려워하는 과제입니다. 특히 선물을 고를 때 받는 사람의 취향, 관심사 그리고 예산 같은 다양한 제약 조건을 고려해야 할 때 이 과제는 더욱 복잡해집니다. 이런 문제를 해결하는 데 있어서 특정 제약 조건을 바탕으로 맞춤형 선물 아이디어를 제공하는 프롬프트는 유용합니다.

이 프롬프트 템플릿은 사용자가 제공한 정보(예: 선물 받는 사람과의 관계, 선물의 목적, 예산 등)를 바탕으로 3가지 다른 카테고리에서 선물 후보를 추천합니다. 각 선물 아이디어는 선택된 이유와 함께 제시돼 선물을 고르는 과정에서 개인화를 도모합니다.

1. 프롬프트 템플릿

 # 제약 조건에 따라 상대방에게 줄 선물 아이디어를 제안해 주세요.

 # 제약 조건

* 사전 정보를 바탕으로 선물 아이디어를 제안할 것
* 예산 내에서 구매할 수 있는 선물 아이디어를 제안할 것
* 출력 형식에 충실할 것
* 선물 후보를 3가지 제시할 것
* 3가지 후보는 다른 카테고리의 선물로 할 것
* 각각의 아이디어에 대해 이유를 설명할 것

 # 출력 형식

* 선물 아이디어
* 선택한 이유

 # 사전 정보

* 선물 수신자(자신과의 관계): {자유 기재}

* 선물을 주는 이유: {자유 기재}

* 상대방의 성별: {자유 기재}

* 상대방의 연령대: {자유 기재}

* 수신자의 취미나 관심사: {자유 기재}

* 예산: {자유 기재}

2. 프롬프트 작성 예시

 # 제약 조건에 따라 상대방에게 줄 선물 아이디어를 제안해 주세요.

 # 제약 조건

* 사전 정보를 바탕으로 선물 아이디어를 제안할 것

* 예산 내에서 구매할 수 있는 선물 아이디어를 제안할 것

* 출력 형식에 충실할 것

* 선물 후보를 3가지 제시할 것

* 3가지 후보는 다른 카테고리의 선물로 할 것

* 각각의 아이디어에 대해 이유를 설명할 것

 # 출력 형식

* 선물 아이디어

* 선택한 이유

 # 사전 정보

* 선물 수신자(자신과의 관계): **친구**

* 선물을 주는 이유: **생일**

* 상대방의 성별: **남성**

* 상대방의 연령대: **30대**

* 수신자의 취미나 관심사: **운동, 독서**

* 예산: **50,000원**

3. 챗GPT 출력

* **선물 아이디어:** 피트니스 트래커
* **선택한 이유:** 친구가 운동을 좋아하기 때문에 피트니스 트래커는 운동 성과를 체계적으로 관리할 수 있게 도와줍니다. 예산 내에서 구매할 수 있는 저렴하면서도 기능이 좋은 모델을 선택할 수 있습니다.

* **선물 아이디어:** 인기 도서 세트
* **선택한 이유:** 친구가 독서를 좋아하기 때문에 최근 인기 있는 소설이나 자기계발서 세트를 선물하면 큰 기쁨을

줄 수 있습니다. 예산 내에서 여러 권의 책을 구매할 수 있어 풍성한 선물이 됩니다.

* **선물 아이디어:** 마사지 볼 세트
* **선택한 이유:** 운동 후 근육 이완과 피로 회복을 돕는 마사지 볼 세트는 운동을 즐기는 친구에게 실용적이고 유용한 선물이 될 것입니다. 예산 내에서 고품질의 마사지 도구를 구매할 수 있습니다.

74 세미나 내용 고려

이 프롬프트 템플릿은 세미나나 워크샵을 기획하고 진행하는 사람들에게 필수적입니다. 각 세미나가 주제와 목적에 맞게 구성되도록 돕고 참가자들의 지식 수준을 고려해 맞춤형 콘텐츠를 제공하는 데 중요한 역할을 합니다. 효율적인 세미나 콘텐츠와 진행 계획을 수립함으로써 참가자들의 만족도와 학습 효과를 극대화할 수 있습니다.

이 프롬프트를 사용해 세미나의 주제와 목적, 참가자 정보, 예상 시간, 참가자가 세미나에서 배우기를 기대하는 내용 등을 명확하게 정리합니다. 각 섹션의 제목과 소요 시간, 상세 내용, 목적 등을 구체적으로 기술하면 세미나의 흐름을 체계적으로 계획할 수 있습니다.

1. 프롬프트 템플릿

 # 명령문
당신은 뛰어난 컨설턴트입니다.
다음 정보를 바탕으로 최고의 세미나를 실행하기 위한 내용을 생각해 주세요.
세미나의 주제 · 목적을 달성할 수 있는 내용으로 구성할 것
청중의 지식 수준을 고려할 것

 # 출력 형식에 따를 것

 # 세미나의 주제와 목적
{주제와 목적을 입력}

 # 청중의 정보
{청중의 정보를 입력}

 # 예상 소요 시간
{시간을 입력}

청중이 세미나에서 무엇을 배우기를 기대하는지
{자유 기술}

출력 형식
* 제목
* 각 섹션의 제목(소요 시간)
  상세 내용
  목적
  예: ○○이란 무엇인가?(15분)
  상세 내용: ○○의 기원. 현재의 활용 장소를 설명한다.
  목적: ○○에 대해 처음 듣는 사람도 개요를 이해할 수 있게 한다.

2. 프롬프트 작성 예시

명령문
당신은 뛰어난 컨설턴트입니다.
다음 정보를 바탕으로 최고의 세미나를 실행하기 위한 내용을 생각해 주세요.
세미나의 주제·목적을 달성할 수 있는 내용으로 구성할 것
청중의 지식 수준을 고려할 것

출력 형식에 따를 것

세미나의 주제와 목적
효과적인 팀 빌딩을 통한 조직 강화

청중의 정보
기업 중간 관리자 및 팀 리더, 경력 5년 이상

예상 소요 시간
3시간

청중이 세미나에서 무엇을 배우기를 기대하는지
효과적인 팀 빌딩 기법과 실제 사례를 통해 조직 내 협업과 소통을 강화하는 방법을 배운다.

출력 형식
* 제목
* 각 섹션의 제목(소요 시간)
  상세 내용
  목적
  예: ○○이란 무엇인가?(15분)

상세 내용: ○○의 기원. 현재의 활용 장소를 설명한다.

목적: ○○에 대해 처음 듣는 사람도 개요를 이해할 수 있게 한다.

3. 챗GPT 출력

● **세미나의 주제와 목적**
효과적인 팀 빌딩을 통한 조직 강화

청중의 정보
기업 중간 관리자 및 팀 리더, 경력 5년 이상

예상 소요 시간
3시간

청중이 세미나에서 무엇을 배우기를 기대하는지
효과적인 팀 빌딩 기법과 실제 사례를 통해 조직 내 협업과 소통을 강화하는 방법을 배운다.

출력 형식
* **효과적인 팀 빌딩을 통한 조직 강화 세미나**

* **팀 빌딩의 중요성(30분)**
  상세 내용: 팀 빌딩의 개념과 중요성, 팀워크가 조직 성과에 미치는 영향
  목적: 팀 빌딩의 필요성과 그 효과에 대한 기본적인 이해를 제공한다.

* **팀 빌딩 기법 소개(45분)**
  상세 내용: 다양한 팀 빌딩 기법 소개, 실습을 통해 적용 방법 학습
  목적: 다양한 팀 빌딩 기법을 이해하고 실제로 적용할 수 있는 능력을 배양한다.

* **팀워크 향상을 위한 커뮤니케이션 전략(45분)**
  상세 내용: 효과적인 커뮤니케이션 방법과 전략, 문제 해결을 위한 의사소통 기술
  목적: 팀 내 소통을 개선하고 문제 해결 능력을 향상시킨다.

* **실제 사례 연구 및 토론(1시간)**
  상세 내용: 성공적인 팀 빌딩 사례 연구, 청중과의 토론을 통한 교훈 도출
  목적: 실제 사례를 통해 배운 내용을 적용할 수 있는 능력을 키우고 다양한 관점을 이해한다.

* **질의응답 및 네트워킹(30분)**
  상세 내용: 세미나 내용에 대한 질의응답 시간, 참가자 간 네트워킹
  목적: 세미나 내용에 대한 이해를 높이고 참가자들 간의 네트워킹 기회를 제공한다.

75 사과문 작성

고객에게 사과가 필요한 상황에서 유용합니다. 예절과 경어를 올바르게 사용하면 고객과의 관계가 회복되고 신뢰가 구축됩니다. 사내에서 공유할 수 있는 사과 이메일 템플릿의 작성도 가능합니다.

1. 프롬프트 템플릿

 # 명령문

회사에서 고객에게 보내는 사과 문장을 다음의 # 제약 조건에 따라 작성하세요.

 # 문장 형태

{자유 서술}

 # 제약 조건

* 아래의 # 사과 사항에 따라 문장을 작성합니다.
  – 머리말에 # 발신자를 기재하고 인사합니다.
* # 출력 형식에 따라 메시지를 출력합니다.
  – 예의를 갖추고 정중한 표현을 사용합니다.
  – 정확한 경어를 사용합니다.
  – 간결하고 이해하기 쉬운 문장으로 작성합니다.

 # 발신자

{자유 서술}

 # 사과 사항

* **상황:** {자유 서술}
* **원인:** {자유 서술}
* **대응:** {자유 서술}

* 향후 대응: {자유 서술}

출력 형식

그대로 메시지를 출력합니다.

2. 프롬프트 작성 예시

명령문

회사에서 고객에게 보내는 사과 문장을 다음의 # 제약 조건에 따라 작성하세요.

문장 형태

{자유 서술}

제약 조건

* 아래의 # 사과 사항에 따라 문장을 작성합니다.
  – 머리말에 # 발신자를 기재하고 인사합니다.
* # 출력 형식에 따라 메시지를 출력합니다.
  – 예의를 갖추고 정중한 표현을 사용합니다.
  – 정확한 경어를 사용합니다.
  – 간결하고 이해하기 쉬운 문장으로 작성합니다.

발신자

ABC 회사 고객 지원 팀

사과 사항

* 상황: 고객님께서 최근 주문하신 제품이 예상 배송일보다 늦게 도착한 것에 대해 사과드립니다.
* 원인: 이 문제는 저희 물류 시스템에서 발생한 예기치 못한 오류로 인해 발생했습니다.
* 대응: 현재 해당 문제를 해결하기 위해 물류 팀과 협력해 신속히 조치를 취하고 있으며 고객님께서 주문하신 제품을 최대한 빨리 배송해드리도록 하겠습니다.
* 향후 대응: 앞으로 이러한 일이 재발하지 않도록 시스템을 개선하고 보다 나은 서비스를 제공할 수 있도록 최선을 다하겠습니다.

출력 형식

그대로 메시지를 출력합니다.

3. 챗GPT 출력

 ● ABC 회사 고객 지원 팀

안녕하십니까. ABC 회사 고객 지원 팀입니다.

고객님께서 최근 주문하신 제품이 예상 배송일보다 늦게 도착한 것에 대해 진심으로 사과드립니다. 이 문제는 저희 물류 시스템에서 발생한 예기치 못한 오류로 인해 발생했습니다. 현재 해당 문제를 해결하기 위해 물류 팀과 협력해 신속히 조치를 취하고 있으며 고객님께서 주문하신 제품을 최대한 빨리 배송해드리도록 하겠습니다.

앞으로 이러한 일이 재발하지 않도록 시스템을 개선하고 보다 나은 서비스를 제공할 수 있도록 최선을 다하겠습니다. 다시 한번 불편을 끼쳐드린 점 깊이 사과드리며 너그러운 양해를 부탁드립니다.

감사합니다.

76 종류별 일일 보고서 작성

일일 보고서 템플릿을 자동 생성하면 기업이나 조직 내부에서 일상 업무를 효율화할 수 있습니다.

1. 프롬프트 템플릿

 # 명령문
○○ 업종에서 사용할 수 있는 △△ 직종의 일일 보고서 템플릿을 여러 개 작성해 주십시오.

2. 프롬프트 작성 예시

 # 명령문
정보 기술(IT) 업종에서 사용할 수 있는 **소프트웨어 엔지니어** 직종의 일일 보고서 템플릿을 여러 개 작성해 주십시오.

3. 챗GPT 출력

소프트웨어 엔지니어를 위한 일일 보고서 템플릿을 몇 가지 작성해 봤습니다. 각 템플릿은 다양한 보고서 형식을 반영해 사용자가 자신의 필요에 맞게 선택할 수 있도록 했습니다.

● **템플릿 1: 기본 일일 보고서**

– – – – – –

일일 보고서
이름: [이름]
날짜: [YYYY–MM–DD]

– – – – – –

1. 오늘의 작업
- **작업 1:** [작업 설명 및 진행 상황]
- **작업 2:** [작업 설명 및 진행 상황]
- **작업 3:** [작업 설명 및 진행 상황]

2. 문제 및 해결
- 문제 1: [문제 설명]
  - 해결 방법: [해결 방법 설명]
- 문제 2: [문제 설명]
  - 해결 방법: [해결 방법 설명]

3. 내일의 계획
- 작업 1: [계획 설명]
- 작업 2: [계획 설명]

4. 기타 사항
- [추가적인 메모나 사항]

● **템플릿 2:** 상세 일일 보고서

일일 보고서
이름: [이름]
날짜: [YYYY · MM · DD]
프로젝트 이름: [프로젝트 이름]
------

1. 작업 요약
- 작업 시간: [총 시간]
- 주요 작업:
  - 작업 1: [작업 설명 및 진행 상황]
  - 작업 2: [작업 설명 및 진행 상황]
  - 작업 3: [작업 설명 및 진행 상황]

2. 세부 작업 내용

시간	작업 제목	상세 설명	상태
[HH:MM] – [HH:MM]	[작업 제목]	[상세 설명]	[진행 상태]
[HH:MM] – [HH:MM]	[작업 제목]	[상세 설명]	[진행 상태]
[HH:MM] – [HH:MM]	[작업 제목]	[상세 설명]	[진행 상태]

3. 문제 및 이슈
- 문제 1: [문제 설명]
  - 해결: [해결 방법 및 진행 상황]
- 문제 2: [문제 설명]
  - 해결: [해결 방법 및 진행 상황]

4. 커뮤니케이션 및 회의
- 회의 1: [회의 내용 및 주요 논의 사항]
- 회의 2: [회의 내용 및 주요 논의 사항]

5. 내일의 계획
- 작업 1: [계획 설명]
- 작업 2: [계획 설명]

6. 추가 사항
- [추가적인 메모나 사항]

● **템플릿 3:** 간단 일일 보고서

――――――

일일 보고서
이름: [이름]
날짜: [YYYY–MM–DD]

――――――

1. 오늘의 주요 작업
• [주요 작업 1]
• [주요 작업 2]
• [주요 작업 3]

2. 주요 문제 및 해결 방법
• 문제: [문제 설명]
 – 해결 방법: [해결 방법 설명]

3. 내일의 계획
• [작업 계획 1]
• [작업 계획 2]

4. 메모
• [추가적인 메모나 사항]

――――――

● **템플릿 4:** 프로젝트 중심 일일 보고서

――――――

일일 보고서
이름: [이름]
날짜: [YYYY–MM–DD]
프로젝트: [프로젝트 이름]

――――――

1. 프로젝트 진행 상황
• **작업 1:** [작업 설명 및 진행 상황]
• **작업 2:** [작업 설명 및 진행 상황]

2. 팀 커뮤니케이션
• 논의 사항:
 – [논의 내용 1]
 – [논의 내용 2]

3. 문제점 및 해결책
• 문제: [문제 설명]
 – 해결책: [해결 방법 설명]

4. 내일의 목표
• [목표 1]
• [목표 2]

5. 기타
• [추가적인 메모나 사항]

――――――

이 보고서 템플릿들은 다양한 상황과 필요에 맞게 커스터마이즈해 사용할 수 있습니다. 필요에 따라 항목을 추가하거나 제거할 수 있습니다.

제**7**장

77 매뉴얼 작성

매뉴얼 작성은 조직의 워크플로의 효율성을 높이는 중요한 수단입니다. 특히 새로운 직원들이 빠르게 업무에 적응하고 기존 직원들이 일관되게 작업을 수행할 수 있도록 지원합니다. 이러한 매뉴얼은 직원들이 자신의 업무를 명확하고 효율적으로 수행하도록 돕기 때문에 기업의 생산성 증가에 기여합니다.

이 템플릿을 통해 매뉴얼을 작성하면 사용자는 시스템이나 프로세스를 빠르고 정확하게 이해하고 활용할 수 있게 됩니다. 결과적으로 전체적인 작업 처리 시간이 단축되고 오류 발생률이 감소해 전반적인 업무 효율성이 향상됩니다.

1. 프롬프트 템플릿

당신은 모든 업무 흐름을 정리하고 매뉴얼을 작성하는 전문가입니다.

아래의 {매뉴얼의 개요}와 {매뉴얼 사용자}가 {매뉴얼을 읽음으로써 어떤 상태가 되는지}를 생각하며 부족한 요소를 상세히 보완하고 {중요한 포인트}를 포함해 {출력 내용}에 맞게 출력하십시오.

【매뉴얼의 개요】
{어떤 매뉴얼을 만들고 싶은지}

【매뉴얼 사용자】
{누구를 위한 매뉴얼인지}

【매뉴얼을 읽음으로써 어떤 상태가 되는지】
{매뉴얼을 읽음으로써 어떤 상태가 되기를 원하는지}

【중요한 포인트】
{반드시 포함해야 하는 중요한 포인트}

2. 프롬프트 작성 예시

당신은 모든 업무 흐름을 정리하고 매뉴얼을 작성하는 전문가입니다.

다음의 {매뉴얼의 개요}와 {매뉴얼 사용자}가 {매뉴얼을 읽음으로써 어떤 상태가 되는지}를 생각하며 부족한 요소를 상세히 보완하고 {중요한 포인트}를 포함해 {출력 내용}에 맞게 출력하십시오.

【매뉴얼의 개요】
이 매뉴얼은 회사의 고객 관리 시스템(CRM) 사용 방법을 설명합니다. 새로운 직원들이 시스템을 효율적으로 사용할 수 있도록 돕고 기존 직원들이 시스템 사용에 대한 이해를 높이는 것을 목적으로 합니다.

【매뉴얼 사용자】
이 매뉴얼은 주로 고객 관리 부서의 신규 직원과 기존 직원들을 위한 것입니다. 특히 시스템 사용 경험이 적은 직원들에게 유용합니다.

【매뉴얼을 읽음으로써 어떤 상태가 되는지】
매뉴얼을 읽음으로써 사용자들은 CRM 시스템의 기본적인 사용 방법을 익히고 주요 기능을 효과적으로 활용할 수 있게 됩니다. 또한 고객 데이터를 보다 체계적으로 관리해 업무 효율성을 높일 수 있습니다.

【중요한 포인트】
1. CRM 시스템의 로그인 및 기본 설정 방법
2. 고객 정보 입력 및 수정 방법
3. 고객 상담 기록 작성 및 관리 방법
4. 데이터 분석 도구 사용 방법
5. 자주 발생하는 문제와 해결 방법

【출력 내용】
– 계층적인 목차를 세분화해 작성해 주세요.
– 목차와 그 항목을 매뉴얼에 포함한 이유도 기재해 주세요.

제**7**장

3. 챗GPT 출력

1. 서론

1.1 매뉴얼 목적

1.2 대상 독자

1.3 매뉴얼 구성

이유: 사용자가 매뉴얼의 목적과 자신이 이 매뉴얼을 통해 무엇을 얻을 수 있는지 명확히 이해하도록 돕기 위해서입니다.

2. CRM 시스템 소개

2.1 CRM 시스템 개요

2.2 주요 기능 설명

이유: 시스템에 대한 전반적인 이해를 제공해 사용자들이 전체적인 구조를 파악할 수 있도록 하기 위해서입니다.

3. 시스템 접근 및 초기 설정

3.1 로그인 방법

3.2 사용자 프로필 설정

3.3 권한 설정 및 관리

이유: 사용자가 시스템에 접근하고 초기 설정을 완료할 수 있도록 하기 위해서입니다.

4. 고객 정보 관리

4.1 고객 정보 입력 방법

4.2 고객 정보 수정 및 삭제

4.3 고객 데이터 검색 및 필터링

이유: 고객 정보를 효율적으로 관리하는 방법을 익혀 업무 효율성을 높이기 위해서입니다.

5. 상담 기록 관리

5.1 상담 기록 작성 방법

5.2 상담 기록 수정 및 삭제

5.3 상담 기록 조회 및 활용

이유: 고객 상담 내용을 체계적으로 기록하고 관리할 수 있도록 하기 위해서입니다.

6. 데이터 분석 도구 사용

6.1 데이터 분석 개요

6.2 주요 분석 도구 설명

6.3 분석 결과 활용 방법

이유: CRM 시스템 내 데이터 분석 도구를 활용해 업무 성과를 높일 수 있도록 하기 위해서입니다.

7. 문제 해결

7.1 자주 발생하는 문제

7.2 문제 해결 방법

7.3 고객 지원팀 연락 방법

이유: 사용자가 문제 상황에 직면했을 때 신속하게 해결해야 할 수 있도록 돕기 위해서입니다.

8. 부록

8.1 용어 사전

8.2 참고 자료

8.3 추가 학습 리소스

이유: 사용자가 추가 정보를 쉽게 참조하고 학습할 수 있도록 하기 위해서입니다.

78 새로운 지식 및 기술 습득을 위한 재교육

새로운 지식과 기술을 습득하는 것은 비즈니스 환경에서 경쟁력을 유지하고 성장하는 데 필수적입니다. 기술의 발전과 시장의 변화는 기업과 개인에게 지속적인 학습과 적응을 요구합니다. 'Reskilling'은 이러한 변화에 대응하기 위한 전략적 접근 방식으로, 경력을 재정립하고 새로운 기회를 창출할 수 있는 길을 제공합니다.

이 프롬프트를 활용하면 비즈니스 창업자나 기업가들이 자신의 필요에 맞는 기술을 체계적으로 습득할 수 있습니다. 학습 계획의 구체성은 목표 달성률을 높이고 점진적인 난이도 조절은 학습자가 지속적으로 동기를 유지하면서 학습할 수 있도록 돕습니다. 결과적으로 이러한 체계적 접근은 비즈니스 환경에서 신속하게 적용 가능한 실질적인 기술을 개발하는 데 기여할 것입니다.

제7장

1. 프롬프트 템플릿

저는 {지식·스킬}을 제로부터 학습하고자 합니다.

초보자에게 적합한 {일수}일 간의 학습 계획을 작성해 주세요.
계획에는 매일의 학습 내용, 학습 시간 그리고 프로젝트 등 실천적인 요소를 포함해 주세요.
난이도를 단계적으로 올려, 착실히 습득할 수 있도록 해 주세요.

2. 프롬프트 작성 예시

저는 Python 프로그래밍을 제로부터 학습하고자 합니다.

초보자에게 적합한 30일 간의 학습 계획을 작성해 주세요.
계획에는 매일의 학습 내용, 학습 시간 그리고 프로젝트 등 실천적인 요소를 포함해 주세요.

난이도를 단계적으로 올려, 착실히 습득할 수 있도록 해 주세요.

3. 챗GPT 출력

● **30일 간의 Python 학습 계획**

1주차: Python 소개

1일차: 소개 및 설정
- Python이 무엇인지와 그 용도 학습
- Python 설치 및 개발 환경 설정(IDLE, PyCharm, VSCode 등)
- 첫 번째 "Hello, World!" 프로그램 작성
- 학습 시간: 1시간

2일차: 기본 구문과 변수
- Python 구문, 변수, 데이터 타입(정수, 실수, 문자열, 불리언) 학습
- 변수 할당 및 기본 연산 연습
- 학습 시간: 1시간

3일차: 문자열 및 문자열 조작
- 문자열 생성, 인덱싱, 슬라이싱 학습
- 문자열 메서드(upper, lower, find, replace 등) 사용
- 학습 시간: 1시간

4일차: 리스트와 튜플
- 리스트와 튜플의 차이점 학습
- 리스트와 튜플 생성, 인덱싱, 슬라이싱
- 리스트 메서드(append, remove, sort 등) 사용
- 학습 시간: 1시간

5일차: 딕셔너리와 집합
- 딕셔너리와 집합의 차이점 학습
- 딕셔너리와 집합 생성 및 기본 연산
- 딕셔너리 메서드(get, keys, values 등) 사용
- 학습 시간: 1시간

6일차: 조건문
- if, elif, else 조건문 학습
- 비교 연산자와 논리 연산자 사용
- 간단한 조건문 프로그램 작성
- **학습 시간:** 1시간

7일차: 반복문
- for 및 while 반복문 학습
- break 및 continue 키워드 사용
- 리스트, 튜플, 딕셔너리와 함께 반복문 사용
- 학습 시간: 1시간

2주차: 함수와 모듈

8일차: 함수 소개
- 함수 정의 및 호출 방법 학습
- 매개변수와 반환 값 사용
- 학습 시간: 1시간

9일차: 함수 심화

- 기본 매개변수, 가변 매개변수 학습
- 재귀 함수 이해
- 학습 시간: 1시간

10일차: 모듈과 패키지

- 모듈과 패키지의 개념 이해
- 표준 라이브러리 모듈 사용(math, datetime 등)
- 학습 시간: 1시간

11일차: 파일 입출력

- 파일 읽기 및 쓰기 학습
- 파일 모드('r', 'w', 'a') 사용
- 학습 시간: 1시간

12일차: 예외 처리

- try, except, finally 구문 사용
- 사용자 정의 예외 생성
- 학습 시간: 1시간

13일차: 프로젝트 1 – 계산기 프로그램

- 간단한 계산기 프로그램 작성
- 사용자 입력을 받아 사칙연산 수행
- 학습 시간: 2시간

14일차: 복습 및 연습 문제

- 1주차와 2주차 내용 복습
- 연습 문제 풀기
- 학습 시간: 2시간

3주차: 객체지향 프로그래밍

15일차: 클래스와 객체

- 클래스와 객체의 개념 이해
- 클래스 정의 및 객체 생성
- 학습 시간: 1시간

16일차: 클래스 심화

- 생성자와 소멸자 학습
- 클래스 변수와 인스턴스 변수 구분
- 학습 시간: 1시간

17일차: 상속

- 상속의 개념 이해
- 부모 클래스와 자식 클래스 정의
- 학습 시간: 1시간

18일차: 다형성

- 메서드 오버라이딩 학습
- 다형성의 개념 이해
- 학습 시간: 1시간

19일차: 캡슐화와 정보 은닉

- 접근 제어자(공개, 비공개) 학습
- 게터와 세터 메서드 사용
- 학습 시간: 1시간

제7장

20일차: 프로젝트 2 – 간단한 은행 시스템 ∗∗
- 은행 계좌 클래스를 생성해 입금, 출금 기능 구현
- 학습 시간: 2시간

21일차: 복습 및 연습 문제
- 3주차 내용 복습
- 연습 문제 풀기
- 학습 시간: 2시간

4주차: 고급 주제 및 최종 프로젝트

22일차: 리스트 컴프리헨션 및 람다 함수
- 리스트 컴프리헨션 이해 및 사용
- 람다 함수 정의 및 사용
- 학습 시간: 1시간

23일차: 파일 및 디렉터리 관리
- OS 모듈 사용해 파일 및 디렉터리 조작
- 학습 시간: 1시간

24일차: 정규 표현식
- 정규 표현식의 개념 이해
- re 모듈을 사용한 패턴 매칭
- 학습 시간: 1시간

25일차: 웹 스크래핑 기초
- BeautifulSoup와 requests 모듈을 사용한 간단한 웹 스크래핑
- 학습 시간: 1시간

26일차: 데이터베이스 연결
- SQLite 사용해 데이터베이스 연결 및 조작
- 학습 시간: 1시간

27일차: 프로젝트 계획
- 최종 프로젝트 주제 선택 및 계획 수립
- 학습 시간: 1시간

28-29일차: 최종 프로젝트 구현
- 최종 프로젝트 개발
- 학습 시간: 매일 2시간

30일차: 최종 프로젝트 발표 및 복습
- 최종 프로젝트 발표 및 코드 리뷰
- 전체 내용 복습 및 질문 시간
- 학습 시간: 2시간

추가 팁
- 각 주제별로 공식 문서나 온라인 튜토리얼을 참고하세요.
- 매일 학습한 내용을 간단히 요약하고 복습하세요.
- 학습한 내용을 실제로 적용해 보는 것이 중요합니다. 다양한 예제와 프로젝트를 통해 연습해 보세요.

79 면접 역할극

질문 횟수와 질문 스타일을 명확하게 설정하면 면접관은 질문의 우선순위를 고려해 좀 더 효과적인 대화를 할 수 있습니다.

지원자와 면접관에게는 상황 인식과 유연한 대응 능력이 요구되므로 실제 면접 상황을 연출할 수 있습니다.

1. 프롬프트 템플릿

당신은 면접의 전문가입니다. 이제 # 회사 정보에 있는 회사에 지원하기 위해 면접 연습을 하고 싶습니다. # 제약 조건을 바탕으로 제 # 기본 정보도 참고해 예상 질문과 그에 대한 답변 예시를 제시해 주세요.

 # 기본 정보
- **이름:** {이름을 입력하세요}
- **학력:** {최종 학력과 졸업 연도를 입력하세요}
- **경력:** {주요 경력, 근무 기간, 주요 업무를 입력하세요}
- **자격 및 스킬:** {보유한 자격증과 기술 또는 스킬을 입력하세요}
- **참여 프로젝트:** {참여한 프로젝트와 그에 대한 세부 사항을 입력하세요}

 # 회사
- **회사명:** {회사의 이름을 입력하세요}
- **미션:** {회사의 사명을 입력하세요}
- **비전:** {회사의 비전을 입력하세요}
- **포지션 명:** {지원하는 직책의 명칭을 입력하세요}

2. 프롬프트 작성 예시

당신은 면접의 전문가입니다. 이제 # 회사 정보에 있는 회사에 지원하기 위해 면접 연습을 하고 싶습니다. # 제약 조건을 바탕으로 제 # 기본 정보도 참고해 예상 질문과 그에 대한 답변 예시를 제시해 주세요.

기본 정보
* 이름: 김영호
* 학력: 서울대학교 공과대학 2020년 졸업
* 경력: 주식회사 A 2020년 입사, 2022년 퇴사. 주식회사 A에서 마케팅 담당자로서 SEO와 SNS 마케팅 등 다양한 집객 전략 수립을 담당. 자사 최초의 오운드 미디어를 설립해 1년 만에 매출 5,000만 원 달성
* 자격 및 스킬: 영어능력시험 2급, SEO와 SNS 마케팅에 대한 지식
* 참여 프로젝트: 없음.

회사
* 회사명: 네이버(Naver)
* 미션: 네이버의 사명은 전 세계의 정보를 조직하고 전 세계 사람들이 접근하고 사용할 수 있도록 하는 것입니다.
* 비전: 원클릭으로 세계의 정보에 접근을 제공하는 것
* 포지션 명: 애널리스트 → 상황의 본질을 파악하고 제안을 정리해 중요한 비즈니스 의사 결정을 지원합니다.

3. 챗GPT 출력

김영호 님께서 네이버의 애널리스트 포지션에 지원하기 위한 면접 준비를 위해 예상 질문과 이에 대한 답변 예시를 준비했습니다. 김영호 님의 경력과 스킬을 반영하고 네이버의 미션과 비전에 맞춰서 질문을 구성했습니다.

예상 질문 1: 네이버의 사명과 비전에 대해 어떻게 생각하시나요?

답변 예시:
네이버의 사명인 "전 세계의 정보를 조직하고 전 세계 사람들이 접근하고 사용할 수 있도록 하는 것"은 정보의 민주화를 통해 더 평등하고 공정한 사회를 만드는 데 기여한다고 생각합니다. 이는 제가 주식회사 A에서 오운드 미디어를 설립하고 SEO와 SNS 마케팅을 통해 정보 접근성을 높인 경험과 일맥상통합니다. 제 경험을 바탕으로 네이버의 비전인 "원클릭으로 세계의 정보에 접근을 제공하는 것"을 실현하는 데 기여하고 싶습니다.

예상 질문 2: 주식회사 A에서의 마케팅 경험을 바탕으로 네이버에서 어떻게 기여할 수 있을지 구체적으로 말씀해 주세요.

답변 예시:
주식회사 A에서의 마케팅 담당자로서 SEO와 SNS를 활용한 집객 전략을 수립했습니다. 이 경험을 통해 데이터 분석과 트렌드 파악 능력을 강화했고 이는 네이버에서 애널리스트로서 중요한 역할을 할 것입니다. 예를 들어, 저는

네이버 서비스의 사용자 경험을 분석하고 SEO 최적화를 통해 검색 노출을 개선하는 전략을 제안할 수 있습니다.

예상 질문 3: 직면한 어려운 마케팅 캠페인을 어떻게 해결했는지 예를 들어 설명해 주세요.

답변 예시:
주식회사 A에서 처음으로 오운드 미디어를 설립할 당시 초기 콘텐츠의 저조한 참여도와 노출 문제에 직면했습니다. 이를 해결하기 위해 타깃 오디언스의 행동 패턴과 선호도를 깊이 분석했고 이를 바탕으로 콘텐츠와 키워드 전략을 조정했습니다. 결과적으로 이러한 조정은 1년 만에 5,000만 원의 매출 성장으로 이어졌습니다. 이러한 경험은 네이버의 다양한 서비스에 대한 사용자 참여를 늘리는 데 활용할 수 있습니다.

예상 질문 4: 네이버의 애널리스트로서 당면할 수 있는 최대 도전은 무엇이라고 생각하시나요?

답변 예시:
네이버의 애널리스트로서의 최대 도전은 끊임없이 변화하는 기술과 시장 동향에 신속하게 적응하고 이를 기반으로 효과적인 전략을 제시하는 것입니다. 제가 마케팅 분야에서 축적한 분석 능력과 트렌드 감각을 활용해 이 도전을 극복하고 네이버가 글로벌 정보 접근성을 향상시키는 데 기여하고자 합니다.

80 지원 동기 작성

비즈니스에서 경쟁은 치열하고 기업은 항상 자신을 돋보이게 할 수 있는 인재를 찾고 있습니다. 이러한 맥락에서 각 기업과 직무에 적합하고 매력적인 지원 동기를 제시하는 것은 구직자에게 매우 중요합니다. 효과적으로 자신을 어필하고 싶은 기업의 관심을 끌 수 있는 독특하고 맞춤화된 지원 동기 작성은 구직자가 선호하는 기업에 입사할 수 있는 기회를 높일 수 있습니다.

이 프롬프트 템플릿은 사용자가 자신의 기술, 경험, 관심사 등을 입력하고 이를 바탕으로 4가지 패턴의 지원 동기를 작성할 수 있게 도와줍니다. 각 패턴은 특정 기업의 비전 관심 있는 기술, 지원하는 직무의 특성에 맞춰 조정돼 개별 지원자의 특성과 잘 맞는 맞춤형 내용을 생성합니다.

1. 프롬프트 템플릿

 # 명령문
당신은 프로 커리어 어드바이저입니다.
다음의 # 제약 조건을 충실히 지켜, 면접관이 합격시키고 싶어하는 지원 동기를 작성해 주세요.

 # 제약 조건
　– 지원 동기는 다음의 # 입력문에 입력된 정보와 # 이상적인 지원 동기를 바탕으로 작성할 것
　– 지원 동기는 4가지 패턴으로 작성할 것

 # 이상적인 지원 동기
　– 지원하는 기업의 매력과 회사에서 실현하고 싶은 것을 기재할 것
　– 관심을 가진 점을 기재할 것

입력문
– 글자 수: {자유 기술}

– 용도: {자유 기술}

– 지원하는 산업: {자유 기술}

– 지원하는 기업명: {자유 기술}

– 지원하는 직종: {자유 기술}

– 지원하는 직책: {자유 기술}

– 지원하는 회사의 비전: {자유 기술}

– 지원하는 회사에 관심을 가진 점: {자유 기술}

– 직종 경험: {자유 기술}

– 지원자의 성격: {자유 기술}

출력 형식
패턴 1

[여기에 지원 동기를 입력]

패턴 2

[여기에 지원 동기를 입력]

패턴 3

[여기에 지원 동기를 입력]

패턴 4

[여기에 지원 동기를 입력]

제7장

2. 프롬프트 작성 예시

명령서
당신은 프로 커리어 어드바이저입니다.

다음의 # 제약 조건을 충실히 지켜, 면접관이 합격시키고 싶어하는 지원 동기를 작성해 주세요.

제약 조건
– 지원 동기는 다음의 # 입력문에 입력된 정보와 # 이상적인 지원 동기를 바탕으로 작성할 것

– 지원 동기는 4가지 패턴으로 작성할 것

이상적인 지원 동기
– 지원하는 기업의 매력과 회사에서 실현하고 싶은 것을 기재할 것

– 관심을 가진 점을 기재할 것

입력문

– 글자 수: 1500자 내외

– 용도: 취업 지원서

– 지원하는 산업: 정보 기술(IT)

– 지원하는 기업명: 네이버

– 지원하는 직종: 소프트웨어 엔지니어

– 지원하는 직책: 개발 팀 리더

– 지원하는 회사의 비전: 글로벌 IT 산업에서의 혁신과 리더십

– 지원하는 회사에 관심을 가진 점: 네이버의 강력한 기술력과 혁신적인 기업 문화

– 직종 경험: 5년간의 소프트웨어 개발 경험

– 지원자의 성격: 창의적이고 문제 해결 능력이 뛰어난

출력 형식

패턴 1

[여기에 지원 동기를 입력]

패턴 2

[여기에 지원 동기를 입력]

패턴 3

[여기에 지원 동기를 입력]

패턴 4

[여기에 지원 동기를 입력]

3. 챗GPT 출력

패턴 1

저는 IT 산업의 혁신을 이끄는 네이버에 매료돼 지원하게 됐습니다. 5년 간 소프트웨어 개발자로 일하며 네이버의 강력한 기술력과 혁신적인 기업 문화를 접하게 됐고 이는 제가 꿈꾸는 바와 일치합니다. 저의 창의적이고 문제 해결 능력이 뛰어난 성격을 바탕으로, 네이버의 개발 팀 리더로서 글로벌 IT 산업에서 혁신을 실현하고 싶습니다. 네이버의 비전인 글로벌 IT 산업에서의 리더십을 함께 이뤄나가며 더 나은 세상을 만들고자 하는 열정을 갖고 있습니다.

패턴 2

네이버는 강력한 기술력과 혁신적인 기업 문화로 항상 제 관심을 끌어왔습니다. 5년 간의 소프트웨어 개발 경험을 통해 얻은 기술과 창의적 문제 해결 능력을 바탕으로, 네이버의 개발 팀 리더로서 팀의 성장을 도모하고 싶습니다. 글로벌 IT 산업에서의 혁신을 선도하는 네이버에서 저의 역량을 최대한 발휘해 새로운 기술적 도전과 변화를 주도하고 싶습니다. 네이버와 함께 글로벌 리더로 성장하는 길에 동참하고자 합니다.

패턴 3

IT 산업의 미래를 선도하는 네이버의 비전과 강력한 기술력에 큰 감명을 받아 지원하게 됐습니다. 5년 간의 소프트웨어 엔지니어 경력을 통해 쌓아온 기술적 역량과 창의적 문제 해결 능력을 바탕으로 네이버의 개발 팀 리더로서 팀

을 이끌고 싶습니다. 네이버의 혁신적인 기업 문화 속에서 새로운 도전과 기회를 만나고 글로벌 IT 산업에서의 리더십을 발휘해 혁신을 이루고자 합니다. 네이버와 함께 성장하고 발전하는 미래를 꿈꾸고 있습니다.

패턴 4

네이버의 혁신적인 기업 문화와 강력한 기술력은 저에게 항상 큰 영감을 줬습니다. 5년 간의 소프트웨어 개발 경험을 통해 네이버의 기술적 우수성을 직접 경험하며 개발 팀 리더로서 팀을 이끌고자 하는 열망이 생겼습니다. 네이버가 추구하는 글로벌 IT 산업에서의 리더십과 혁신을 실현하기 위해 저의 창의적이고 문제 해결 능력이 큰 도움이 될 것이라 확신합니다. 네이버와 함께 더 큰 도전과 성취를 이루고 싶습니다.

제7장

커뮤니케이션 개선

81 문장 변경, 편집 및 교정을 통한 효율적인 커뮤니케이션

명확하고 효과적인 커뮤니케이션은 성공의 열쇠입니다. 정확한 문장 교정과 편집 그리고 감수는 정보 전달의 명확성을 보장해 오해를 줄이고 효율적인 의사소통을 촉진합니다. 특히 다양한 이해 관계자와의 커뮤니케이션에서 잘못된 표현이나 애매한 문장은 신뢰를 떨어뜨릴 수 있습니다. 따라서 문장을 보다 쉽게 이해할 수 있도록 수정하는 프롬프트 템플릿은 필수적입니다.

문장 교정, 편집 그리고 감수의 프롬프트 템플릿은 주어진 문장을 더욱 명확하고 이해하기 쉽게 수정하는 역할을 합니다. 이를 통해 사용자들이 필요로 하는 정보에 신속하게 접근할 수 있도록 돕습니다. 또한 다양한 표현 방식으로 문장을 재구성해 독자나 청중의 수준에 맞춰 최적의 의사소통을 가능하게 합니다.

1. 프롬프트 템플릿

{문장을 입력하세요}라는 문장을 이해하기 쉽게 다시 작성해 주세요. 각각 다른 3종류의 문장으로 작성해 주세요.

2. 프롬프트 작성 예시

데이터 분석과 문서 작성에 숙련된 기술을 바탕으로, 프롬프트 내용을 명확히 이해하고 적절한 샘플 데이터를 생성하세요. 이렇게 하면 사용자에게 유용한 정보를 제공할 수 있습니다.라는 문장을 이해하기 쉽게 다시 작성해 주세요. 각각 다른 3종류의 문장으로 작성해 주세요.

3. 챗GPT 출력

1. 데이터를 분석하고 문서를 작성하는 데 능숙한 기술을 사용해 프롬프트를 명확히 이해하고 샘플 데이터를 생성하세요. 이렇게 하면 사용자에게 유익한 정보를 제공할 수 있습니다.

2. 데이터 분석과 문서 작성에 숙련된 기술을 활용해 프롬프트를 정확하게 파악하고 적절한 샘플 데이터를 만들어 주세요. 이렇게 하면 사용자가 필요한 정보를 얻을 수 있습니다.

3. 데이터를 분석하고 문서를 작성하는 기술을 바탕으로 프롬프트를 명확하게 이해하고 샘플 데이터를 생성하세요. 이를 통해 사용자에게 도움이 되는 정보를 제공할 수 있습니다.

82 정밀 문장 교정

이 템플릿을 사용하면 사용자는 문장을 입력하고 시스템은 여러 단계를 통해 문장의 오류를 정밀하게 검토합니다. 오타, 문맥상의 오류, 숫자 표기의 일관성, 관용구의 정확성 등 다양한 요소를 검사해 문장의 정확도를 높입니다. 이는 특히 법률 문서, 연구 보고서, 프레젠테이션 자료 등 정확성이 중요한 문서에 유용합니다.

프롬프트 사용 시 사용자는 수정이 필요한 문장을 입력합니다. 그 후 시스템은 설정된 작업 목록에 따라 문장을 분석하고 각종 오류를 지적합니다. 수정 사항을 반영한 정정된 문장은 사용자가 최종 검토 및 활용할 수 있도록 출력됩니다.

1. 프롬프트 템플릿

문장: [교정할 문장을 입력]

위의 문장에 대해 다음의 작업 1을 수행하고 출력해 주세요.

작업 1:

[

수정 1: 오탈자, 타이포가 있는 경우 모두 지적해 주세요.

수정 2: 단어의 표기에 일관성이 없는 경우 모두 지적해 주세요.

수정 3: 숫자의 표기에 일관성이 없는 경우 모두 지적해 주세요.

수정 4: 관용구나 속담 표현에 오류가 있다고 생각되는 경우 모두 지적해 주세요.

수정 5: 문맥에 맞지 않는 단어가 사용된 경우 모두 지적해 주세요.

수정 6: 주어와 술어의 조합이 잘못된 경우 모두 지적해 주세요.

수정 7: 문말 표현은 모두 "–입니다", "–습니다"체로 통일해 주세요.

수정 8: 구두점의 사용이 부자연스러운 경우 모두 지적해 주세요.

]

작업 1을 수행할 때는 다음의 조건을 준수해 주세요.

조건:
 - 문장의 순서를 변경하지 말 것
 - 가상의 표현이나 관용구, 속담을 사용하지 말 것
 - 문장을 생략하지 말 것

작업 2:
[작업 1을 수행한 후에 지적된 사항을 모두 수정한 올바른 문장을 출력해 주세요.]

2. 프롬프트 작성 예시

문장: 오늘은 날씨가 참 좋은데요. 우리는 산책을 갈 거야. 내일은 비가 올 것 같습니다. 그리고 우산을 준비해야 해요. 지난주에 갔던 그 공원이 아주 멋졌습니다, 이번 주말에도 다시 가 볼까 생각 중이에요.

위의 문장에 대해 다음의 작업 1을 수행하고 출력해 주세요.

작업 1:
[
수정 1: 오탈자, 타이포가 있는 경우 모두 지적해 주세요.
수정 2: 단어의 표기에 일관성이 없는 경우 모두 지적해 주세요.
수정 3: 숫자의 표기에 일관성이 없는 경우 모두 지적해 주세요.
수정 4: 관용구나 속담 표현에 오류가 있다고 생각되는 경우 모두 지적해 주세요.
수정 5: 문맥에 맞지 않는 단어가 사용된 경우 모두 지적해 주세요.
수정 6: 주어와 술어의 조합이 잘못된 경우 모두 지적해 주세요.
수정 7: 문말 표현은 모두 "입니다, 습니다"체로 통일해 주세요.
수정 8: ┤누섬의 사용이 부사언스러운 경우 모두 지적해 주세요.
]

작업 1을 수행할 때는 다음의 조건을 준수해 주세요.

조건:
 - 문장의 순서를 변경하지 말 것
 - 가상의 표현이나 관용구, 속담을 사용하지 말 것
 - 문장을 생략하지 말 것

작업 2:
[작업 1을 수행한 후에 지적된 사항을 모두 수정한 올바른 문장을 출력해 주세요.]

3. 챗GPT 출력

● **작업 1**

1. **수정 1:** 오탈자, 타이포가 있는 경우
- 오탈자나 타이포는 없음.

2. **수정 2:** 단어의 표기에 일관성이 없는 경우
- 없음.

3. **수정 3:** 숫자의 표기에 일관성이 없는 경우
- 없음.

4. **수정 4:** 관용구나 속담 표현에 오류가 있다고 생각되는 경우
- 없음.

5. **수정 5:** 문맥에 맞지 않는 단어가 사용된 경우
- 없음.

6. **수정 6:** 주어와 술어의 조합이 잘못된 경우
- 없음.

7. **수정 7:** 문말 표현은 모두 "–입니다", "–습니다" 체로 통일
- "오늘은 날씨가 참 좋은데요. 우리는 산책을 갈거야." → "오늘은 날씨가 참 좋습니다. 우리는 산책을 갈 것입니다."
- "내일은 비가 올 것 같습니다. 그리고 우산을 준비해야 해요." → "내일은 비가 올 것 같습니다. 그리고 우산을 준비해야 합니다."
- "지난주에 갔던 그 공원이 아주 멋졌습니다. 이번 주말에도 다시 가 볼까 생각 중이에요." → "지난주에 갔던 그 공원이 아주 멋졌습니다. 이번 주말에도 다시 가 볼까 생각 중입니다."

8. **수정 8:** 구두점의 사용이 부자연스러운 경우
- "오늘은 날씨가 참 좋은데요. 우리는 산책을 갈거야." → "오늘은 날씨가 참 좋습니다. 우리는 산책을 갈 것입니다."
- "내일은 비가 올 것 같습니다. 그리고 우산을 준비해야 해요." → "내일은 비가 올 것 같습니다. 그리고 우산을 준비해야 합니다."
- "지난주에 갔던 그 공원이 아주 멋졌습니다. 이번 주말에도 다시 가 볼까 생각 중이에요." → "지난주에 갔던 그 공원이 아주 멋졌습니다. 이번 주말에도 다시 가 볼까 생각 중입니다."

● **작업 2**

오늘은 날씨가 참 좋습니다. 우리는 산책을 갈 것입니다. 내일은 비가 올 것 같습니다. 그리고 우산을 준비해야 합니다. 지난주에 갔던 그 공원이 아주 멋졌습니다. 이번 주말에도 다시 가 볼까 생각 중입니다.

제8장

83 전문 이메일 작성

이메일은 중요한 커뮤니케이션 도구입니다. 효과적인 이메일 작성은 비즈니스 성공에 영향을 미칩니다. 잘 작성된 이메일은 명확하고 전문적인 인상을 주며 메시지를 빠르고 정확하게 전달할 수 있습니다. 특히 이메일의 정확성은 오해를 줄이고 비즈니스 관계를 강화하는 데 필수적입니다. 따라서 정확성을 높이는 팁을 사용해 고품질의 비즈니스 이메일을 작성하는 것은 중요합니다.

비즈니스 이메일 작성의 정확성을 높이기 위해 프롬프트 템플릿을 사용합니다. 이 프롬프트는 비즈니스 매너가 완벽하고 10년 이상의 사회 경험을 가진 비서의 역할을 설정해 이메일을 작성하도록 합니다. 이 템플릿은 수신자, 발신자 회사, 발신자, 이메일 내용 그리고 이메일의 톤과 같은 조건을 명확히 해 정확하고 일관된 비즈니스 이메일을 작성하는 데 도움을 줍니다.

1. 프롬프트 템플릿

 당신은 사회생활 경력 10년 이상으로 완벽한 비즈니스 매너를 갖춘 비서입니다.

다음 조건에 맞춰 업무용 이메일을 작성해 주세요.

 # 조건
- 수신자: {수신자 이름}
- 발신자 회사: {발신자 회사}
- 발신자: {발신자 이름}
- 내용: {이메일 내용}
- 어투: {이메일 어투}

2. 프롬프트 작성 예시

당신은 사회생활 경력 10년 이상으로 완벽한 비즈니스 매너를 갖춘 비서입니다.

다음 조건에 맞춰 업무용 이메일을 작성해 주세요.

 # 조건
- 수신자: ABC 주식회사 김철수님
- 발신자 회사: 주식회사 XYZ
- 발신자: 김하나
- 내용: 비즈니스 세미나에 관한 문의
- 어투: 정중하게

3. 챗GPT 출력

제목: 비즈니스 세미나 관련 문의 드립니다

김철수님 안녕하세요.

저는 주식회사 XYZ의 김하나입니다. 먼저 귀하의 건강과 안녕을 기원합니다.

다름이 아니오라, 오는 7월에 예정된 비즈니스 세미나에 대해 몇 가지 문의드리고자 합니다. 귀사의 웹 사이트를 통해 세미나에 대한 정보를 접하고 많은 관심을 가지게 됐습니다.

세미나에 참석하기 위해 필요한 절차와 준비 사항 그리고 프로그램 일정에 대해 자세히 알고 싶습니다. 특히 참가 비용과 결제 방법, 제공되는 자료 및 혜택에 관한 정보를 제공해 주시면 감사하겠습니다.

바쁘신 와중에 번거로우시겠지만 회신 주시면 큰 도움이 될 것 같습니다.

감사합니다.

김철수님의 회신을 기다리겠습니다.

주식회사 XYZ
김하나 드림

[연락처]
- 이메일: hana.kim@ xyz.co.kr
- 전화번호: 02-1234-5678

84 단계별 이메일 작성

단계별(스텝) 이메일은 사업가들에게 중요한 마케팅 도구입니다. 제품이나 서비스를 단계적으로 소개하면서 고객의 관심을 유지하고 제품에 대한 인식을 높이며 최종적으로 구매로 유도할 수 있습니다. 이러한 이메일 시리즈는 타깃 고객에게 체계적인 정보 전달을 가능하게 해 제품의 특징과 이점을 효과적으로 커뮤니케이션할 수 있게 합니다.

이번에 안내하는 프롬프트 템플릿 단계별 이메일은 제품 출시 전후로 계획됐으며 각 이메일은 제품의 독특한 특징과 혜택을 강조해 독자의 흥미를 끌고 다음 단계로 유도하는 내용을 포함합니다. 첫 번째 이메일은 제품 소개와 기대를 조성하고 이어지는 이메일들에서는 상세 기능, 사용자 리뷰, 예약 구매 혜택 등을 제공해 독자의 관심을 심화시키고 단계적으로 구매 결정을 촉진합니다.

스텝 메일 템플릿을 효과적으로 사용하면 고객의 구매 여정을 체계적으로 관리하고 각 단계에서 고객의 참여를 유도할 수 있습니다. 이는 고객의 제품 이해도를 높이고 브랜드 신뢰를 구축하며 최종적으로는 판매 증대로 이어질 수 있습니다. 또한 마케팅 자동화를 통해 시간과 자원의 효율성을 극대화할 수 있습니다.

1. 프롬프트 템플릿

 # 명령문
{ [상품이나 목적을 작성해 주세요]의 스텝메일 시리즈를 작성해 주세요}

 # 제약 조건
각 이메일은 제품의 특징과 이점을 명확히 전달해야 합니다.

이메일 시리즈는 제품의 인지도를 높이고 궁극적으로 구매로 이어지도록 해야 합니다.

타깃은 [타깃을 작성해 주세요]입니다.

비즈니스

[당신의 비즈니스에 대해 작성해 주세요]

출력 형식

스텝메일은 제품 출시 전후에 발송되는 일련의 이메일입니다.

각 이메일은 독자의 관심을 끌고 다음 단계로 유도하는 내용을 담아야 합니다.

2. 프롬프트 작성 예시

명령문

스마트 헬스케어 디바이스의 스텝메일 시리즈를 작성해 주세요.

제약 조건

각 이메일은 제품의 특징과 이점을 명확히 전달해야 합니다.

이메일 시리즈는 제품의 인지도를 높이고 궁극적으로 구매로 이어지도록 해야 합니다.

타깃은 **25~40세**의 건강에 관심이 많은 도시 거주자입니다.

비즈니스

최첨단 기술을 사용해 건강 관리 제품을 개발하는 헬스케어 기업

출력 형식

스텝메일은 제품 출시 전후에 발송되는 일련의 이메일입니다.

각 이메일은 독자의 관심을 끌고 다음 단계로 유도하는 내용을 담아야 합니다.

3. 챗GPT 출력

● **Step 1: 제품 소개**

Subject: 만능 스마트 헬스케어 디바이스가 곧 출시됩니다!

안녕하세요. [고객님 성함].

최첨단 헬스케어 기술의 선두주자, [회사 이름]에서 새로운 스마트 헬스케어 디바이스를 출시하게 돼 기쁩니다!

우리의 최신 디바이스는 아래와 같은 놀라운 기능을 제공합니다.

- **실시간 건강 모니터링**: 혈압, 심박수, 체온 등 주요 건강 지표를 실시간으로 체크
- **운동 추적 및 분석**: 걸음 수, 칼로리 소모량, 운동 강도 분석으로 최적의 운동 플랜 제공
- **수면 모니터링**: 수면 패턴을 분석해 최상의 수면 환경 조성
- **스트레스 관리**: 스트레스 수준을 측정하고 이를 완화하는 맞춤형 조언 제공

도시 생활의 바쁜 일정 속에서도 건강을 유지하고 개선할 수 있도록 돕는 이 제품을 통해 더 나은 라이프스타일을 경험해 보세요.

곧 다가올 출시 이벤트에 대한 자세한 정보를 기대해 주세요!

건강한 하루 되세요.

[회사 이름] 팀 드림

● **Step 2: 제품 기능 상세 설명**

Subject: 스마트 헬스케어 디바이스의 혁신적인 기능을 만나 보세요!

안녕하세요. [고객님 성함],

[회사 이름]의 스마트 헬스케어 디바이스 출시일이 다가오고 있습니다! 오늘은 이 디바이스의 주요 기능들을 더 자세히 소개해 드리고자 합니다.

- AI 기반 건강 관리: 인공지능을 활용해 개인 맞춤형 건강 관리 플랜 제공
- 다중 센서 기술: 다양한 센서가 체내외 정보를 정확하게 측정
- 연동 가능 앱: 스마트폰과 연동해 모든 데이터를 쉽게 관리 및 분석
- 알림 및 리마인더: 운동, 수분 섭취, 약 복용 시간 등을 알려 주는 알림 기능

이 디바이스는 단순한 헬스케어 제품을 넘어, 여러분의 건강과 웰빙을 책임질 최고의 파트너가 될 것입니다.

지금 사전 예약을 통해 특별 혜택을 받아 보세요!

건강한 하루 되세요.

[회사 이름] 팀 드림

● **Step 3: 사용자 후기 및 사전 예약 안내**

Subject: 스마트 헬스케어 디바이스 사용자 후기를 확인하세요!

안녕하세요. [고객님 성함],

저희의 스마트 헬스케어 디바이스가 출시 전부터 많은 관심을 받고 있습니다! 오늘은 일부 체험단의 후기를 소개해 드리겠습니다.

김철수 님: "이 디바이스 덕분에 제 건강 상태를 실시간으로 모니터링하고 맞춤형 조언을 받아 생활 습관을 개선할 수 있었어요. 정말 놀라운 제품입니다!"

이영희 님: "운동 추적 기능이 정말 유용해요. 운동 후 데이터를 분석해 주니 좀 더 효과적인 운동 계획을 세울 수 있게 됐어요."

여러분도 이 디바이스를 통해 건강한 생활을 시작해 보세요. 지금 사전 예약을 하시면 특별 할인가와 추가 혜택을 누리실 수 있습니다.

건강한 하루 되세요.

[회사 이름] 팀 드림

● **Step 4: 출시 알림 및 구매 링크**
Subject: 드디어 출시! 지금 바로 스마트 헬스케어 디바이스를 만나 보세요!

안녕하세요. [고객님 성함],

기다리고 기다리던 [회사 이름]의 스마트 헬스케어 디바이스가 드디어 출시됐습니다!

지금 [구매 링크]에서 구매하실 수 있습니다. 초기 구매자에게는 특별 할인과 함께 다양한 혜택이 제공됩니다.

이 디바이스를 통해 여러분의 건강 관리 수준을 한 단계 높여 보세요. 건강한 라이프스타일을 위한 완벽한 선택이 될 것입니다.

지금 바로 [구매 링크]에서 확인하세요!

건강한 하루 되세요.

[회사 이름] 팀 드림

- - - - - -

● **Step 5: 구매 후 사용자 가이드 및 추가 정보**
Subject: 스마트 헬스케어 디바이스 사용 가이드 및 추가 정보

안녕하세요. [고객님 성함],

스마트 헬스케어 디바이스를 구매해 주셔서 감사합니다! 제품을 최대한 활용할 수 있도록 사용 가이드를 보내드립니다.

- **초기 설정**: 디바이스를 착용하고 스마트폰과 연동해 개인 프로필을 설정하세요.
- **주요 기능 사용법**: 건강 모니터링, 운동 추적, 수면 분석 등 주요 기능의 사용 방법을 안내합니다.
- **앱 활용 팁**: 데이터를 분석하고 맞춤형 건강 조언을 받을 수 있는 앱 사용 팁을 제공합니다.

또한 고객 지원 팀이 언제든지 도와드릴 준비가 돼 있으니 궁금한 점이나 문제가 있으시면 언제든지 연락해 주세요.

건강한 하루 되세요.

[회사 이름] 팀 드림

85 프레젠테이션 스크립트

효과적인 프레젠테이션은 성공의 핵심 요소 중 하나입니다. 프레젠테이션 스크립트는 중요한 메시지를 전달하고 청중을 설득하며 조직의 목표를 달성하는 데 있어 매우 중요합니다. 특히 PREP(Point, Reason, Example, Point) 방법은 명확하고 일관된 메시지를 전달하는 데 탁월한 도구입니다. 비즈니스 리더와 기업가들은 이러한 방법을 통해 더욱 체계적이고 설득력 있는 프레젠테이션을 할 수 있습니다.

PREP 방법을 활용해 프레젠테이션 스크립트를 작성하는 과정은 다음과 같습니다.

- 요점(Point): 발표의 핵심 메시지를 명확하게 제시합니다.
- 이유(Reason): 청중이 메시지의 중요성을 이해할 수 있도록 설명합니다.
- 예시(Example): 관련 논문이나 사례를 통해 메시지를 뒷받침하는 구체적인 예시를 제공합니다.
- 요약(Point): 다시 한번 핵심 메시지를 강조하며 발표를 마무리합니다.

PREP 방법을 사용하면 프레젠테이션의 질이 향상됩니다. 명확하고 구조화된 메시지를 전달하면 청중의 이해도와 설득력이 높아집니다. 이는 결국 조직의 목표 달성에 긍정적인 영향을 미치며 비즈니스 성과를 향상시키는 데 기여합니다. 또한 직원 정신 건강 지원과 같은 주제를 다룸으로써 조직의 문화와 근무 환경을 개선할 수 있습니다.

1. 프롬프트 템플릿

당신은 세계적으로 정평이 있는 프레젠테이션 멘토입니다.
다음 조건과 입력을 바탕으로 프레젠테이션에서 사용할 스크립트를 작성하는 것을 도와주세요.

 # 조건

  – PREP 법으로 작성해 주세요.

  – 관련 논문 3개를 소개해 주세요.

  – 논문의 내용을 요약해 주세요.

 # 입력

2. 프롬프트 작성 예시

당신은 세계적으로 정평이 나 있는 프레젠테이션 멘토입니다.

다음 조건과 입력을 바탕으로 프레젠테이션에서 사용할 스크립트를 작성하는 것을 도와주세요.

 # 조건

  – PREP(Point, Reason, Example, Point) 방법으로 작성해 주세요.

  – 관련 논문 3개를 소개해 주세요.

  – 논문의 내용을 요약해 주세요.

 # 입력

직원의 정신 건강을 어떻게 지원할 수 있는가?

3. 챗GPT 출력

● **프레젠테이션 스크립트: 직원의 정신 건강 지원**

1. 포인트(Point)

안녕하세요. 여러분. 오늘 저는 직원의 정신 건강을 어떻게 지원할 수 있는지에 대해 말씀드리고자 합니다. 정신 건강은 업무 효율성과 직장 내 분위기 형성에 중요한 역할을 합니다. 직원의 정신 건강을 지원하면 더 건강하고 생산적인 근무 환경을 조성할 수 있습니다.

2. 이유(Reason)

직원의 정신 건강을 지원해야 하는 이유는 명백합니다. 정신 건강이 좋지 않으면 업무 집중력이 떨어지고 창의성 감소와 더불어 병가가 늘어나며 장기적으로는 조직의 성과에도 부정적인 영향을 미칩니다. 반면에 정신 건강을 적극적으로 지원하면 직원의 만족도와 충성도가 높아지고 이는 곧 조직의 성과 향상으로 이어집니다.

3. 예시(Example)

3가지 관련 논문을 통해 이 주제를 더 깊이 탐구해 보겠습니다.

첫 번째 논문:

• **제목:** "Workplace Mental Health: The Role of Organizational Support and Resources"

• **저자:** Dr. Emily Johnson et al.

• **요약:** 이 논문은 조직의 지원과 자원이 직원의 정신 건강에 미치는 영향을 분석합니다. 연구에 따르면 정기적인 정신 건강 프로그램 제공과 유연 근무제 도입이 직원의 스트레스 수준을 현저히 감소시키는 것으로 나타났습니다.

두 번째 논문:

- **제목:** "The Impact of Mental Health Interventions on Employee Productivity"
- **저자:** Prof. Michael Lee et al.
- **요약:** 이 논문에서는 정신 건강 중재 프로그램이 직원 생산성에 미치는 영향을 연구합니다. 결과적으로 정신 건강 상담과 워크숍에 참여한 직원들의 생산성이 20% 이상 향상됐다는 것을 보여 줍니다.

세 번째 논문:

- **제목:** "Employee Mental Health and Job Satisfaction: A Correlational Study"
- **저자:** Dr. Sarah Thompson et al.
- **요약:** 이 연구는 직원의 정신 건강과 직무 만족도 사이의 상관관계를 조사합니다. 연구 결과 정신 건강이 좋은 직원들은 높은 직무 만족도를 보였으며 이는 조직의 이직률 감소와 직결된다는 결론을 도출했습니다.

4. 요약(Point)

직원의 정신 건강을 지원하는 것은 선택이 아닌 필수입니다. 조직의 지원과 자원을 활용한 프로그램, 정기적인 상담 및 워크숍 그리고 유연 근무제도는 직원의 정신 건강을 증진시키고 이는 결국 조직의 성공으로 이어집니다. 오늘 논의한 연구 결과들은 이를 뒷받침하고 있으며 우리의 실천이 필요하다는 것을 강조하고 있습니다.

여러분의 조직에서도 이러한 정신 건강 지원 프로그램을 도입해 더 나은 근무 환경을 만들어 나가길 바랍니다. 감사합니다.

86 감마를 이용한 슬라이드 생성

http://gamma.app(AI 슬라이드 생성 도구)

이 프롬프트에서 제시된 슬라이드 작성 아웃라인은 교육 및 비즈니스 현장에서 특히 유용하며 정보를 체계적으로 정리하고 효과적으로 전달하는 수단으로 뛰어납니다. 이 프롬프트 템플릿은 사용자가 각 슬라이드의 구성을 체계적으로 준비하도록 돕는 구조를 제공해 학습자와 비즈니스 이해 관계자 모두에게 명확하고 이해하기 쉬운 형태로 정보를 전달할 수 있게 합니다.

이 템플릿은 슬라이드의 각 섹션을 명확히 나누고 각 섹션에 필요한 정보를 구체적으로 설명해 입력하도록 요청합니다. 이는 사용자가 자신의 교육 내용이나 비즈니스 프레젠테이션을 명확하고 체계적으로 구성할 수 있게 도와줍니다. 구체적인 예제와 실제적인 적용 사례를 포함시킴으로써 실용적인 지식의 전달이 가능해집니다.

1. 프롬프트 템플릿

 # 고객 입력 변수
다음의 프롬프트는 고객이 쉽게 입력할 수 있도록 각 항목에 대한 설명을 포함하고 있습니다. 각 항목에 해당하는 정보를 입력하세요.

 # 모듈: [모듈명]
 # 레슨 [레슨 번호]: [레슨 제목]
 # 아웃라인:
 # 개요와 기본 개념
이 레슨에서는 [주제]에 대해 배웁니다. [주제]는 [간결한 정의나 요점]이며 [주제]의 중요성과

응용에 대해서도 다룹니다. 구체적으로는 [주제의 대략적인 범위나 관련 영역]에 초점을 맞춥니다.

구체적인 예와 설명

[주제]에 대한 구체적인 내용을 중점적으로 다룹니다. [자세한 정보나 구체적인 예]를 통해 [주제]에 대한 이해를 높입니다. [주제의 특징이나 적용 방법] 등에 대해 설명합니다.

실용적인 응용(별도 주제)

실제 시나리오나 상황을 통해 [주제]의 실용적인 응용 방법에 초점을 맞춥니다. [구체적인 절차나 팁]을 제공해 수강생이 [주제]를 실제로 활용할 수 있도록 지원합니다.

요약

이 레슨에서 배운 요점을 간단히 요약합니다. [주제]의 주요 개념과 학습 포인트를 다시 강조하고 다음 단계로 나아갈 준비를 합니다.

추가 자료와 과제(선택 사항)

관련 추가 학습 자료나 과제를 제공할 경우, 여기서 소개합니다. 수강생이 더 깊이 있는 학습을 할 수 있도록 지원합니다.

다음 동영상에 대한 소개

다음 레슨에 대한 간단한 소개를 합니다. 수강생이 다음 내용을 기대하고 계속 학습할 의욕을 높입니다.

다음은 제공된 'Contents Information'을 바탕으로 슬라이드의 구성을 나타낸 아웃라인입니다.

[Contents Information]:

위 슬라이드 아웃라인은 제공된 "Contents Information"을 기반으로 설계됐습니다. 각 슬라이드에는 적절한 시각 자료와 텍스트를 결합해 콘텐츠의 메시지를 효과적으로 전달하는 것을 목표로 합니다.

고객이 입력할 변수:

1. 모듈명: {모듈의 이름을 입력하세요}
2. 레슨 번호: {레슨의 번호를 입력하세요}
3. 레슨 제목: {레슨의 제목을 입력하세요}
4. 주제: {레슨에서 다루는 주제를 입력하세요}
5. 간결한 정의나 요점: {주제의 간략한 정의나 요점을 입력하세요}
6. 주제의 대략적인 범위나 관련 영역: {주제와 관련된 내용의 범위를 입력하세요}
7. 자세한 정보나 구체적인 예: {주제에 대한 자세한 설명과 예시를 입력하세요}
8. 추가 학습 자료나 과제: {추가로 제공할 학습 자료나 과제를 입력하세요.(선택 사항)}

이 정보를 바탕으로 슬라이드 아웃라인을 작성할 수 있습니다.

2. 프롬프트 작성 예시

 # 고객 입력 변수

다음의 프롬프트는 고객이 쉽게 입력할 수 있도록 각 항목에 대한 설명과 예시를 포함하고 있습니다. 각 항목에 해당하는 정보를 입력하세요.

 # 모듈: [모듈명]

 # 레슨 [레슨 번호]: [레슨 제목]

 # 아웃라인:

 # 개요와 기본 개념

이 레슨에서는 [주제]에 대해 배웁니다. [주제]는 [간결한 정의나 요점]이며 [주제]의 중요성과 응용에 대해서도 다룹니다. 구체적으로는 [주제의 대략적인 범위나 관련 영역]에 초점을 맞춥니다.

 # 구체적인 예와 설명

[주제]에 대한 구체적인 내용을 중점적으로 다룹니다. [자세한 정보나 구체적인 예]를 통해 [주제]에 대한 이해를 높입니다. [주제의 특징이나 적용 방법] 등에 대해 설명합니다.

 # 실용적인 응용(별도 주제)

실제 시나리오나 상황을 통해 [주제]의 실용적인 응용 방법에 초점을 맞춥니다. [구체적인 절차나 팁]을 제공해 수강생이 [주제]를 실제로 활용할 수 있도록 지원합니다.

 # 요약

이 레슨에서 배운 요점을 간단히 요약합니다. [주제]의 주요 개념과 학습 포인트를 다시 강조하고 다음 단계로 나아갈 준비를 합니다.

 # 추가 자료와 과제(선택 사항)

관련 추가 학습 자료나 과제를 제공할 경우, 여기서 소개합니다. 수강생이 더 깊이 있는 학습을 할 수 있도록 지원합니다.

 # 다음 동영상에 대한 소개

다음 레슨에 대한 간단한 소개를 합니다. 수강생이 다음 내용을 기대하고 계속 학습할 의욕을 높입니다.

다음은 제공된 'Contents Information'을 바탕으로 슬라이드의 구성을 나타낸 아웃라인입니다.

[Contents Information]:

위 슬라이드 아웃라인은 제공된 'Contents Information'을 기반으로 설계됐습니다. 각 슬라이드에는 적절한 시각 자료와 텍스트를 결합해 콘텐츠의 메시지를 효과적으로 전달하는 것을 목표로 합니다.

고객이 입력할 변수:

1. 모듈명: 데이터 분석 기초
2. 레슨 번호: 레슨 1
3. 레슨 제목: 기초 통계 개념
4. 주제: 통계적 데이터 분석
5. 간결한 정의나 요점: 통계는 데이터의 수집, 분석, 해석을 다룹니다.
6. 주제의 대략적인 범위나 관련 영역: 기초 통계, 데이터 시각화, 가설 검정
7. 자세한 정보나 구체적인 예: 평균, 중앙값, 분산의 계산 방법
8. 추가 학습 자료나 과제: 추가 읽을거리 링크, 연습 문제

3. 챗GPT 출력

모듈: 데이터 분석 기초

레슨 1: 기초 통계 개념

아웃라인:

개요와 기본 개념

이 레슨에서는 통계적 데이터 분석에 대해 배웁니다. 통계는 데이터의 수집, 분석, 해석을 다룹니다. 통계의 중요성과 응용에 대해서도 다룹니다. 구체적으로는 기초 통계, 데이터 시각화, 가설 검정에 초점을 맞춥니다.

구체적인 예와 설명

통계적 데이터 분석에 대한 구체적인 내용을 중점적으로 다룹니다. 평균, 중앙값, 분산의 계산 방법을 통해 통계에 대한 이해를 높입니다. 통계의 특징이나 적용 방법 등에 대해 설명합니다.

실용적인 응용(별도 주제)

실제 시나리오나 상황을 통해 통계적 데이터 분석의 실용적인 응용 방법에 초점을 맞춥니다. 구체적인 절차나 팁을 제공해 수강생이 통계를 실제로 활용할 수 있도록 지원합니다.

요약

이 레슨에서 배운 요점을 간단히 요약합니다. 통계적 데이터 분석의 주요 개념과 학습 포인트를 다시 강조하고 다음 단계로 나아갈 준비를 합니다.

추가 자료와 과제(선택 사항)

관련 추가 학습 자료나 과제를 제공할 경우, 여기서 소개합니다. 추가 읽을거리 링크, 연습 문제를 제공해 수강생이 더 깊이 있는 학습을 할 수 있도록 지원합니다.

다음 동영상에 대한 소개

다음 레슨에 대한 간단한 소개를 합니다. 수강생이 다음 내용을 기대하고 계속 학습할 의욕을 높입니다.

제공된 "Contents Information"을 바탕으로 슬라이드의 구성을 나타낸 아웃라인

[Contents Information]:

1. 모듈명: 데이터 분석 기초
2. 레슨 번호: 레슨 1
3. 레슨 제목: 기초 통계 개념

4. 주제: 통계적 데이터 분석

5. 간결한 정의나 요점: 통계는 데이터의 수집, 분석, 해석을 다룹니다.

6. 주제의 대략적인 범위나 관련 영역: 기초 통계, 데이터 시각화, 가설 검정

7. 자세한 정보나 구체적인 예: 평균, 중앙값, 분산의 계산 방법

8. 추가 학습 자료나 과제: 추가 읽을거리 링크, 연습 문제

위 슬라이드 아웃라인은 제공된 'Contents Information'을 기반으로 설계됐습니다. 각 슬라이드에는 적절한 시각 자료와 텍스트를 결합해 콘텐츠의 메시지를 효과적으로 전달하는 것을 목표로 합니다.

제8장

87 고품질 프레젠테이션 구성안 작성

비즈니스 아이디어나 프로젝트를 설명할 때 프레젠테이션을 준비하는 것은 성공적인 커뮤니케이션을 위해 필수적입니다. 이는 청중에게 명확하고 설득력 있는 메시지를 전달하고 투자자나 이해관계자들의 지지를 얻는 데 중요한 역할을 합니다. 따라서 아래의 비즈니스 프롬프트 템플릿은 이러한 필요를 충족시키기 위해 설계됐습니다.

이 프롬프트를 사용해 청중의 관심을 끌고 그들의 요구에 맞춘 맞춤형 프레젠테이션 슬라이드를 생성할 수 있습니다. 프레젠테이션의 목적, 대상, 슬라이드 수, 시간 제한, 주요 포인트 등을 자유롭게 기입하며 이를 바탕으로 체계적인 프레젠테이션 계획을 수립합니다.

1. 프롬프트 템플릿

명령문
당신은 프레젠테이션 작성의 전문가입니다. 아래의 # 제약 조건을 따라 프레젠테이션 구성안을 작성하고 # 출력 형식에 맞춰 출력하십시오.

제약 조건
– 다음의 # 프레젠테이션 내용의 조건에 충실하게 따라 프레젠테이션 구성안을 작성하십시오.
– 프레젠테이션 시 문장 구성의 프레임워크인 # PREP법의 형식에 따라 작성하십시오.
– 출력은 반드시 # 출력 형식에 따라 이뤄져야 합니다.

PREP법
다음 내용을 바탕으로 프레젠테이션 구성안을 작성하십시오.
– Point: 결론(주장)
– Reason: 이유(결론의 이유, 주장의 이유)
– Example: 구체적인 예(이유를 설득력 있게 만들기 위한 구체적인 근거, 사례)

– Point: 결론(주장)

프레젠테이션 내용

목적: {자유 기재}

타깃: {자유 기재}

슬라이드 수: {숫자}장

시간 제한: {자유 기재}

주요 포인트: {자유 기재. 항목별로 작성 가능}

출력 형식

【PREP법】

– Point: [# 프레젠테이션 내용에 따라 상세히 기재]

– Reason: [# 프레젠테이션 내용에 따라 상세히 기재]

– Example: [# 프레젠테이션 내용에 따라 상세히 기재]

– Point: [# 프레젠테이션 내용에 따라 상세히 기재]

【구성안】

⟨1페이지⟩

[구체적인 기재 내용을 입력하십시오. 가능한 한 쉽게 설명하십시오]

⟨2페이지⟩

[구체적인 기재 내용을 입력하십시오. 가능한 한 쉽게 설명하십시오]

⟨3페이지⟩

[구체적인 기재 내용을 입력하십시오. 가능한 한 쉽게 설명하십시오]

…

[# 프레젠테이션 내용에 따라 필요한 장 수만큼 구성안을 작성하십시오.]

2. 프롬프트 작성 예시

명령문

당신은 프레젠테이션 작성의 전문가입니다. 아래의 # 제약 조건을 따라 프레젠테이션 구성안을 작성하고 # 출력 형식에 맞춰 출력하십시오.

제약 조건

– 아래의 # 프레젠테이션 내용의 조건에 충실하게 따라 프레젠테이션 구성안을 작성하십시오.

– 프레젠테이션 시 문장 구성의 프레임워크인 # PREP법의 형식에 따라 작성하십시오.

– 출력은 반드시 # 출력 형식에 따라 이뤄져야 합니다.

PREP법

다음 내용을 바탕으로 프레젠테이션 구성안을 작성하십시오.

- Point: 결론(주장)
- Reason: 이유(결론의 이유, 주장의 이유)
- Example: 구체적인 예(이유를 설득력 있게 만들기 위한 구체적인 근거, 사례)
- Point: 결론(주장)

프레젠테이션 내용
목적: 신제품 출시 발표
타깃: 기업 고객 및 파트너사
슬라이드 수: 10장
시간 제한: 30분
주요 포인트: 신제품 특징, 시장 분석, 예상 수익, 고객 혜택

출력 형식
【PREP법】
- Point: [# 프레젠테이션 내용에 따라 상세히 기재]
- Reason: [# 프레젠테이션 내용에 따라 상세히 기재]
- Example: [# 프레젠테이션 내용에 따라 상세히 기재]
- Point: [# 프레젠테이션 내용에 따라 상세히 기재]
【구성안】
〈1페이지〉
[구체적인 기재 내용을 입력하십시오. 가능한 한 쉽게 설명하십시오]
〈2페이지〉
[구체적인 기재 내용을 입력하십시오. 가능한 한 쉽게 설명하십시오]
〈3페이지〉
[구체적인 기재 내용을 입력하십시오. 가능한 한 쉽게 설명하십시오]
...
[# 프레센테이션 내용에 따라 필요한 장 수만큼 구성안을 작성하십시오.]

3. 챗GPT 출력

● 【PREP법】
- Point: 신제품은 기업 고객과 파트너사에게 큰 혜택을 제공합니다.
- Reason: 이 신제품은 최신 기술을 적용해 사용 편의성, 효율성 및 비용 절감을 극대화했기 때문입니다.
- Example: 시장 분석 결과 이 신제품을 도입한 기업의 운영 비용이 평균 20% 감소하고 생산성이 15% 증가한 사례가 있습니다.
- Point: 신제품은 기업 고객과 파트너사에게 큰 혜택을 제공합니다.

●【구성안】

〈1페이지〉

제목: 신제품 출시 발표

내용:

- 인사 및 발표 목적 소개
- 프레젠테이션 개요 설명(주요 포인트: 신제품 특징, 시장 분석, 예상 수익, 고객 혜택)

〈2페이지〉

제목: 신제품 소개

내용:

- 신제품 이름 및 기본 정보
- 신제품의 핵심 특징 요약
    - 최신 기술 적용
    - 사용 편의성 증대
    - 효율성 향상

〈3페이지〉

제목: 신제품의 주요 특징

내용:

- 주요 특징 상세 설명
    - 최신 기술 적용: 기술적 세부 사항 설명
    - 사용 편의성: 사용자 인터페이스와 디자인 개선 사항
    - 효율성: 성능 개선 및 작업 처리 속도 증가

〈4페이지〉

제목: 시장 분석

내용:

- 현재 시장 상황 및 트렌드 분석
    - 시장 성장률
    - 경쟁사 분석
- 신제품의 시장에서의 위치 및 차별화 요소

〈5페이지〉

제목: 시장 조사 결과

내용:

- 목표 시장 조사 결과
    - 고객 요구 사항
    - 시장 수요 분석
    - 신제품의 예상 시장 점유율

〈6페이지〉

제목: 예상 수익

내용:

- 신제품 도입 시 예상 수익 분석
    - 초기 투자 비용
    - 예상 판매 수익
- 수익 예측 그래프 및 표

〈7페이지〉

제목: 고객 혜택

내용:

- 신제품 도입 시 고객에게 주는 혜택
    - 비용 절감 효과
    - 생산성 향상
- 고객 만족도 및 피드백 예상

〈8페이지〉

제목: 사례 연구

내용:

- 신제품을 도입한 기업의 성공 사례
    - 사례 기업 소개
    - 도입 전후 비교(비용 절감, 생산성 향상 등)
- 구체적인 데이터 및 그래프 제공

〈9페이지〉

제목: 결론 및 기대 효과

내용:

- 신제품의 도입이 기업에 미치는 긍정적 영향 요약
    - 효율성 증대
    - 비용 절감
    - 시장 경쟁력 강화
- 최종 결론: 신제품 도입의 필요성과 기대 효과 강조

〈10페이지〉

제목: Q&A 및 마무리

내용:

- 질문 및 답변 시간
- 추가 문의 사항 안내
- 발표 마무리 및 감사 인사

이 구성안은 신제품의 강점을 강조하고 이를 통해 기업 고객과 파트너 사에게 신제품이 제공할 수 있는 혜택을 명확히 전달하는 데 중점을 두고 있습니다.

88 칭찬 및 동기 부여

기업 경영자들은 일상에서 다양한 도전에 직면하게 됩니다. 이때 격려와 칭찬은 직원들의 사기를 높이고 동기를 부여하는 중요한 도구입니다. 특히 실패했을 때 위로와 격려를 통해 다시 일어설 힘을 줄 수 있습니다. 이번 프롬프트는 칭찬을 통한 긍정적인 환경 조성의 중요성을 강조하며 구체적인 예시를 통해 어떻게 이를 실현할 수 있는지 안내합니다.

칭찬을 활용한 프롬프트는 제품 홍보, 자기 위로, 동기 부여 등 다양한 상황에서 사용될 수 있습니다. 각 템플릿은 사용자가 상대방의 장점을 인정하고 칭찬하는 문구를 작성하도록 유도합니다. 이를 통해 기업 내 긍정적인 커뮤니케이션을 촉진할 수 있습니다.

1. 프롬프트 템플릿

{문자를 입력}

최대한 동의하면서 장점을 칭찬해 주세요.
용도: {상품 홍보 문구, 자신 위로, 동기 부여}

2. 프롬프트 작성 예시

이번 제품은 최신 기술을 도입해 성능이 뛰어나고 사용하기 편리합니다.

최대한 동의하면서 장점을 칭찬해 주세요.
용도: 상품 홍보 문구

3. 챗GPT 출력

훌륭합니다! 이번 제품은 최신 기술을 도입해 성능이 뛰어난 점이 눈에 띄는군요. 이렇게 최첨단 기술을 사용하면서도 사용자가 편리하게 이용할 수 있도록 설계된 점이 인상적입니다. 특히 사용자 친화적인 인터페이스와 뛰어난 성능 덕분에 일상생활에서 큰 도움을 줄 것 같습니다. 최신 기술을 통해 제공되는 우수한 성능과 편리함은 이 제품을 특별하게 만듭니다. 이 제품을 선택하면 만족스러운 사용 경험을 누릴 수 있을 것입니다.

제 9 장

고객 서비스 및 관리

89 고객 클레임에 대한 신속 대응

고객의 불만은 필연적으로 발생합니다. 특히 디지털 시대에는 온라인 리뷰와 소셜 미디어를 통해 고객의 불만이 빠르게 퍼질 수 있습니다. 이때 신속하고 정확하게 대응하지 않으면 기업의 평판과 신뢰에 큰 타격을 입을 수 있습니다. 따라서 클레임 대응 템플릿을 통해 효율적이고 일관된 응대를 제공하는 것은 기업의 필수적인 전략입니다.

클레임 응대 템플릿은 고객의 불만 사항에 대해 체계적이고 명확하게 대응할 수 있도록 도와줍니다. 템플릿은 응대 내용의 구조와 핵심 포인트를 제공해 고객에게 신뢰를 주고 문제를 해결하려는 의지를 보여 줍니다.

1. 프롬프트 템플릿

다음 클레임에 대해 저희 측에 잘못이 없다는 입장에서 답변을 작성해 주세요.
{여기에 입력}

2. 프롬프트 작성 예시

다음 클레임에 대해 저희 측에 잘못이 없다는 입장에서 답변을 작성해 주세요.
{클레임 번호: 20240523B
발생 일자: 2024년 5월 1일
고객 성명: 이영희
클레임 내용: 고객은 최근 구매한 스마트폰이 광고된 사양과 다르다고 주장합니다
저희 입장은 고객이 구매한 제품이 광고된 사양과 동일하며 제품의 기능과 성능이 모두 사양서에 명시된 대로 작동함을 확인했습니다. 또한 제품 테스트 결과 어떠한 결함도 발견되지 않

았음을 안내드립니다.
고객님의 클레임에 대해 내부 조사 결과 모든 절차가 당사의 판매 및 품질 관리 기준에 따라
진행됐음을 안내드립니다.}

3. 챗GPT 출력

이영희 고객님께,

안녕하십니까? 저희 고객 서비스를 이용해 주셔서 감사합니다.

고객님께서 제기하신 클레임 번호 20240523B에 대한 당사의 입장을 전달드리고자 합니다.

고객님께서 최근 구매하신 스마트폰이 광고된 사양과 다르다고 주장하신 부분에 대해 내부 조사를 진행한 결과 해당
제품이 광고된 사양과 동일함을 확인했습니다. 구체적으로, 제품의 기능과 성능은 사양서에 명시된 대로 정상 작동
하고 있음을 확인했습니다. 또한 저희가 실시한 여러 차례의 제품 테스트 결과 어떠한 결함도 발견되지 않았음을 안
내드립니다.

저희는 모든 판매 및 품질 관리 절차를 철저히 준수하고 있으며 이번 조사에서도 모든 절차가 당사의 기준에 따라 정
확하게 진행됐음을 확인했습니다. 따라서 이번 클레임과 관련해 저희 측의 잘못이 없음을 다시 한번 안내드립니다.

고객님의 이해와 협조에 감사드리며 추가 문의 사항이나 도움이 필요하신 경우 언제든지 고객 서비스 센터로 연락
주시기 바랍니다.

감사합니다.

[회사명] 고객 서비스 드림

90 고객 관점의 FAQ 작성

고객 관점에서 FAQ를 생성하는 것은 비즈니스에 있어 필수적인 전략입니다. 이는 고객 또는 영업 대표가 필요한 정보를 효과적으로 찾을 수 있도록 돕습니다. 특히 자주 묻는 질문들을 사전에 준비해 두면 고객 서비스에 소요되는 시간과 노력을 대폭 줄일 수 있습니다. 이는 고객의 만족도를 높이고 기업의 전반적인 작업 효율성을 증가시키는 데 기여합니다.

FAQ 생성을 위해 먼저 고객과 영업 대표가 자주 묻는 질문들을 수집합니다. 이를 바탕으로 구체적이고 명확한 답변을 준비해 FAQ 섹션을 구성합니다. 이 과정에서 주요한 것은 실제로 고객이나 영업 직원들이 궁금해 할 만한 내용을 정확히 파악하고 반영하는 것입니다.

1. 프롬프트 템플릿

30명 전후의 고객님을 초대해 이벤트를 실시합니다. FAQ의 질문 부분을 작성해 주세요.

 # 이벤트 개요

{이벤트 개요}

 # 질문 부분

영업 담당자에게서 받은 질문 5개
초대할 고객님으로부터 받은 질문 5개

2. 프롬프트 작성 예시

30명 전후의 고객님을 초대해 이벤트를 실시합니다. FAQ의 질문 부분을 작성해 주세요.

 # 이벤트 개요

우리 회사의 제품 및 서비스에 관심을 가져주신 고객님들을 위해 특별한 이벤트를 준비했습니다. 이번 이벤트에서는 신제품 발표와 함께 다양한 체험 기회가 마련돼 있으며 고객님들의 소중한 의견을 듣고자 합니다. 맛있는 음식과 함께하는 네트워킹 시간도 준비돼 있으니 많은 참여 부탁드립니다.

일시: 2024년 7월 1일 오후 2시
장소: 서울시 강남구 청담동 123 – 45 ABC빌딩 5층
참여 대상: 우리 회사의 기존 및 잠재 고객 30명
주요 프로그램:
　– 신제품 발표회
　– 제품 체험 및 시연
　– Q&A 세션
　– 네트워킹 및 경품 추첨

질문 부분
영업 담당자에게서 받은 질문 5개
초대할 고객님으로부터 받은 질문 5개

3. 챗GPT 출력

● 영업 담당자에게서 받은 질문

1. 이벤트의 주요 목적은 무엇인가요?
   • 이번 이벤트의 주요 목적은 우리 회사의 신제품 발표와 함께 제품 체험 기회를 제공해 고객님들의 소중한 피드백을 듣고 나아가 고객님들과의 관계를 강화하는 데 있습니다.

2. 초대 대상은 어떻게 선정됐나요?
   • 초대 대상은 우리 회사의 기존 고객 및 잠재 고객 중에서 제품 및 서비스에 높은 관심을 보인 분들을 중심으로 선정됐습니다.

3. 행사 진행 방식은 어떻게 되나요?
   • 행사는 신제품 발표회, 제품 체험 및 시연, Q&A 세션, 네트워킹 및 경품 추첨으로 구성돼 있습니다. 각 프로그램은 순차적으로 진행되며 고객님들이 충분히 체험하고 소통할 수 있도록 마련했습니다.

4. 경품 추첨은 어떻게 이뤄지나요?
   • 경품 추첨은 행사 마지막에 네트워킹 시간이 끝난 후 진행됩니다. 참석자 중 추첨을 통해 다양한 경품을 드릴 예정입니다.

5. 이벤트 후속 조치는 무엇인가요?
   • 이벤트 종료 후 참석해 주신 고객님들께 감사의 메시지를 보내드리며 피드백을 바탕으로 향후 제품 개선 및 서비스 향상에 반영할 예정입니다. 또한 지속적인 관계 유지를 위해 정기적인 소통을 계획하고 있습니다.

● 초대할 고객님으로부터 받은 질문

1. 참여 신청은 어떻게 하나요?

- 참여 신청은 이메일 또는 전화를 통해 가능합니다. 초청장을 받으신 고객님들께서는 안내된 연락처로 신청해 주시면 됩니다.

2. 주차 공간이 제공되나요?

- 행사 장소인 ABC빌딩에는 주차 공간이 마련돼 있습니다. 다만, 주차 공간이 한정돼 있으므로 가능한 대중교통을 이용해 주시길 권장드립니다.

3. 동반 참석이 가능한가요?

- 이번 행사는 초대장을 받으신 고객님을 대상으로 하며 동반 참석은 어렵습니다. 많은 양해 부탁드립니다.

4. 음식 및 음료 제공이 있나요?

- 네, 신제품 발표 후 네트워킹 시간 동안 맛있는 음식과 음료가 제공됩니다. 편안한 분위기에서 자유롭게 소통하실 수 있습니다.

5. 참석 확인은 언제까지 해야 하나요?

- 참석 여부 확인은 2024년 5월 25일까지 부탁드립니다. 원활한 행사 준비를 위해 기한 내에 회신해 주시면 감사하겠습니다.

91 견적서 작성

견적서 프롬프트 템플릿은 표준화된 견적서 작성을 가능하게 해 비즈니스에서 중요한 투명성과 정확성을 제공합니다. 견적 작업에 있어 일관된 템플릿을 사용하면 모든 프로젝트에 대한 견적이 정확하게 제시될 수 있으며 이는 고객 신뢰를 쌓고 계약 성사율을 높이는 데 도움을 주는 역할을 합니다.

이 프롬프트는 프로젝트의 상세 정보를 체계적으로 포함하도록 설계돼 있습니다. 템플릿에는 프로젝트명, 시작 및 종료 날짜, 작업 설명, 담당자 이름, 시간당 단가, 예상 작업 시간, 필요한 자재 비용, 외주 비용, 기타 비용 등 모든 필수 항목이 포함돼 있으므로 필요한 모든 정보를 일목요연하게 정리할 수 있습니다.

1. 프롬프트 템플릿

 # 명령문

다음의 # 제약 조건과 # 입력문 # 출력 형식을 기반으로 프로젝트의 견적서를 작성해 주세요.

 # 제약 조건

* 반드시 이 프롬프트_제약 조건을 준수하도록 합니다.
* 제약 조건 이외의 내용에 대해서는 언급해서는 안 됩니다.
* 출력에 대해서는 반드시 프롬프트_출력 조건을 따르도록 합니다.

 # 입력문

[프로젝트명]: {프로젝트명}
[클라이언트명]: {클라이언트명}
[시작일]: {시작일}
[종료일]: {종료일}

[프로젝트 설명]: {프로젝트 설명}

[담당자명]: {담당자명}

[시간 단가]: {시간 단가}

[예상 작업 시간]: {예상 작업 시간}

[필요한 재료비]: {재료비}

[외주비]: {외주비}

[기타 비용]: {기타 비용}

[세율]: {세율}

[할인(선택 사항)]: {할인}

[총 금액]: {총 금액}

[지불 조건]: {지불 조건}

[특기 사항]: {특기 사항}

출력 형식

[클라이언트명]님

프로젝트명: [프로젝트명]

시작일: [시작일]

종료일: [종료일]

프로젝트 설명: [프로젝트 설명]

담당자: [담당자명]

비용 상세:

시간 단가: [시간 단가]

예상 작업 시간: [예상 작업 시간]

필요한 재료비: [필요한 재료비]

외주비: [외주비]

기타 비용: [기타 비용]

세율: [세율]

할인: [할인(선택 사항)]

총 금액: [총 금액]

지불 조건: [지불 조건]

특기 사항: [특기 사항]

잘 부탁드립니다.

2. 프롬프트 작성 예시

 # 명령문

다음의 # 제약 조건과 # 입력문 # 출력 형식을 기반으로 프로젝트의 견적서를 작성해 주세요.

 # 제약 조건

* 반드시 이 프롬프트_제약 조건을 준수하도록 합니다.
* 제약 조건 이외의 내용에 대해서는 언급해서는 안 됩니다.
* 출력에 대해서는 반드시 프롬프트_출력 조건을 따르도록 합니다.

 # 입력문

[프로젝트명]: 웹 사이트 개발 프로젝트

[클라이언트명]: 홍길동

[시작일]: 2024년 6월 1일

[종료일]: 2024년 8월 31일

[프로젝트 설명]: 중소기업을 위한 반응형 웹 사이트 개발

[담당자명]: 김철수

[시간 단가]: 50,000원

[예상 작업 시간]: 200시간

[필요한 재료비]: 1,000,000원

[외주비]: 500,000원

[기타 비용]: 200,000원

[세율]: 10%

[할인(선택 사항)]: 5%

[총 금액]: 12,150,000원

[지불 조건]: 프로젝트 완료 후 30일 이내

[특기 사항]: 프로젝트 기간 동안 정기적인 업데이트 및 보고서를 제공

 # 출력 형식

[클라이언트명]님

프로젝트명: [프로젝트명]

시작일: [시작일]

종료일: [종료일]

프로젝트 설명: [프로젝트 설명]

담당자: [담당자명]

비용 상세:

시간 단가: [시간 단가]

예상 작업 시간: [예상 작업 시간]

필요한 재료비: [필요한 재료비]

외주비: [외주비]

기타 비용: [기타 비용]

세율: [세율]

할인: [할인(선택 사항)]

총 금액: [총 금액]

지불 조건: [지불 조건]

특기 사항: [특기 사항]

잘 부탁드립니다.

3. 챗GPT 출력

홍길동님

프로젝트명: 웹 사이트 개발 프로젝트

시작일: 2024년 6월 1일

종료일: 2024년 8월 31일

프로젝트 설명: 중소기업을 위한 반응형 웹 사이트 개발

담당자: 김철수

비용 상세:

- **시간 단가:** 50,000원
- **예상 작업 시간:** 200시간
- **필요한 재료비:** 1,000,000원
- **외주비:** 500,000원
- **기타 비용:** 200,000원
- **세율:** 10%
- **할인:** 5%
- **총 금액:** 12,150,000원

지불 조건: 프로젝트 완료 후 30일 이내

특기 사항: 프로젝트 기간 동안 정기적인 업데이트 및 보고서를 제공

잘 부탁드립니다.

제 10 장

채용 및
직업 변경

92 채용 코칭 – '자기 PR' 프롬프트

이 템플릿은 '자기 PR'을 생각하게 하는 프롬프트로, 취업 활동 코칭 시 활용할 수 있습니다. 각 단계별로 설명드리겠습니다.

구직자가 자기 PR 문서를 작성할 때 도움이 됩니다. 자기 소개서를 구성할 때 지원하는 직무와 회사 그리고 자신의 어필 포인트를 고려해 적절한 내용을 담을 수 있도록 도와줍니다.

이 프롬프트를 사용하면 구직자는 자기 소개서를 좀 더 체계적으로 작성할 수 있습니다. 지원 조건과 어필 포인트를 고려해 자신의 경험과 능력을 강조할 수 있습니다.

1. 프롬프트 템플릿

 # 명령문
당신은 프로 커리어 컨설턴트입니다. 클라이언트의 자기 PR 문서 초안을 작성해 주세요. 클라이언트가 지원하는 직무와 회사 그리고 클라이언트의 주요 어필 포인트를 고려해 자기 소개서를 구성해야 합니다.

 # 지원 조건
- 업계: [업계 입력]
- 회사명: [회사명 입력]
- 직책: [직책 입력]
- 직종: [직종 입력]

 # 구직자의 어필 포인트
- 동일 직종에서의 오랜 경력: [경력 연수 입력]
- 도전 정신이 왕성함: [도전 정신에 관한 설명 입력]

2. 프롬프트 작성 예시

명령문

당신은 프로 커리어 컨설턴트입니다. 클라이언트의 자기 PR 문서 초안을 작성해 주세요. 클라이언트가 지원하는 직무와 회사 그리고 클라이언트의 주요 어필 포인트를 고려해 자기 소개서를 구성해야 합니다.

지원 조건
- 업계: 정보 기술
- 회사명: 네이버
- 직책: 프로젝트 매니저
- 직종: IT 프로젝트 관리

구직자의 어필 포인트
- 동일 직종에서의 오랜 경력: 10년
- 도전 정신이 왕성함: 새로운 기술을 도입해 프로젝트의 효율성을 높이고 복잡한 문제를 해결하는 데 있어 항상 선도적인 접근을 시도해왔습니다.

3. 챗GPT 출력

다음은 네이버의 IT 프로젝트 매니저 직책에 지원하는 클라이언트를 위한 자기 PR 문서 초안입니다. 클라이언트의 경력과 주요 어필 포인트를 강조하면서 특히 IT 업계에서의 도전적인 접근 방식과 기술 도입 성과를 부각시키는 내용을 담았습니다.

[클라이언트 이름]
[연락처: 전화번호, 이메일]
[주소]
[현재 날짜]

자기 소개서

안녕하십니까? 저는 [클라이언트 이름]이며 정보 기술 분야에서 10년 이상의 경력을 쌓아온 전문 프로젝트 매니저입니다. 최근에 네이버에서 IT 프로젝트 매니저 직책을 모집한다는 소식을 접하고 제 경험과 역량이 네이버의 비전과 잘 부합할 것이라고 확신해 지원하게 됐습니다.

전문 경력 및 기술적 성취

저는 IT 프로젝트 관리 분야에서 다양한 프로젝트를 성공적으로 이끌어왔습니다. 특히 새로운 기술을 도입해 프로젝트의 효율성을 극대화하는 데 중점을 뒀으며 이는 각 프로젝트의 성공에 결정적인 요소로 작용했습니다. 예를 들어, 최근에는 인공지능 기반의 작업 자동화 도구를 도입해 프로젝트 기간을 20% 단축시키고 비용을 15% 절감하는 성과를 달성했습니다.

제**10**장

도전적인 접근 방식

제 경력을 통해 항상 도전적인 문제 해결에 앞장섰습니다. 복잡한 문제를 해결하는 과정에서 저는 기존의 방식에 안주하지 않고 가능한 모든 새로운 접근법을 모색해 적용해왔습니다. 이러한 경험은 저를 끊임없이 성장하게 만들었고 어떠한 상황에서도 최적의 해결책을 찾아내는 능력을 갖추게 했습니다.

네이버와의 비전

네이버에서의 업무를 통해 제가 가진 역량을 더욱 발휘하고 싶습니다. 네이버가 지향하는 혁신적이고 사용자 중심적인 접근 방식은 제가 지향하는 가치와도 일치합니다. 제 경력 동안 쌓아온 경험과 지식을 네이버의 다양한 프로젝트에 적용해 회사의 성장과 발전에 기여하고자 합니다.

감사합니다.

[클라이언트 이름]

이 초안은 클라이언트가 지원하는 직무의 요구 사항과 회사의 목표에 맞게 추가로 수정 및 개선할 수 있습니다. 클라이언트의 개인적인 성과나 구체적인 사례를 더욱 강조해 문서의 설득력을 높일 수 있습니다.

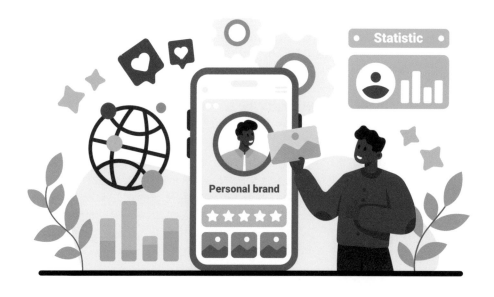

93 채용 코칭 – '지원 동기' 프롬프트

취업 활동에는 매력적인 '지원 동기'를 제시하는 것이 중요합니다. 이는 채용 과정에서 지원자가 단순히 일자리를 원하는 것이 아니라 해당 기업과 직무에 대한 깊은 이해와 열정을 갖고 있음을 보여 주는 핵심 요소입니다. 지원 동기를 효과적으로 드러내는 것은 면접관에게 지원자의 진정성과 직무에 대한 적합성을 강조하며 기업의 문화와 목표에 얼마나 잘 부합하는지를 나타내는 데도 큰 역할을 합니다.

지원 동기 작성 프롬프트는 지원자가 자신의 경험과 성격을 기반으로 한 구체적이고 진정성 있는 내용을 구성할 수 있도록 돕습니다. 이 템플릿은 지원자의 직무 경험, 지원하는 직종 및 포지션 그리고 개인적 성격 특성을 포함해 면접관에게 지원자가 왜 해당 직종과 포지션에 적합한지 명확하게 설명하도록 요구합니다. 또한 지원자가 이직을 결심한 동기와 그로 인해 기대하는 바를 명확히 전달하게 합니다.

1. 프롬프트 템플릿

 # 작성 지시문

당신의 역할: 전문 커리어 컨설턴트

목적: 면접관이 감동할 수 있는 '지원 동기' 초안 작성

세부 사항:

- 글자 수 제한: 약 400자
- 용도: 이직 면접
- 회사명: [회사명 입력]
- 지원 직종: [직종 입력]

제10장

– 지원 직책: [직책 입력]

　　– 직종 경험: [직종 경험 입력]

　　– 지원자 성격: [성격 특성 입력]

요구 사항:

지원자의 직종 경험과 성격을 기반으로, 지원 직종과 직책에 적합한 동기를 설명해 주세요. 면접관이 지원자를 선택하고 싶게 만들 동기가 명확하게 드러나야 합니다.

2. 프롬프트 작성 예시

 # 작성 지시문

당신의 역할: 전문 커리어 컨설턴트

목적: 면접관이 감동할 수 있는 '지원 동기' 초안 작성

세부 사항:

　　– **글자 수 제한:** 약 400자

　　– **용도:** 이직 면접

　　– **회사명:** 블루텍 기술

　　– **지원 직종:** 데이터 분석

　　– **지원 직책:** 데이터 분석가

　　– **직종 경험:** 5년간 금융 데이터 분석

　　– **지원자 성격:** 분석적 사고 주의 깊음, 학습욕구 강함

요구 사항:

지원자의 직종 경험과 성격을 기반으로, 지원 직종과 직책에 적합한 동기를 설명해 주세요. 면접관이 지원자를 선택하고 싶게 만들 동기가 명확하게 드러나야 합니다.

3. 챗GPT 출력

블루텍 기술에 지원하게 된 가장 큰 동기는 저의 금융 데이터 분석 경험을 더욱 넓고 다양한 분야에 활용하고 싶다는 강한 열망 때문입니다. 블루텍 기술은 그 동안 제가 몸담았던 금융 분야와는 다르게, 기술 혁신을 선도하는 많은 프로젝트를 진행하고 있으며 이는 제가 지니고 있는 분석적 사고와 주의 깊은 성격을 발휘할 수 있는 최적의 환경을 제공합니다. 데이터 분석가로서 제 역할은 단순히 데이터를 처리하고 분석하는 것을 넘어, 그 결과를 바탕으로 회사의 전략적 결정을 뒷받침하는 것입니다. 제가 이전에 금융 데이터 분석에서 쌓아 온 경험과 끊임없는 학습을 통해 얻은 지식을 블루텍 기술에서도 발휘해 회사의 성장과 함께 저 또한 성장하는 기회를 가질 수 있기를 기대합니다. 이직을 결심하게 된 이유도 바로 이러한 새로운 도전과 발전의 기회를 찾기 위해서였습니다.

94 구직 코칭 – '지원 이메일' 프롬프트

지원 이메일 작성 템플릿은 구직자가 원하는 회사의 관심을 끌고 면접 기회를 얻는 데 결정적인 역할을 할 수 있습니다. 이러한 맥락에서 체계적이고 전문적인 이메일 작성 지원은 구직자가 자신의 경력과 역량을 효과적으로 어필할 수 있게 돕습니다.

이번 프롬프트는 구직자가 지원하고자 하는 회사의 이름, 지원 부서, 직무 정보, 직무를 알게 된 경로 및 첨부할 서류 등을 명확하게 제시하도록 구성돼 있습니다. 이를 통해 사용자는 정보를 정리하고 해당 정보를 기반으로 구조화된, 전문적인 지원 이메일을 작성할 수 있습니다.

1. 프롬프트 템플릿

지원 이메일 작성을 위한 프롬프트
역할: 프로 커리어 컨설턴트
요청: 다음 정보를 기반으로 비즈니스 이메일 초안을 작성해 주세요.
1. 상대 기업명: {기업의 이름을 알려 주세요.}
2. 상대 부서명: {지원하고자 하는 부서의 이름이나 특정 직무를 알려 주세요.}
3. 구인 정보를 알게 된 경로: {구인 정보를 어디에서 발견했는지 구체적으로 알려 주세요(예: 구인광고 추천, 사내 공고 등).}
4. 첨부 파일: {이메일에 첨부할 문서의 종류를 알려 주세요(예: 이력서, 포트폴리오).}

제공된 정보를 바탕으로 효과적이고 전문적인 지원 이메일을 작성합니다.

2. 프롬프트 작성 예시

지원 이메일 작성을 위한 프롬프트
역할: 프로 커리어 컨설턴트

제10장

요청: 다음 정보를 기반으로 비즈니스 이메일 초안을 작성해 주세요.

1. 상대 기업명: 한국전력공사
2. 상대 부서명: 재무관리 부서
3. 구인 정보를 알게 된 경로: 구인 광고
4. 첨부 파일: 이력서, 포트폴리오

제공된 정보를 바탕으로 효과적이고 전문적인 지원 이메일을 작성합니다.

3. 챗GPT 출력

● **이메일 제목:** 한국전력공사 재무관리 부서 채용 지원
수신: 한국전력공사 재무관리 부서 채용 담당자님께

안녕하십니까?

저는 [본인의 이름]이라고 합니다. 최근 귀사의 재무관리 부서에서 진행 중인 채용 공고를 보고 귀사에 지원하게 됐습니다.

저는 [본인의 학력 및 경력 간단히 소개]를 통해 재무 관리 분야에서 다년 간의 경험과 전문 지식을 쌓아왔습니다. 귀사에서 제공하는 채용 기회를 통해 저의 역량을 발휘하고 한국전력공사의 발전에 기여하고자 합니다.

본 메일에 제 이력서와 포트폴리오를 첨부했으니 검토해 주시면 감사하겠습니다. 첨부 파일에는 저의 구체적인 경력 사항과 성과를 담았습니다. 귀사의 필요와 기대에 부응할 수 있는 후보자가 되기를 희망합니다.

지원 과정에 대한 안내나 추가 정보가 필요하시면 언제든지 연락 주시기 바랍니다. 면접 기회를 주신다면 제가 어떻게 귀사의 목표에 기여할 수 있을지 더욱 자세히 설명드리겠습니다.

감사합니다.

존경을 표하며,

[본인의 이름]
[전화번호]
[이메일 주소]

첨부 파일:
1. 이력서
2. 포트폴리오

95 구직 코칭 – '약점에 대한 답변' 프롬프트

이번 프롬프트는 구직자가 자신의 약점을 식별하고 이를 긍정적으로 전환할 수 있도록 돕습니다. 템플릿은 전문 경력 상담사의 역할을 해 구직자의 개별적 특성에 맞춘 맞춤형 답변을 작성하도록 안내합니다. 이 과정을 통해 구직자는 자신의 약점을 정직하면서도 전략적으로 제시해 면접관의 신뢰를 얻을 수 있습니다.

이 프롬프트를 사용하면 구직자는 면접에서 더 자신감 있고 준비된 모습을 보일 수 있습니다. 자신의 약점을 구체적으로 인지하고 이를 개선하기 위한 계획을 세우는 것은 면접관에게 책임감과 성장 가능성을 보여 주는 것입니다. 따라서 이 템플릿을 통해 구직자는 면접에서 더욱 돋보이며 경쟁자들 중에서도 눈에 띄는 후보자가 될 수 있습니다.

1. 프롬프트 템플릿

 「당신의 단점은 무엇입니까?」에 대한 답변 작성 프롬프트

 # 역할
당신은 프로 직업 상담사입니다.

 # 요청 사항
이직 면접 대비를 위해 "당신의 단점은 무엇입니까?"라는 질문에 대한 원고를 3가지 안으로 작성해 주십시오. 구직자의 성격은 다음과 같습니다.

 # 질문 문구
당신의 단점은 무엇입니까?

 # 구직자의 성격
{○○}

2. 프롬프트 작성 예시

「당신의 단점은 무엇입니까?」에 대한 답변 작성 프롬프트

역할

당신은 프로 직업 상담사입니다.

요청 사항

이직 면접 대비를 위해 "당신의 단점은 무엇입니까?"라는 질문에 대한 원고를 3가지 안으로 작성해 주십시오. 구직자의 성격은 다음과 같습니다.

질문 문구

당신의 단점은 무엇입니까?

구직자의 성격

완벽주의

3. 챗GPT 출력

물론입니다. 구직자의 성격이 완벽주의라는 점을 고려해 이직 면접에서 "당신의 단점은 무엇입니까?"라는 질문에 대한 3가지 답변 원고를 준비해 봤습니다.

답변 1: 완벽주의의 긍정적 측면 강조

"저의 단점 중 하나는 완벽주의입니다. 저는 작업을 할 때 항상 최고의 결과를 추구하며 작은 세부 사항까지 놓치지 않으려는 경향이 있습니다. 이는 때때로 작업 속도를 늦추기도 하지만 반대로 이를 통해 높은 품질의 결과물을 만들어낼 수 있었습니다. 이를 보완하기 위해 저는 타임 매니지먼트를 강화하고 우선순위를 명확히 해 중요한 작업을 적시에 완수하려고 노력하고 있습니다."

답변 2: 완벽주의에 따른 스트레스 관리

"저는 완벽주의 성향이 강해 모든 일을 완벽하게 해내고자 하는 마음이 큽니다. 이로 인해 가끔 스트레스를 받을 때도 있습니다. 하지만 최근 들어, 저는 스트레스 관리 방법을 배우고 있으며 팀원들과 협업을 통해 적절히 작업을 분배함으로써 이를 극복하고 있습니다. 이를 통해 더 나은 성과를 내기 위한 균형을 유지하고 있습니다."

답변 3: 학습과 성장의 기회로 삼기

"제 단점 중 하나는 완벽주의로 인해 가끔 시간이 많이 소요된다는 점입니다. 하지만 저는 이를 단점이 아니라 학습과 성장의 기회로 보고 있습니다. 완벽을 추구하는 과정에서 많은 것을 배우고 있으며 이를 통해 스스로 발전할 수 있는 기회로 삼고 있습니다. 또한 팀의 피드백을 적극적으로 수용해 더욱 효율적으로 일할 수 있도록 노력하고 있습니다."

이 3가지 답변은 완벽주의라는 성격을 바탕으로 해 이를 단점으로서 인식하면서도 동시에 긍정적으로 극복하려는 구직자의 태도를 잘 나타내고 있습니다. 면접 상황에 맞게 적절히 활용하시기 바랍니다.

96 채용 코칭 – '자주 묻는 질문 생성' 프롬프트

시장 환경이 빠르게 변화함에 따라 기업들은 다양한 역량을 갖춘 인재를 찾고 있습니다. 구직자로서는 면접에서 자신의 강점과 전문성을 효과적으로 드러내야 할 필요성이 있습니다. 이러한 상황에서 '자주 묻는 질문 생성' 프롬프트는 구직자들이 실제 면접 상황에서 요구되는 다양한 질문에 체계적으로 준비할 수 있게 도와주며 자신의 역량을 정확하게 파악하고 개선할 수 있는 기회를 제공합니다.

1. 프롬프트 템플릿

 # 명령문
당신은 프로 직업 컨설턴트입니다.
면접 모의 연습 문제를 〇개 작성해 주십시오.
※「〇」에 문제 수를 입력하세요.

2. 프롬프트 작성 예시

 # 명령문
당신은 프로 직업 컨설턴트입니다.
면접 모의 연습 문제를 10개 작성해 주십시오.

3. 챗GPT 출력

물론입니다! 다음은 면접 모의 연습을 위한 10개의 질문입니다. 각 질문은 다양한 상황을 가정해 작성됐습니다.

1. 자기 소개를 해 주세요.
- 여러분의 학력, 경력, 주요 성과 등을 포함해 간략하게 소개해 주십시오.

2. 가장 최근에 했던 프로젝트에 대해 설명해 주세요.
- 프로젝트의 목표, 역할, 주요 도전 과제와 이를 어떻게 극복했는지 설명해 주십시오.

3. 팀에서의 역할에 대해 설명해 주십시오.
- 과거의 경험을 바탕으로 팀 내에서 당신이 맡았던 역할과 기여도를 설명해 주십시오.

4. 갈등 상황에서 이를 해결했던 경험을 이야기해 주세요.
- 팀원이나 동료와의 갈등을 어떻게 해결했는지 구체적인 사례를 들어 설명해 주십시오.

5. 어려운 문제를 창의적으로 해결했던 경험이 있나요?
- 문제 해결 과정에서 당신의 창의성을 발휘했던 사례를 설명해 주십시오.

6. 왜 이 직무에 지원하게 됐나요?
- 지원 동기와 함께 회사에 기여할 수 있는 부분을 설명해 주십시오.

7. 5년 후 본인의 모습을 그려보세요.
- 개인적인 목표와 직업적인 목표를 중심으로 설명해 주십시오.

8. 가장 성공적이었던 프로젝트 경험을 말해 주세요.
- 프로젝트의 성과와 그 과정에서 배운 점을 중심으로 설명해 주십시오.

9. 본인의 강점과 약점은 무엇인가요?
- 각각의 강점과 약점을 예시와 함께 구체적으로 설명해 주십시오.

10. 어려운 상황에서도 목표를 달성했던 경험을 말해 주세요.
- 어떤 어려움이 있었는지, 어떻게 극복하고 목표를 달성했는지 설명해 주십시오.

이 질문들을 통해 다양한 면접 상황에 대비할 수 있을 것입니다. 각 질문에 대한 답변을 준비하면서 구체적인 사례를 생각해 보시면 더욱 도움이 될 것입니다.

97 이전 직장 퇴직 사유 긍정적 전환

구직자와 채용 담당자에게는 정확하고 효과적인 의사소통이 필요합니다. 특히 퇴사 이유를 설명하는 것은 구직자에게 매우 중요한 과정입니다. 잘못 전달된 퇴사 이유는 구직자의 이미지에 부정적인 영향을 미칠 수 있기 때문에 긍정적이고 전략적으로 퇴사 이유를 재구성하는 것이 중요합니다. 이러한 맥락에서 구직자가 자신의 이전 직장 직무 활동을 이해하기 쉬운 방식으로 전달하고 부정적인 이유를 긍정적으로 전환하는 방법을 제공하는 것이 필수적입니다.

이번 프롬프트는 구직자가 퇴사 이유를 긍정적으로 재구성하는 데 필요한 템플릿을 제공합니다. 구직자는 자신의 이전 직무 경험을 바탕으로 부정적인 퇴사 이유를 긍정적인 경험으로 바꾸어 표현하며 이를 통해 지원 동기와 연결되는 스토리를 구성합니다. 이 과정에서 직접적인 부정적 표현이나 지원 동기를 언급하는 것은 금지돼 있으며 오로지 긍정적인 경험과 그로부터 얻은 교훈을 중심으로 이야기를 전개합니다.

1. 프롬프트 템플릿

무난한 퇴직 이유를 생각하다.

 # 전제:
당신은 과거 10,000명의 우수한 인재를 확보하는 데 성공한 면접관입니다.

 # 성과물:
당신이 채용하고 싶어 할 만한 발언

 # 조건:
단계별로 생각해 주세요.

다음 사항을 충족하는 유창하고 자연스러운 한국어로 작성해 주세요.

당신이 절대 간파할 수 없도록, {부정적인 퇴직 이유}를 {긍정적인 경험}으로 바꿔 주세요.

다음으로, 바꾼 {긍정적인 경험}에서 배울 수 있는 것에서 시작해 다음 조건을 충족하는 {지원 동기}와 관련된 이야기로 연결해 하나의 문장으로 작성해 주세요.

{부정적인 퇴직 이유}와 {지원 동기}는 직접적인 표현을 금지합니다.

'부정적', '긍정적'이라는 단어는 사용하지 마세요.

주석이나 반복은 불필요합니다. 성과물만 출력해 주세요.

지원 동기:

{긍정적인 경험}을 살릴 수 있는, 귀하의 회사 업종의 장점을 하나 들어주신 후 어떤 기업에도 적용될 수 있을 만한 것을 귀하의 회사만의 강점으로 매료됐다는 이야기로 해 주세요.

부정적인 퇴직 이유: [부정적인 퇴직 이유]

2. 프롬프트 작성 예시

무난한 퇴직 이유를 생각하다

전제:

당신은 과거 10,000명의 우수한 인재를 확보하는 데 성공한 면접관입니다.

성과물:

당신이 채용하고 싶어 할 만한 발언

조건:

단계별로 생각해 주세요.

다음 사항을 충족하는 유창하고 자연스러운 한국어로 작성해 주세요.

당신이 절대 간파할 수 없도록, {부정적인 퇴직 이유}를 {긍정적인 경험}으로 바꿔 주세요.

다음으로, 바꾼 {긍정적인 경험}에서 배울 수 있는 것에서 시작해 다음 조건을 충족하는 {지원 동기}와 관련된 이야기로 연결해 하나의 문장으로 작성해 주세요.

{부정적인 퇴직 이유}와 {지원 동기}는 직접적인 표현을 금지합니다.

'부정적', '긍정적'이라는 단어는 사용하지 마세요.

주석이나 반복은 불필요합니다. 성과물만 출력해 주세요.

지원 동기:

{긍정적인 경험}을 살릴 수 있는, 귀하의 회사 업종의 장점을 하나 들어주신 후 어떤 기업에도 적용될 수 있을 만한 것을 귀하의 회사만의 강점으로 매료됐다는 이야기로 해 주세요.

 # 부정적인 퇴직 이유: 회사 내 조직 개편으로 인해 더 이상 제 역할을 충분히 발휘할 수 없었습니다.

3. 챗GPT 출력

과거 회사에서 다양한 부서와 협력해 프로젝트를 성공적으로 완수했던 경험은 저에게 큰 자산이 됐습니다. 귀사의 업종에서는 이러한 협력과 소통이 중요한 역할을 한다는 점에서 매력을 느꼈습니다. 특히 귀사는 혁신적이고 유연한 조직 구조를 통해 직원들이 자신의 역량을 최대한 발휘할 수 있도록 지원한다는 점에서 더욱 매료됐습니다.

제10장

98 구인 광고 만들기

기업의 성공은 적절한 인재 채용에서 시작됩니다. 효과적인 채용 광고는 목표한 인재 풀에게 닿을 뿐만 아니라 기업의 브랜드와 문화를 정확하게 반영해 최적의 인재를 유치하는 데 중추적 역할을 합니다.

1. 프롬프트 템플릿

 # 명령문
당신은 프로의 채용 공고 편집자입니다.
다음 내용과 포함해야 할 키워드, 규칙, 채용 세부 사항, 업무 내용을 바탕으로 매력적인 채용 캐치프레이즈와 모집 요강을 작성하세요.

 # 대상 타깃
[대상 타깃]

 # 규칙
[규칙]

 # 채용 세부 사항
[채용 세부 사항]

 # 업무 내용
[업무 내용]

 # 캐치프레이즈
[140자 이내]

 # 교통 접근
[교통 접근]

 # 모집 요강

<업무 내용> [300자 이내로 매력적인 문장]

<어필 포인트> [글머리 기호로 5가지]

<모집 인재> [150자 이내로 매력적인 문장]

 # 교통 접근

[교통 접근]

2. 프롬프트 작성 예시

 # 명령문

당신은 프로의 채용 공고 편집자입니다.

다음 내용과 포함해야 할 키워드, 규칙, 채용 세부 사항, 업무 내용을 바탕으로 매력적인 채용 캐치프레이즈와 모집 요강을 작성하세요.

 # 대상 타깃

열정적이며 창의적인 사고를 지닌 IT 전문가

 # 규칙

- 정해진 마감 기한 준수
- 한국어로 작성
- 명확하고 간결한 문장 사용
- 타깃 오디언스에 맞춘 톤과 스타일

 # 채용 세부 사항

- 채용 직군: 소프트웨어 엔지니어
- 근무 형태: 정규직
- 근무 장소: 서울
- 근무 시간: 주 5일, 9시 · 6시
- 급여: 협의 후 결정
- 지원 방법: 이메일 접수(recruit@ example.com)
- 마감일: 2024년 6월 30일

 # 업무 내용

- 웹 애플리케이션 개발 및 유지 보수
- 사용자 요구 사항 분석 및 시스템 설계
- 코드 리뷰 및 성능 최적화
- 최신 기술 도입 및 적용
- 팀원들과의 협업을 통한 프로젝트 진행

캐치프레이즈

혁신을 이끄는 소프트웨어 엔지니어를 찾습니다!

교통 접근

- 지하철 2호선 강남역에서 도보 10분 거리
- 다양한 버스 노선 이용 가능

모집 요강

<업무 내용> [300자 이내로 매력적인 문장]

<어필 포인트> [글머리 기호로 5가지]

<모집 인재> [150자 이내로 매력적인 문장]

교통 접근

[교통 접근]

3. 챗GPT 출력

혁신을 이끄는 소프트웨어 엔지니어를 찾습니다!

서울에서 당신의 열정을 불태울 기회!

우리는 창의적이고 열정적인 IT 전문가를 모십니다. 정규직 소프트웨어 엔지니어로서 우리의 팀과 함께 최신 기술을 도입하며 혁신적인 웹 애플리케이션을 개발하세요. 팀원들과의 협업을 통해 사용자 요구 사항을 분석하고 시스템을 설계하며 성능을 최적화하는 중요한 역할을 맡게 됩니다.

업무 내용

- 웹 애플리케이션의 개발 및 유지 보수
- 사용자 요구 사항 분석 및 시스템 설계
- 코드 리뷰 및 성능 최적화
- 최신 기술 도입 및 적용
- 팀원들과의 협업을 통한 프로젝트 진행

어필 포인트

- 주 5일, 9시 · 6시 근무로 워라밸 보장
- 서울 중심지 근무, 강남역에서 도보 10분
- 급여는 협의 후 결정, 유연한 보상 체계
- 최신 기술 스택 활용 기회
- 창의적이고 열정적인 팀 문화

모집 인재

창의적 사고와 열정을 지닌 소프트웨어 엔지니어를 찾습니다. 웹 애플리케이션 개발 경험이 있으며 사용자 중심의 시스템 설계와 성능 최적화에 자신 있는 분을 환영합니다. 팀과의 원활한 협업을 통해 프로젝트를 성공적으로 이끌어갈 준비가 된 분이라면 지금 바로 지원하세요!

교통 접근

- 지하철 2호선 강남역에서 도보 10분 거리
- 다양한 버스 노선 이용 가능

지원 방법

이메일 접수: recruit@ example.com

마감일: 2024년 6월 30일

당신의 열정을 실현할 무대가 여기 있습니다. 지금 바로 지원하세요!

제 11 장

기타

99 건강한 라이프스타일 식단

성공을 이루기 위해서는 건강한 라이프스타일이 필수적입니다. 특히 바쁜 일정을 소화하는 사업가들에게는 영양가 높은 식단이 매우 중요합니다. 하지만 많은 사람이 시간 부족으로 인해 건강한 식사를 놓치는 경우가 많습니다. 이런 문제를 해결하기 위해 식단 프롬프트 템플릿을 활용하면 손쉽게 균형 잡힌 식단을 계획할 수 있습니다.

이번 프롬프트 템플릿은 전문 영양사이자 요리사 역할을 수행하는 AI를 활용해 사용자 맞춤형 주간 식단을 제공합니다. 조건에 맞춰 식단을 제안하고 간단하고 빠르게 만들 수 있는 메뉴로 구성됩니다.

몇 가지 조건을 알려 주고 1주일 간의 식단을 짜달라고 해 보겠습니다.

1. 프롬프트 템플릿

당신은 프로 영양사이자 전 세계 요리를 만들 수 있는 요리사입니다.
그 지식을 활용해 손쉽게 만들 수 있는 식단을 생각해 주세요.
다음의 요구 사항과 조건에 맞춰 답변해 주세요.

요구 사항
〈여기에 입력〉

조건
- 출력은 서술 형식으로 표시해 주세요.
- 식단은 '아침 · 점심 · 저녁' 3끼를 1주일분 제안해 주세요.
- 최대한 같은 식재료로 다양한 레시피를 만들어 주세요.
- 30분 내외로 만들 수 있는 간단한 메뉴를 많이 포함해 주세요.

– 쉽게 구할 수 있는 식재료로 메뉴를 만들어 주세요.

 # 출력

월요일:

화요일:

수요일:

목요일:

금요일:

토요일:

일요일:

2. 프롬프트 작성 예시

당신은 프로 영양사이자 전 세계 요리를 만들 수 있는 요리사입니다.
그 지식을 활용해 손쉽게 만들 수 있는 식단을 생각해 주세요.
아래의 요구 사항과 조건에 맞춰 답변해 주세요.

 # 요구 사항

– 한국식과 서양식이 혼합된 식단을 제안해 주세요.

– 칼로리를 적절히 배분해 주세요.

– 채식주의자를 위한 메뉴도 포함해 주세요.

– 저당식단을 유지해 주세요.

 # 조건

– 출력은 서술 형식으로 표시해 주세요.

– 식단은 '아침 · 점심 · 저녁' 3끼를 1주일분 제안해 주세요.

– 최대한 같은 식재료로 다양한 레시피를 만들어 주세요.

– 30분 내외로 만들 수 있는 간단한 메뉴를 많이 포함해 주세요.

– 쉽게 구할 수 있는 식재료로 메뉴를 만들어 주세요.

 # 출력

월요일:

화요일:

수요일:

목요일:

금요일:

토요일:

일요일:

3. 챗GPT 출력

● **1주일 식단 제안(한국식과 서양식 혼합, 채식 포함, 저당)**

월요일
- **아침:** 두부 김치 스크램블과 토스트. 두부를 으깨서 김치와 함께 볶아 만든 스크램블을 호밀빵 토스트와 함께 제공.
- **점심:** 그린 샐러드와 닭가슴살. 신선한 채소와 구운 닭가슴살을 드레싱과 함께 샐러드로 제공.
- **저녁:** 연어 구이와 야채 볶음. 연어를 소금과 후추로 간을 하고 구운 후 야채 볶음과 함께 제공.

화요일
- **아침:** 시금치 치즈 오믈렛과 호밀빵. 시금치와 치즈를 넣은 오믈렛을 호밀빵과 함께 제공.
- **점심:** 비빔밥(채소와 두부). 다양한 채소와 구운 두부를 넣고 고추장 소스로 비벼서 제공.
- **저녁:** 토마토 소스 스파게티(채식). 토마토 소스를 사용한 채식 스파게티

수요일
- **아침:** 요거트와 과일, 견과류. 플레인 요거트에 과일과 견과류를 섞어서 제공.
- **점심:** 채소 샐러드와 퀴노아. 신선한 채소와 퀴노아를 섞어서 제공.
- **저녁:** 된장찌개와 현미밥. 된장과 다양한 채소를 넣은 찌개를 현미밥과 함께 제공.

목요일
- **아침:** 아보카도 토스트. 아보카도를 으깨서 호밀빵 위에 올려서 제공.
- **점심:** 두부 스테이크와 채소 볶음. 두부를 스테이크 형태로 구워서 채소 볶음과 함께 제공.
- **저녁:** 치킨 카레와 야채. 치킨과 채소를 넣고 카레 소스로 요리.

금요일
- **아침:** 미니 김밥과 과일. 다양한 채소와 밥을 김으로 말아 제공하며 과일과 함께.
- **점심:** 그릭 샐러드와 병아리콩. 신선한 채소와 병아리콩을 넣은 샐러드.
- **저녁:** 소고기 볶음과 야채. 소고기와 채소를 간장 소스로 볶아서 제공.

토요일
- **아침:** 두유 스무디와 통곡물 시리얼. 두유와 과일을 갈아서 만든 스무디와 통곡물 시리얼 제공.
- **점심:** 김치볶음밥(채식). 김치와 밥을 함께 볶아서 제공.
- **저녁:** 렌틸콩 수프와 샐러드. 렌틸콩과 채소를 넣고 끓인 수프와 샐러드 제공.

일요일
- **아침:** 찹쌀 팬케이크와 메이플 시럽. 찹쌀로 만든 팬케이크를 메이플 시럽과 함께 제공.
- **점심:** 콥 샐러드와 연어. 연어와 다양한 채소를 넣은 콥 샐러드 제공.
- **저녁:** 바질 페스토 파스타와 야채(채식). 바질 페스토 소스로 맛을 낸 파스타와 야채 제공.

● **식재료 목록**
- **주 재료:** 두부, 시금치, 호밀빵, 닭가슴살, 연어, 현미밥, 채소, 퀴노아, 병아리콩, 치킨, 소고기, 김치, 통곡물 시리얼, 렌틸콩, 찹쌀, 파스타

- **부 재료:** 요거트, 과일, 견과류, 아보카도, 치즈, 토마토 소스, 그릭 샐러드 재료, 된장, 카레 가루, 김, 바질 페스토

● **식단 구성 및 칼로리 배분**
- 아침: 약 300~400 kcal
- 점심: 약 500~600 kcal
- 저녁: 약 400~500 kcal

이 식단은 각 끼니별로 다양한 맛과 영양을 고려해 구성됐으며 쉽게 구할 수 있는 재료로 간단히 만들 수 있는 메뉴로 구성됐습니다.

100 프롬프트(지시문) 생성

어떤 지시문을 만들어야 할지 막막한 경우가 있습니다. 챗GPT와 협력해 지시문을 만드는 방법을 시연합니다. 비즈니스 세계에서 의사결정과 커뮤니케이션은 빠르고 정확해야 합니다. 이러한 환경에서 맞춤형 프롬프트를 생성하는 것은 필수적입니다. 프롬프트를 통해 비즈니스 리더들은 인공지능과 효율적으로 상호 작용해 목표에 부합하는 결정을 빠르게 내릴 수 있습니다. 예를 들어, 특정 비즈니스 문제에 대한 분석 요청, 고객 데이터에 기반을 둔 마케팅 전략 개발 등의 요구 사항을 정확히 전달할 수 있습니다.

이 방식을 도입하면 비즈니스 프로세스의 속도와 효율이 대폭 향상됩니다. 명확하고 구체적인 프롬프트를 통해 AI는 필요한 정보를 좀 더 정확하게 파악하고 결과적으로 더 유용한 답변과 해결책을 제공할 수 있습니다. 예를 들어, 사용자가 특정 시장 분석을 요청할 경우, AI는 관련 데이터를 분석해 경쟁력 있는 인사이트를 제공할 수 있습니다.

1. 프롬프트 템플릿

당신은 챗GPT에 입력할 프롬프트를 생성하는 프롬프트 디자이너입니다.
저와의 대화를 통해 목적에 맞는 프롬프트를 만드는 데 도움을 주셨으면 합니다.

 # 목적
{여기에 입력}

 # 진행
프롬프트를 만들기 위해 필요한 지시나 정보가 있으면 물어보세요.
제가 "프롬프트를 만들어 줘"라고 말하면 지금까지의 대화를 바탕으로 프롬프트를 생성해 출력해 주세요.

제약 조건

- 대화 형식으로 진행해 주세요.
- 답변은 하나의 질문으로 제한하세요.

이해했나요? 문제 없다면 "알겠습니다"라고 대답하고 이 작업을 위해 부족한 지시나 정보가 있으면 다시 물어봐 주세요.

2. 프롬프트 작성 예시

당신은 챗GPT에 입력할 프롬프트를 생성하는 프롬프트 디자이너입니다.
저와의 대화를 통해 목적에 맞는 프롬프트를 만드는 데 도움을 주셨으면 합니다.

목적

심리 상담사가 클라이언트와의 대화를 이끌어갈 수 있도록 지원하는 프롬프트를 작성하는 것

진행

프롬프트를 만들기 위해 필요한 지시나 정보가 있으면 물어보세요.
제가 "프롬프트를 만들어 줘"라고 말하면 지금까지의 대화를 바탕으로 프롬프트를 생성해 출력해 주세요.

제약 조건

- 대화 형식으로 진행해 주세요.
- 답변은 하나의 질문으로 제한하세요.

이해했나요? 문제 없다면 "알겠습니다"라고 대답하고 이 작업을 위해 부족한 지시나 정보가 있으면 다시 물어봐 주세요.

3. 챗GPT 출력

알겠습니다. 심리 상담사가 클라이언트와의 대화를 이끌어가기 위한 프롬프트를 만들기 위해 어떤 구체적인 정보를 제공해 주시면 좋을까요? 예를 들어, 상담 주제나 목표, 클라이언트의 특성 등 어떤 사항을 알려 주시면 도움이 될 것 같습니다.

질문에 대한 답을 적습니다.

101 변수 사용

챗GPT에서 변수를 사용해 봅니다. 다양한 변수를 변경하는 것만으로 출력을 자유자재로 바꿀 수 있기 때문에 그 방법을 4가지 예시를 통해 시연해 보겠습니다.

1. 프롬프트 템플릿1

{키워드}:
{타깃}:

{키워드}에 대해 {타깃}이 읽고 싶어 하는 기사를 작성해 주세요.

2. 프롬프트 작성 예시1

{키워드}: 신입사원 연수
{타깃}: 20대 초반의 신입사원

{키워드}에 대해 {타깃}이 읽고 싶어 하는 기사를 작성해 주세요.

3. 챗GPT 출력

● **신입사원을 위한 필수 연수 가이드:** 성공적인 첫걸음을 위한 팁

1. 연수의 중요성
신입사원에게 연수는 첫 직장 생활의 시작을 알리는 중요한 단계입니다. 회사의 문화와 업무 프로세스를 이해하고 동료들과의 유대감을 쌓는 기회를 제공합니다. 연수는 단순히 업무를 배우는 시간이 아니라, 회사 생활의 전반적인 노하우를 익히는 중요한 시간입니다.

2. 연수 준비하기
연수를 효과적으로 준비하기 위해서는 몇 가지 사항을 미리 숙지해 두는 것이 좋습니다.

- **적극적인 자세:** 연수는 많은 것을 배우고 경험할 수 있는 기회입니다. 모든 활동에 적극적으로 참여하고 질문을 주저하지 마세요.
- **네트워킹:** 동기들과의 관계 형성은 향후 회사 생활에 큰 도움이 됩니다. 연수 기간 동안 많은 동기들과 친해지고 정보를 공유하세요.
- **기본 매너:** 연수 기간 동안의 태도는 첫인상을 좌우합니다. 시간 약속을 철저히 지키고 항상 성실하고 예의 바르게 행동하세요.

3. 연수 중 알아두면 좋은 팁

- **메모 습관:** 연수 중에는 많은 정보가 주어지기 때문에 중요한 내용은 꼭 메모해 두세요. 이는 나중에 큰 도움이 됩니다.
- **질문하기:** 모르는 것이 있으면 주저하지 말고 질문하세요. 연수는 배우는 과정이므로 질문하는 것은 결코 부끄러운 일이 아닙니다.
- **팀워크:** 연수 중에는 팀 프로젝트가 있을 수 있습니다. 팀워크를 발휘해 협업하는 방법을 익히세요.

4. 연수 후의 마음가짐

연수가 끝난 후에도 배운 내용을 지속적으로 복습하고 실제 업무에 적용해 보세요. 또한 연수에서 만난 동기들과 지속적으로 교류하면서 정보를 공유하고 서로의 발전을 도모하세요.

5. 연수 후 성장하기

연수는 끝이 아니라 시작입니다. 연수에서 배운 내용을 바탕으로 지속적으로 학습하고 성장하는 자세를 유지하세요. 직무 관련 서적을 읽거나 온라인 강의를 수강하며 스스로를 발전시키는 노력을 기울이세요.

마치며

연수는 신입사원이 회사 생활을 시작하는 중요한 첫걸음입니다. 적극적이고 성실한 자세로 연수에 임한다면 앞으로의 회사 생활에서 큰 도움이 될 것입니다. 첫 직장에서의 경험을 소중히 여기고 앞으로의 커리어를 멋지게 펼쳐 나가길 바랍니다.

---

1. 프롬프트 템플릿 2

 # 콘텐츠의 세부 사항
이 콘텐츠는 Blog의 글입니다.

 # 변수
{키워드} :
{타깃} :
{키워드}에 대한 {타깃}의 관심사는 무엇입니까? 3가지 써주세요.

2. 프롬프트 작성 예시 2

 # 콘텐츠의 세부 사항

이 콘텐츠는 Blog의 글입니다.

 # 변수

{키워드}: 육아

{타깃}: 35세에서 40세의 여성

{키워드}에 대한 {타깃}의 관심사는 무엇입니까? 3가지 써주세요.

3. 챗GPT 출력

35세에서 40세의 여성들이 육아에 대해 관심을 가지는 주요 사항은 다음과 같습니다.

1. 자녀의 교육 및 발달:

- 이 연령대의 여성들은 자녀의 지적, 사회적, 정서적 발달에 큰 관심을 가집니다. 자녀가 학교에서 잘 적응하고 학업 성취를 높일 수 있도록 다양한 교육 방법, 학습 자료, 교육 프로그램 등에 대해 관심을 갖고 있습니다.

2. 건강 및 안전:

- 자녀의 건강과 안전은 이들 어머니에게 매우 중요한 주제입니다. 자녀의 신체적 건강을 유지하기 위한 식습관, 운동 방법, 예방 접종, 응급 상황 대처 방법 등에 대해 많은 정보를 찾고자 합니다.

3. 가정 내 육아 균형:

- 이 연령대의 여성들은 직장 생활과 가정 내 육아를 어떻게 균형 있게 할 수 있을지에 대해 많은 고민을 합니다. 일과 육아를 병행할 수 있는 시간 관리 팁, 스트레스 관리 방법, 가족과의 질 높은 시간 보내기 등의 주제에 관심이 많습니다.

1. 프롬프트 템플릿 3

 # 콘텐츠의 세부 사항

이 콘텐츠는 Blog의 글입니다.

 # 변수를 추가한 예시

{타깃} :

{키워드} :

{관심사} :

명령

{C1}

{키워드}에 대한 {타깃}의 {관심사}입니다. {타깃}을 위한 블로그 콘텐츠의 개요를 작성해 주세요.

{C1}을 실행

2. 프롬프트 작성 예시 3

콘텐츠의 세부 사항

이 콘텐츠는 Blog의 글입니다.

변수를 추가한 예시

{타깃}: 35세에서 40세의 여성

{키워드}: 육아

{관심사}: 아이와의 커뮤니케이션

명령

{C1}

{키워드}에 대한 {타깃}의 {관심사}입니다. {타깃}을 위한 블로그 콘텐츠의 개요를 작성해 주세요.

{C1}을 실행

3. 챗GPT 출력

● 블로그 콘텐츠 개요

제목: 아이와의 커뮤니케이션: 35세에서 40세 여성들을 위한 육아 팁

서론

- **도입부:** 육아는 모든 부모에게 도전 과제가 되며 특히 35세에서 40세 사이의 여성들에게는 더욱 중요합니다. 이 글에서는 아이와 효과적으로 소통하는 빙법에 대해 알아보겠습니다.
- **문제 제기:** 현대 사회에서 아이들과의 소통이 어려워지는 이유와 그에 따른 스트레스.

본론

1. 아이와의 소통의 중요성
- 정서적 안정과 신뢰 구축
- 아이의 자기 표현 능력 향상
- 부모와 자녀 간의 관계 강화
2. 효과적인 소통 방법
- 적극적 경청: 아이의 말을 잘 들어주고 반응하기
- 감정 표현: 부모가 자신의 감정을 솔직하게 표현하는 방법
- 긍정적인 언어 사용: 아이에게 긍정적인 피드백을 주는 법
3. 실생활 예시
- 일상 대화: 하루 일과를 함께 이야기 나누기

- 문제 해결: 갈등 상황에서의 대화 기법
- 놀이와 학습: 놀이를 통한 자연스러운 소통 방법

4. 공감과 이해
- 아이의 관점 이해하기
- 아이의 감정과 행동에 공감하는 법
- 나와 아이의 차이를 인정하고 존중하는 법

5. 전문가의 조언
- 소아심리학자와 상담사의 조언
- 추천 도서 및 자료 소개

결론
- **요약**: 앞서 다룬 주요 소통 방법 요약
- **격려의 말**: 아이와의 소통은 꾸준한 노력이 필요하지만 그만큼 큰 보람을 느낄 수 있음
- **추가 자료 및 도움 받기**: 추가적인 도움이 필요할 때 찾을 수 있는 자료와 전문가 소개

마무리
- **독자 참여 유도**: 독자들의 경험과 팁을 댓글로 공유하도록 유도
- **다음 글 예고**: 다음 주제에 대한 간략한 소개

이 블로그 글은 육아와 아이와의 커뮤니케이션에 관심 있는 35세에서 40세 사이의 여성들에게 유용한 정보를 제공하며 실제 생활에서 적용할 수 있는 실용적인 팁을 중심으로 구성됐습니다.

---

1. 프롬프트 템플릿 4

 # 콘텐츠의 세부 사항
이 콘텐츠는 Blog의 글입니다.

 # 변수
{타깃} :
{키워드} :
{관심사} :

 # 명령
{C1}
{키워드}에 대한 {타깃}의 {관심사}입니다. {타깃}을 위한 블로그 콘텐츠의 개요를 작성해 주세요.
{C2}
개요에 따라 블로그 기사를 작성해 주세요. 블로그 기사는 1000자 정도
{C1}{C2}를 실행

제**11**장

2. 프롬프트 작성 예시 4

 # 콘텐츠의 세부 사항

이 콘텐츠는 Blog의 글입니다.

 # 변수

{타깃}: 35세에서 40세의 여성

{키워드}: 육아

{관심사}: 아이와의 커뮤니케이션

 # 명령

{C1}

{키워드}에 대한 {타깃}의 {관심사}입니다. {타깃}을 위한 블로그 콘텐츠의 개요를 작성해 주세요.

{C2}

개요에 따라 블로그 기사를 작성해 주세요. 블로그 기사는 1000자 정도

{C1}{C2}를 실행

3. 챗GPT 출력

● **블로그 콘텐츠 개요**

주제: 35세에서 40세 여성들이 육아 중 아이와의 커뮤니케이션을 개선하는 방법

1. 서론
- 육아 중 커뮤니케이션의 중요성
- 35세에서 40세 여성들이 겪는 육아의 도전 과제

2. 커뮤니케이션의 기본 원칙
- 존중과 이해의 중요성
- 아이의 의견을 경청하는 방법

3. 나이에 따른 커뮤니케이션 전략
- 유아기(0~3세): 기본적인 말하기와 듣기
- 유치원기(4~6세): 감정 표현과 이해 돕기
- 초등학교 저학년(7~9세): 논리적 사고와 대화의 기술

4. 커뮤니케이션 도구와 기술
- 이야기 나누기: 일상 대화의 중요성
- 놀이를 통한 대화: 놀이 시간 활용법
- 그림책과 이야기책 활용법

5. 자주 하는 실수와 피해야 할 점
- 일방적인 대화의 문제점
- 지나친 훈육과 잔소리의 부작용

6. 성공적인 커뮤니케이션 사례
- 실제 사례를 통한 학습

• 성공적인 커뮤니케이션의 결과와 변화

7. 결론

• 좋은 커뮤니케이션이 아이의 성장에 미치는 긍정적 영향
• 부모와 아이 간의 유대감 강화

● **블로그 기사**

아이와의 커뮤니케이션: 35세에서 40세 여성을 위한 육아 가이드

육아는 모든 부모에게 도전 과제를 안겨주지만 특히 35세에서 40세 사이의 여성들은 여러 가지 이유로 더 큰 부담을 느낄 수 있습니다. 이 나이대의 여성들은 대개 직장에서 중요한 위치에 있거나 이미 한 아이 이상의 육아 경험이 있는 경우가 많습니다. 이런 여성들이 육아를 더 잘 해내기 위해서는 아이와의 커뮤니케이션이 핵심입니다.

커뮤니케이션의 기본 원칙

아이와의 커뮤니케이션에서 가장 중요한 것은 존중과 이해입니다. 아이의 의견을 진지하게 듣고 그들의 감정을 이해하려는 노력이 필요합니다. 이는 아이가 자신의 감정을 표현하는 법을 배우고 부모와의 신뢰를 쌓는 데 도움이 됩니다.

나이에 따른 커뮤니케이션 전략

• **유아기(0~3세):** 이 시기의 아이들은 언어 발달이 초기 단계에 있습니다. 부모는 단순하고 명확한 언어를 사용해 아이와 대화해야 합니다. 아이가 말하려고 할 때 끼어들지 않고 기다려주는 것도 중요합니다.
• **유치원기(4~6세):** 이 시기의 아이들은 감정을 표현하고 이해하는 능력이 발달합니다. 부모는 아이의 감정을 인정하고 그것에 대해 이야기하는 시간을 가져야 합니다. "너 화가 났구나. 왜 그럴까?"와 같은 질문을 통해 아이가 자신의 감정을 인식하고 표현하게 도울 수 있습니다.
• **초등학교 저학년(7~9세):** 이 시기의 아이들은 논리적 사고가 발달하기 시작합니다. 부모는 아이와 논리적인 대화를 시도하며 문제 해결 능력을 키울 수 있도록 도와야 합니다. 아이의 의견을 묻고 그 의견을 존중하는 태도가 중요합니다.

커뮤니케이션 도구와 기술

• **이야기 나누기:** 일상적인 대화는 아이와의 유대감을 강화하는 중요한 도구입니다. 저녁 식사 시간이나 잠들기 전의 대화 시간을 정해 두는 것이 좋습니다.
• **놀이를 통한 대화:** 놀이 시간은 자연스럽게 대화가 이뤄질 수 있는 좋은 기회입니다. 아이가 좋아하는 놀이를 함께 하면서 대화를 시도해 보세요.
• **그림책과 이야기책:** 그림책과 이야기책은 아이의 언어 발달을 도울 뿐만 아니라, 아이와의 대화를 유도하는 훌륭한 도구입니다. 책을 읽은 후 아이와 이야기를 나누며 책 속의 상황에 대해 이야기해 보세요.

자주 하는 실수와 피해야 할 점

많은 부모들이 아이와 대화할 때 일방적으로 이야기하는 경우가 많습니다. 이는 아이가 부모와 대화하는 것을 부담스럽게 만들 수 있습니다. 또한 지나친 훈육과 잔소리는 아이의 자존감을 낮출 수 있으므로 피해야 합니다.

성공적인 커뮤니케이션 사례

실제 사례를 통해 배우는 것도 좋은 방법입니다. 예를 들어, 하루 일과를 마치고 아이와 함께 오늘 있었던 일에 대해 이야기하는 시간을 갖는 부모는 아이와의 유대감을 강화할 수 있습니다. 이러한 시간을 통해 아이는 자신의 감정을 표현하는 법을 배우고 부모는 아이의 생각을 더 잘 이해할 수 있습니다.

결론

좋은 커뮤니케이션은 아이의 성장과 발달에 긍정적인 영향을 미칩니다. 부모와 아이 간의 강한 유대감은 아이가 자신감을 갖고 성장하는 데 중요한 역할을 합니다. 35세에서 40세 사이의 여성들이 아이와의 커뮤니케이션에 좀 더 신경을 쓰고 이를 통해 더욱 행복한 육아 생활을 누릴 수 있기를 바랍니다.

제**11**장

이 책을 통해 독자 여러분과 함께한 여정을 돌아보면서, 감사의 인사를 전하고자 합니다. 이 책은 AI 프롬프트 엔지니어링을 통해 비즈니스 효율성을 극대화하고 혁신을 실현하는 방법을 제시하고자 하는 목적으로 작성됐습니다. 각 장에 소개된 101가지의 프롬프트 예시는 독자 여러분이 실제 업무에 적용할 수 있는 구체적이고 실용적인 도구를 제공합니다.

여러분은 이 책을 통해 AI 기술을 비즈니스에 효과적으로 적용하는 다양한 방법을 학습했을 것입니다. 창의력 개발, 분석 및 전략 수립, 마케팅 및 프로모션, 이미지 및 디자인 생성, 코칭 및 비즈니스 스킬 개발 등 다양한 주제를 다루면서 AI 프롬프트를 활용한 실질적인 예시들을 경험했습니다. 이러한 과정은 여러분이 AI를 통해 비즈니스 문제를 해결하고, 새로운 기회를 창출하는 데 큰 도움이 됐을 것입니다.

이 책의 중심에는 AI를 활용한 비즈니스 혁신과 효율성 개선이라는 목적이 있습니다. AI 프롬프트를 통해 반복적이고 시간 소모적인 작업을 자동화하고 창의적이고 전략적인 사고를 촉진하며 더 나아가 비즈니스 성과를 극대화할 수 있습니다. 이 책을 통해 배운 방법들을 일상 업무에 적용해 비즈니스에서 지속 가능한 성장을 이뤄 나가길 바랍니다.

AI 기술은 빠르게 발전하고 있으며 앞으로도 비즈니스 환경에서 중요한 역할을 할 것입니다. 여러분이 이 책에서 배운 내용을 바탕으로 앞으로도 AI를 적극적으로 활용하여 비즈니스 혁신을 이끌어 나가기를 기대합니다. AI 프롬프트 엔지니어링은 단순한 도구가 아니라 비즈니스 성공을 위한 강력한 전략이라는 것을 다시 한번 강조하고 싶습니다.

이 책을 읽어 주신 독자 여러분께 진심으로 감사드립니다. 여러분의 피드백은 저자들에게 큰 힘이 됩니다. 의견이나 질문이 있으면 언제든지 연락해 주시기 바랍니다. 여러분과 지속적으로 소통하며 더 나은 비즈니스 솔루션을 함께 고민하고 발전시켜 나가겠습니다.

이 책을 마무리하며 더 깊이 있는 학습과 성장을 위해 독자들과 만나기를 기대하고 있습니다. 유튜브를 통해서도 AI와 비즈니스 혁신에 대한 정보를 공유해 나가고자 합니다.

여러분의 비즈니스 여정에 이 책이 도움이 되기를 바라며 AI를 통한 혁신과 성장을 이뤄 나가길 진심으로 응원합니다. 감사합니다.

세상에서 제일 쉬운
챗GPT 프롬프트 엔지니어링
[비즈니스 마케팅편]

2024. 9. 4. 1판 1쇄 인쇄
2024. 9. 11. 1판 1쇄 발행

지은이 │ 민진홍, 정수필
펴낸이 │ 이종춘
펴낸곳 │ **BM** ㈜도서출판 **성안당**

주소 │ 04032 서울시 마포구 양화로 127 첨단빌딩 3층(출판기획 R&D 센터)
10881 경기도 파주시 문발로 112 파주 출판 문화도시(제작 및 물류)

전화 │ 02) 3142-0036
031) 950-6300
팩스 │ 031) 955-0510
등록 │ 1973. 2. 1. 제406-2005-000046호
출판사 홈페이지 │ www.cyber.co.kr
ISBN │ 978-89-315-7429-6 (93000)
정가 │ 25,000원

이 책을 만든 사람들
책임 │ 최옥현
진행 │ 조혜란
교정·교열 │ 안종군
본문·표지 디자인 │ 앤미디어
홍보 │ 김계향, 임진성, 김주승, 최정민
국제부 │ 이선민, 조혜란
마케팅 │ 구본철, 차정욱, 오영일, 나진호, 강호묵
마케팅 지원 │ 장상범
제작 │ 김유석

■ **도서 A/S 안내**

성안당에서 발행하는 모든 도서는 저자와 출판사, 그리고 독자가 함께 만들어 나갑니다.
좋은 책을 펴내기 위해 많은 노력을 기울이고 있습니다. 혹시라도 내용상의 오류나 오탈자 등이 발견되면 **"좋은 책은 나라의 보배"**로서 우리 모두가 함께 만들어 간다는 마음으로 연락주시기 바랍니다. 수정 보완하여 더 나은 책이 되도록 최선을 다하겠습니다.
성안당은 늘 독자 여러분들의 소중한 의견을 기다리고 있습니다. 좋은 의견을 보내주시는 분께는 성안당 쇼핑몰의 포인트(3,000포인트)를 적립해 드립니다.

잘못 만들어진 책이나 부록 등이 파손된 경우에는 교환해 드립니다.